比較監察制度

Comparative Ombudsman Systems

周陽山　馬秀如　王增華　李文郎　著

三民書局

自　序

　　過去 30 年間，作者針對各國監察制度，進行了廣泛的研究與探索，也撰寫了一系列的論文與報告。現在經過整理、分析、重寫和校對，呈現的是一本以臺灣的監察院為核心，進一步探討中國大陸國家監察委員會、瑞典國會監察使及專業監察使、芬蘭國會監察使、以色列審計長兼監察使、美國政府督責總署及部門督察長，以及匈牙利基本權利監察使等，針對監察機制職能與運作進行比較的著作。

　　此外，本書還特別就相關各國憲政體制的權力分際、監察機制的職能規範、民主發展不同階段中監察權面臨的挑戰、五權憲法的制度設計與實踐經驗、監察機制運作的具體細節與實施困境，以及監察權與行政權、立法權、司法權及審計權的互動關係等重要課題，深入爬梳，呈現制度運作的具體面貌。這也是比較政治研究，在監察權上的一次綜合嘗試與探索。

　　本書是四位作者長期合作、共同完成的成果，具體分工與章節安排如次：

第一篇

第一章　周陽山／李文郎

第二章　周陽山

第三章　馬秀如／周陽山

第二篇

第四章　周陽山

第五章　周陽山

第六章　周陽山

第七章　周陽山

第八章　王增華

第九章　周陽山／王增華

第十章　周陽山

第三篇

第十一章　周陽山／李文郎

第十二章　周陽山／李文郎

第十三章　周陽山／李文郎

第十四章　馬秀如

第十五章　王增華

　　本書成稿之前，曾敦請監察權研究權威、中央研究院院士胡佛教授提供高見，指導全書架構，多所增刪，獲益良多！書成之際，胡教授業已仙逝，謹以本書，紀念胡教授的學術貢獻與研究志業。

周陽山

目　次

自　序

【第一篇】　總　論

第一章　監察制度的源起與背景分析
第一節　名詞界定與制度定位　　　　　　　　　　　　　　4
第二節　瑞典監察使制度之發展經驗　　　　　　　　　　　8
第三節　專業監察使之設立　　　　　　　　　　　　　　　12
第四節　第三波民主化與監察機制的全球性擴展　　　　　19
第五節　全球設置監察使國家之比較　　　　　　　　　　22
第六節　透明國際對全球腐敗排行榜的分析　　　　　　　37

第二章　監察制度的功能與類型
第一節　監察制度的基本功能　　　　　　　　　　　　　　47
第二節　監察制度的基本類型　　　　　　　　　　　　　　49

第三章　審計制度的國際比較
第一節　審計制度與分權制衡　　　　　　　　　　　　　　59
第二節　審計制度的發展趨勢：治理與課責　　　　　　　60
第三節　各國審計制度的比較　　　　　　　　　　　　　　70

【第二篇】　監察院與監察權

第四章　監察權的實踐
第一節　中國監察制度之沿革　　　　　　　　　　　　　　79
第二節　彈劾與糾舉　　　　　　　　　　　　　　　　　　82
附表：公務人員因怠忽職守經監察院彈劾之重要案例彙輯（1993–2009年）　　86
第三節　監察權的變遷　　　　　　　　　　　　　　　　　107

第四節　修憲對監察權行使之影響　110

第五章　監察權的細節
第一節　監察委員的任務　115
第二節　五權之間的互動　118

第六章　五權有機論：五權憲法的實踐
第一節　五權憲法的傳統文化根源　125
第二節　五權憲法下的監察權定位　128
第三節　監察院職權行使的現況分析　130

第七章　監察權的困境
第一節　「不自由民主」在臺灣的挑戰　139
第二節　東歐民主化經驗的教訓與借鑑　141
第三節　監察權的新挑戰　144
第四節　民主鞏固和民主深化的困境　145

第八章　審計制度之職掌與功能
第一節　中國審計制度之沿革　149
第二節　現行審計制度之特質　152
第三節　監察與審計　157
第四節　審計功能之檢討　159

第九章　監察委與監察院：兩岸監察機制的比較
第一節　大陸監察委員會設置的背景　163
第二節　兩岸監察機制與職能的比較　166

第十章　監察權：辯疑與檢討　171

【第三篇】　各國監察制度

第十一章　瑞典監察使制度──理念與實務的分析

第一節　國會監察使的職掌與功能　　207

第二節　瑞典國會監察使的法制規範　　210

第三節　專業監察使的職掌與功能　　212

第十二章　芬蘭監察使制度與瑞典監察使制度之比較

第一節　前　言　　215

第二節　芬蘭監察使制度　　215

第三節　監察使職權與申訴案之進行　　217

第四節　芬蘭與瑞典監察使之比較　　223

第十三章　以色列審計長兼監察使

第一節　前言　　227

第二節　以色列審監制度之發展　　228

第三節　以色列審計長之制度設計　　230

第四節　以色列審計長兼監察使之職權　　235

第五節　以色列監察權之實際運作　　238

第六節　以色列審計長兼監察使制度之特色　　244

第七節　結　論　　247

第十四章　美國政府督責總署

第一節　美國聯邦政府之控制架構：內部及外部監督　　251

第二節　GAO之誕生：由演進到設置　　252

第三節　GAO之目標與職權　　255

第四節　GAO之組織架構　　260

第五節　督察長制　　262

第六節　GAO的獨立性　　266

第七節　合規性審計與績效審計　　275

第八節　政府會計準則　　277

第九節　政府審計準則　　　　　　　　　　　　　　287

第十節　結　論　　　　　　　　　　　　　　　　290

第十五章　匈牙利基本權利監察使

第一節　匈牙利政府制度　　　　　　　　　　　　295

第二節　匈牙利監察制度——匈牙利基本權利監察使公署　300

第三節　匈牙利基本權利監察使之角色與功能　　　303

第四節　基本權利監察使處理人民陳情　　　　　　306

第 一 篇

總 論

第一章　　監察制度的源起與背景分析

第二章　　監察制度的功能與類型

第三章　　審計制度的國際比較

【第一章】
監察制度的源起與背景分析

　　根據國際監察組織 (International Ombudsman Institute, IOI) 的統計，截至 2020 年，全球已有逾 100 個國家和地區，設置了超過 198 個獨立的監察使 (Ombudsman) 職位或監察制度。

　　設立監察使或監察機構的目的，在防止政府侵犯人民權益、濫用職權、決策不公及行政違失。藉由監察使的監督與究責，使政府的決策與作為更為公開，也使行政體系更符合民意的期待。

　　我國自古以來，即有職掌完備的監察制度，迄今依然有效運作，為世界上最悠久的監察機制。至於西文中的「Ombudsman」一詞，則源自瑞典文，通譯為「監察使」、「監察專員」，或譯為「護民官」。其原意指「代理人」(agent) 或「執行者」，起源自 1809 年的瑞典，當時還是王權統治的時代，由國王任命監察使，負責監督政府官僚體系的運作。目前許多國家的監察制度參考瑞典的制度，是由政府或國會（議會）所任命，監督官僚體系的運作，接受人民的陳情，為民眾爭取權益與福祉，並對政府行政違失及民眾冤屈，進行獨立的調查，藉以尋求救濟途徑與補償措施。這也是目前各國建立監察制度的主要參考模式。

　　監察使是一個獨立、公正、客觀的監督機制，接受民眾的陳情，對政府進行監督與調查，以紓解民怨、改善行政效能，並促進政府善治的實現。監察使獨立於立法、行政、司法三權之外，與其他公部門保持距離，其主要職責是監督政府的行政與司法機關，保護人權、反貪防腐、禁止酷刑、促進資訊自由、並增強政府施政的透明度，藉此提高政府效能與行政效率。而監察的對象是所有行使公權力、處理公共事務的機關和人員，包括公務人員和司法人員在內。

　　一般而言，監察使不對議會的立法行為進行監督，也不對司法判決進行審查或改變司法裁判的結果，但卻可以通過對法官與檢察官的監督，間

接影響一些有爭議的司法判決，並由司法機關自行決定是否提出上訴或進行再審。換言之，監察使或監察機關不對司法審判進行審查，卻可透過對司法的監督，促請司法機關自行決定是否改變司法判決的結果。

在不同的國家或地區，監察使及監察制度，各有不同的稱謂，如「調解使」、「護民官」、「民權監察官」等，其職掌亦多有不同。有的國家，監察與審計制度兩相結合（包括我國及以色列），也有的國家從審計機關進而擴大為全面性的監察機關（如美國），情況分殊，不一而足。

第一節　名詞界定與制度定位

一、名詞界定

「監察使」與「監察制度」二詞，常交換使用。但因「監察使」乃 Ombudsman 一詞的中譯，一般多指「由政府或國會及立法機關設置，獨立運作，監督政府及其工作人員」。至於監察使之下的幕僚人員或調查人員，則多以「僚屬」或「職員」等一般性稱謂稱之。

至於「監察制度」，則包羅較廣，在一般通稱之下使用，無論是內部或外部的監督均屬之，如我國的監察院、德國的國會監察委員會、比利時的聯邦議會監察局，以及中國大陸的國家監察委員會。另外，有部分國家監察制度以「調解使」(Médiator)（如法國），或「護民官」（Protector of Justice 或 Defender of the Public）（如葡萄牙、西班牙和拉丁美洲）的名義定之，或以「民權監察官」(Commissioner for the Protection of Civil Rights)（如波蘭）進行組織定位；均屬廣義之監察制度範疇。

（一）監察院

「監察院」一詞，是以專有名詞方式使用，如中華民國「監察院」，大韓民國「監查院」（韓國使用之漢字「查」）。另外如波蘭之「最高監察院」(Supreme Chamber of Control) 主要職掌審計，亦稱之監察院。中國大陸則稱之為「監察委員會」。

（二）專業監察使

許多國家在國會監察使之外，另設專業監察使，由政府委派，如瑞典之「兒童監察使」、「反性傾向歧視監察使」、「反族群歧視監察使」、匈牙利之「少數民族與族群監察使」、德國之「武裝部隊監察使」等。為了釐清其職掌，均將其全稱寫出，但因名稱過長，有時在文脈許可的情況下，亦簡稱為「監察使」。

（三）法務總長與審計長

與監察使相關的一些重要職務，如芬蘭之「法務總長」（Chancellor of Justice，或譯為「大法官」），以及世界各國的「審計長」（Comptroller General 或 Auditor General）均依照各國之不同職掌，以及中文學界通用之譯名，在稱謂上作一釐清。

（四）機關、機構、機制與單位

上述各項近似之稱謂，依照中文使用之慣例，做一區分：

1.「機關」是政府之正式組織，獨立行使法定職權，如國會、國防部、審計總署、監察使公署等，均屬「機關」。

2.「機構」則是泛指一般私人或社會組織，即「institution」。

3.「機制」是指「mechanism」，如「人權監督機制」、「文官機制」等。

4.「單位」，則是指「機關」之下的科層辦事，屬文官體系分工運作之機制，亦係英文「unit」之中譯。

（五）監察使辦公室之稱謂

如果監察使辦公室係以「院」（或「Chamber」）等名義稱之，則譯為「監察院」。若是以「Office」、「辦公室」等名義稱之，則通譯為「監察使公署」。如果監察使不只一人，則依其意涵及上下文之文脈，分別譯為：「首席監察使」、「監察使」或「副監察使」。

但因監察使多係獨立行使職權，通常各監察使彼此間並無指揮隸屬關係，故不採用「監察長」之稱謂，亦不使用「監察長辦公室」或「監察長公署」一詞。

（六）合法性、適法性、正當性、法制等譯名

一般而言，「legality」一詞多譯為「合法性」。「lawfulness」則多譯為「適法性」。「legitimacy」多譯為「正當性」。「rule of law」則譯為「法治」。「authority」譯為「權威」。「authorities」則譯為「政府當局」或「政府機關」。

二、監察使的概念範疇

（一）狹義說

狹義監察使的概念，是指古典型的監察使，獨立運作，負責從外部監督行政機關及政府官員，為隸屬於行政部門之外的公部門監察使。

（二）廣義說

廣義的監察使概念，是指所有隸屬於公部門的監察使，包括行政機關內部的監察機制，如「督察長」(inspector general) 或廉政政風機關，和外部的監察機制「國會監察使」，以及由政府特別任命的「專業監察使」。

（三）最廣義說

近年來，隨著公部門監察使機制的實施成功，監察使制度已擴展至私部門，因此最廣義監察使的概念橫跨公私不同的領域，包括公部門的監察使以及私部門的監察使，如「大學監察使」、「銀行監察使」、「保險監察使」、「媒體監察使」等。

三、專業監察使定義

專業監察使是監督某一「特定領域」或「專業領域」的事務，行使「部分功能」或「單一功能」的監察許可權，所以又稱「特殊監察使」。世界上很多國家都設置專業監察使，負責處理單一領域或特定部門的陳訴事項，例如國防、警政、監獄、資訊自由或資訊保護、公共衛生或健康服務、公共運輸、電信、保險、稅務等。另外，有些監察使也被授權從事保障特定領域的基本權利，例如環境保護、少數族裔、原住民、殘障者，婦女或兒童，以及處理有關文化或語言方面的特定權利。

專業監察使分為兩類：一是官方設置的專業監察使，隸屬於政府部門，是公部門監察使；另一是由民間自行設置的專業監察使，屬於私部門。

四、監察制度之基本類型

監察制度有各種不同的分類，如內部監督與外部監督，前者強調內控，後者則屬外部的獨立監控，特別重視他律。另外則依據機關隸屬而分為立法型、行政型、司法型、特殊型和混合型。再者，依據管轄權的範圍，又可分為全國、地區和跨國（國際組織）等不同類型。另外，在監察組織內部，又可分為首長制和委員制等不同的領導方式。過去監察制度是以政府及公部門為主，近年來也逐漸普及於民間機構與社會團體，包括大學、銀行、保險公司、行會、協會等，專業監察使也應運而生。表 1–1 為各種不同分類的一覽表。

表 1–1　監察制度之基本類型一覽表

分類標準		基本類型	備註欄
監督型態	外部型	行政機關外部的監督機制	「外部性」＋「由下而上」→「他律」
	內部型	行政機關內部的控管機制	「內部性」＋「由上而下」→「自律」
隸屬關係	立法型	國會監察使制度	隸屬於國會（如瑞典、芬蘭、比利時）
	獨立型	獨立設置的監察機關	獨立於行政、立法和司法部門之外（如中華民國監察院）
	行政型	行政監察制度	隸屬於行政部門（如督察制度）
	司法型	隸屬於司法機關	如芬蘭之法務總長
	特殊型	審計長兼監察使	如以色列審計長兼公共申訴督察長
	混合型	監察機關與人權組織相結合	如墨西哥人權委員會
管轄範圍	國際或超國家層級		世界衛生組織、世界銀行、歐盟監察使等均屬之
	國家層級		各國的國會監察使、國家監察使（如英國國會監察使）
	次國家層級		地區性、地方性，州、省、市之監察使（如蘇格蘭、北愛爾蘭、英格

公私屬性	隸屬公部門的監察使	一般目的監察使（全功能）	如國會監察使、國家監察使、監察院、人權委員會
		蘭等地方監察使）	
		特殊目的監察使／專業監察使（部分功能）	如兩性平權、兒童保護、消費者保護、獄政、稅務、少數民族權益、軍事等專業監察使
	隸屬私部門的專業監察使		如學校、銀行、保險業及媒體監察使
組織形式	個人制（首長制、由個人領導）	單一制	一人單獨領導
		複數制	由二人以上共同領導
	委員制（合議制、集體領導）		委員會形式，集體決議

・資料來源：李文郎整理製表、周陽山修訂

第二節　瑞典監察使制度之發展經驗

　　瑞典以先進的福利國家著稱於世，其健全的行政監督制度亦聞名遐邇。後者對於防止國家權力被濫用，維護公民的合法和正當權益，建設廉潔政府，起到了積極的促進作用。迄今為止，國際非政府組織「透明國際」（Transparency International，總部位於德國柏林）發布的各國「反腐敗排行榜」上，歷年來瑞典官員的廉潔程度一直名列前茅（參見表 1–5「透明國際的全球腐化排行表」）。2013 年美國傳統基金會的報告指出，瑞典的法治得到很好的維護，司法體系貫徹法律實施，獨立公正的運作 ❶。

　　作為成熟的法治國家，瑞典已形成了以議會監督為主的多層次、多管道的監督機制，以及一系列廉政與反腐敗的法律制度，從全方位和多角度對國家行政機關工作人員實施著嚴格、有效的監督制約。根據「2011 年國家廉政體系評估報告」，瑞典的司法機關運行良好，顯示了高度的獨立性、公開性與課責性。另外，瑞典公眾也對警方表現出高度的信任，不認為警方會受到腐敗的影響。

　　瑞典實行君主立憲制，是全球第一個設置國會監察使 (Parliamentary

---

❶　參見：韓陽編著，《北歐廉政制度與文化研究》，（北京：中國法制出版社，2016），頁 176–178。

Ombudsman) 的國家。瑞典在憲政分權原則的基礎上形成以議會為主的監督制度，具有建立時間長、體系完備、獨立性和協調性高、注重監督權的相互制衡等優點。

瑞典國王是國家元首，為國家主權象徵，僅履行禮儀性職責，不得干預國會和政府工作。瑞典國會實行一院制，共有三百四十九名議員，為立法機關和國家最高的權力機關，擁有實權，包括全面監督政府的權力運作。政府則是國家最高行政機構，對國會負責，並接受國會監督。國會的監督權來源於政府基本法的授權。至於司法權由各級法院獨立行使，任何機關均不得干預法院的審判。

瑞典早在 1809 年確立君主立憲政體，其中主要特徵之一，係強化國會對行政權的控制，據此而設置國會監察使一職，執掌對國家行政機關及其官員的監察，糾正違法和不正當的行政行為。翌年，即 1810 年議會依法設置了第一位國會監察使。如今，國會監察使制度已確立為由四位監察使組成的穩固體制。

國會監察使制度自創立至今已逾二百年的歷史。監察使對國會負責，獨立行使權力；其主要職權，係以國會代表的身分，監督行政與司法機關是否違背「人權保障」之原則，對人民之權益有所侵犯。換言之，監察使的主要職責，是確保公共行政與司法的品質。

根據 1974 年瑞典憲法之規定，國會監察使代表國會，完全獨立的行使職權，負責監督法院、中央政府及地方政府，並掌握這些機關運用法令的狀況。與許多其他國家的制度設計不同，瑞典的國會監察使兼具檢察官的角色，凡是未被移送法院的失職案件，如果經過監察使的介入與調查，可以移送法院偵辦。但在實際的運作過程當中，監察使目前多係以對行政機關批評或譴責的方式予以究責、鞭策，並公諸大眾，以期對政府機關或公務員形成壓力，迫其改革。根據「2011 年國家廉政體系評估報告」，瑞典的國會監察使表現優異，積極有效 ❷。

國會監察使的監督對象，包括中央及地方政府，及其所屬員工，以及

❷ 同上註，頁 195。

其他所有執行公權力的人士。近年來，平均每年監察使收到民眾近 5,000
件的陳情投訴（以書面為主），有 40% 左右被駁回。其餘 35% 至 40% 的陳
情案，經初步的調查之後，即予退回。剩下 20% 至 25% 的案件，則會進
行充分的調查。這也是國會監察使工作重心之所在。另外，國會監察使也
會主動進行調查，有的是基於新聞媒體的報導，有的是在調查陳情案時發
現了問題。

　　以 2008 年 7 月至 2009 年 6 月這一年為例，國會監察使共處理了 6,918
份案件，其中 6,729 件是民眾陳情與投訴，68 件是監察使主動提出的，121
件是針對新法令發表意見。當年度已結案的 6,671 份案件中，只有 4 件採
取起訴或懲戒的程式，足見監察使雖具備檢察官的職權，但卻甚少運用此
一權力，但是採取警告或譴責的卻有 683 件，占已結案件的 10.2%。

　　由於監察使多具法學專業知識，且具清譽與公信力，這些警告或譴責
可以對政府當局發揮針砭的效果。監察使的結案報告通常非常細緻，和法
院判決書的寫法如出一轍。其報告常引起大眾媒體的關注，發揮輿論鞭策
的效果。瑞典監察使每年都會出版年度報告書，送交國會。中央政府也會
對各級政府及官員發送相關的監察報告。此外，監察使也向國會提出建議，
包括當前法律或行政命令中的缺失、扞格之處，其結果常會引起國會的重
視，並據以作為修法之重要參考。

　　國會對監察使的職權運作是充分尊重其自主性；但無權對監察使交付
指令。監察使隸屬於國會，只接受國會的指示和監督，並對國會負責，其
經費、工作人員的薪給完全由國會撥付。除國會之外，不接受任何其他組
織和個人的指示和干預。

　　對於監察使提交給國會的年度報告，國會會安排一個常設委員會（憲
法委員會）針對每年的年度報告，提出意見書。但它對國會也保持著一定
的獨立性。國會給予它的「指示」往往是原則性的，不干涉監察使的具體
工作。

　　從人事方面看，監察使由國會選舉產生，其人選必須是無黨派、非政
治性、德高望重的資深法律專家，不得兼任議員，也不能在政界、商界兼

職。除國會憲法委員會外，任何部門和個人均無權罷免監察使。正是由於在組織、人事和財政上的獨立，以及對國會的相對獨立性，保證了監察權的自主行使，避免了外界對監察工作的干擾。

監察使制度自問世以來逐步得到改善。1915 年，增設了軍事監察使，專門負責國防軍事方面的監察事務。第二次世界大戰後，由於軍事方面的監察事務減少，而行政監察事務顯著增加，國會於 1968 年撤銷了軍事監察使一職，同時將國會監察使增加至三人，並設立了二名副監察使。三位監察使的地位完全平等，他們之中沒有誰被指定為仲裁人或協調人。二位副監察使為兼職，並非配屬於某一監察使。他們本是法官，在法院任職。只是當監察使患病或度假時，才代理監察使的職務；或者在監察使工作特別繁忙需要幫助時，才來分擔一部分的工作。

有鑑於 1968 年前後國會監察使體制過於鬆散，缺乏協調性，國會於1972 年任命了一個委員會對監察使體制改革問題進行專門研究。1975 年，國會根據該委員會提出的改革建議，修改了國會法中的有關規定。修改後的國會法規定：瑞典國會監察使為四人，其中一人為首席監察使，負責決定監察工作方針。首席監察使和其他監察使均經國會個別選任。任期從當選時到四年後新的監察使遴選進行時為止。當監察使失去國會的信任時，根據負責審查監察使年度報告的憲法委員會的要求，國會可以提前解除其職務。

在監察使任期屆滿時，國會應盡早選定繼任者。監察使因生病及其他理由長期不能履行職務時，國會必須另選代理人代其履行職務，直到其回歸原職時為止。依據這一規定，國會取消了副監察使，並設置了四名監察使。

在具體職務方面，首席監察使負責監察公署的行政工作，但與其他三位監察使一樣，均為平等而獨立的行使其職權。在監察使公署中，有五十四位助理協助監察使工作，至於四位監察使所負責的監察對象，則各有所區隔，其職權劃分情況如次：

首席監察使：負責監督法院、檢察體系、警政。

第二位監察使：負責監督獄政、武裝部隊、稅務、海關、社會保險等。

第三位監察使：負責監督社會福利、公共健康、醫療、教育等。

第四位監察使：負責監督行政法院、房屋與建築、移民、外交事務、環境保護、農業與動物保護、勞動市場，以及其他監察使未負責監督的業務。

第三節　專業監察使之設立

除了四位國會監察使外，瑞典還設置了六位由政府任命的專業監察使，分別是：消費者監察使、公平機會監察使、反族群歧視監察使、反性傾向歧視監察使、兒童監察使、身心障礙監察使，以及由民間媒體組織自行設置的媒體監察使。瑞典於 1970 年代開始，著眼於社會專業分工發展趨勢，民眾申訴事項亦趨專業化，於是陸續開始設置一系列專業監察使，有別於一般國會監察使之職司，特分述如次：

一、消費者監察使於 1971 年設置，旨在保護消費者之權益。1976 年，瑞典政府將「消費者監察使公署」與「瑞典消費局」兩機關合併，由消費者監察使總監 (Director-General) 主持工作。消費者監察使針對內容不符的廣告及其他行銷手段，進行監督；對於生產不符安全規定之廠商，要求其回收不良產品，並提供警告性資訊。另外，對於契約條件只對賣方具不合理之利益，並轉嫁於消費者的情事，得採取禁制手段。上述之賣方，不限於個別之廠商，若是企業協會或加盟店，乃至金融服務業，只要涉及契約條件不公正情事，均在消費者監察使監督之列。

對於違背上述法令規範的廠商或企業組織，消費者監察使可處以罰款（最低瑞典幣五千元，最高五百萬元），監察使並要求企業組織自動改正，若未予改正，則送交法院強制其變更。法院通常會簽發禁制令或罰款通知書。消費者監察使每年處理約 4,000 件案件，其中 2,000 件至 2,500 件是《行銷法》相關案件。大約有 15 件會送交法院進行司法審理。

二、公平機會監察使設立於 1980 年，同年起，《公平機會法》開始實

施。此法是針對就業市場的兩性平權狀況而設立，目標有二：（一）創造兩性平等的職場環境；（二）制止工作場合中的性別歧視。為了達成上述目標，此法針對男女平等工作權利與機會、聘僱條件、升遷機會，以及其他勞動條件進行監督，以期改善婦女的工作環境與就業狀況。根據此一法令之規範，僱主有義務制止工作場所中出現性騷擾、男女同工不同酬，以及其他違背兩性平權的工作狀況。凡是受僱者超過十人以上時，僱主必須提出兩性平權計畫書，並提出具體之改善措施。這份計畫書每年均需修定。僱主有義務針對僱員之薪資差異，是否反映性別考慮等非客觀性因素，作出調查，如果此一現象確實存在的話，應予糾正。公平機會監察使每年受理之申訴案約為 100 件左右。監察使通常會說服僱主遵守法令，如果僱主不服從的話，則將此案交付勞工法院 (Labour Court)。2002 年 3 月起，公平監察使的職掌擴及各大學，對於學生是否得到公平對待，也可進行監督。

　　三、反族群歧視監察使，設置於 1986 年。所謂族群歧視，是指基於種族 (race)、膚色 (skin color)、民族 (national)、族源 (ethnic origin) 或宗教信仰 (religious beliefs) 而施以不公平的對待或攻擊。根據《職場生活反族群歧視法》(Act to Counteract Ethnic Discrimination in Working Life)，如果有人檢舉歧視存在，反族群歧視監察使應即著手調查，如果屬實，則送交法院進行訴訟。其目的是使僱主積極促成職場中的族群多樣性。如果有民眾申訴，由於他的族群背景，導致在工作任用上受到歧視；或者受到同僚或僱主的騷擾。這些申訴案經由監察使與僱主（或工會）的協商，可以獲得解決。如果不解決，監察使將其送交法院，不論判決結果如何，其間的訴訟成本均不必由申訴者負擔。近年來此類申訴案迭有增加。

　　與前述的公平機會監察使情況類似，反族群歧視監察使依法應要求僱主，針對職場生活中的族群多樣性，提出可以量化的改善指標，並提出具體之措施。任何人若認為僱主並未達到這些要求，可向反族群歧視監察使申訴並以具體行動尋求改善。反族群歧視監察使本身也可主動提出，如果僱主拒之不理，監察使可以將其送交反歧視委員會 (Anti-discrimination Board)，該委員會可勒令僱主從命，或課以罰款。

從 1999 年起，反族群歧視監察使的角色不再僅限於職場生活之中，而擴及社會生活的其他領域，例如民眾在投宿旅館、到餐館用餐、申請信用卡時受到歧視，均可向監察使申訴。監察使可在申訴案的雙方之間尋求解決方案。此類申訴案不僅及於一般的社會生活，甚至司法、教育體系，乃至一般社會服務業，均可涵蓋。反族群歧視監察使也接受電話諮詢，即使未正式遞交申訴書，監察使也可針對歧視性之疑案進行調查。如果監察使發覺有一種固定的族群歧視模式，而且影響深遠的話，他會安排會見相關的政府機關、公司或組織，以防杜類似之歧視情況繼續出現，並令其改善。反族群歧視監察使並可向政府提議，修改相關法令，尋求改善措施，以對抗社會生活中的族群歧視現象。

四、反性傾向歧視監察使創立於 1999 年，是瑞典政府最新設立的一種公共監察使。所謂性傾向，是指同性戀 (homosexuality)、雙性戀 (bisexuality) 或異性戀 (heterosexuality)。根據 1993 年 5 月生效的《職場生活反性傾向歧視法》之主旨，它所保護的並不是某一性傾向的少數人口群，而是保障所有的人們，使其不致因人們的性傾向而受到不相關的考量 (irrelevant consideration)。基於此，監察使的職掌是保障個人在職場中不因性傾向而受到歧視。同時，在社會中的其他領域裡，亦禁止此類歧視行為。

反性傾向歧視監察使亦可代表因為性傾向而受到歧視的員工或工作申請人，在勞工法院對僱主提出法律訴訟。他們也提供資訊，讓申訴者瞭解如何保障自身的權利。有些歧視並不是在職場生活中發生的，像是在房屋市場中租屋或購屋，或是與政府簽訂合同，卻因性傾向而受到歧視。這時監察使就會對他們提供法律方面的資訊與建議。監察使也以專家的角色，在立法過程中提供諮詢，並對國際相關之發展實況（尤其是歐盟地區），作持續性的觀察與審視。

五、兒童監察使是在 1993 年根據《聯合國兒童人權公約》 (UN Convention on the Rights of the Child) 而設立的。其設立之主旨，是保護十八歲以下的兒童與青少年，使其權利與利益不致受損。兒童監察使在行政和財政上接受健康與社會事務部 (Ministry of Health and Social Affairs) 的

支助。它的主要任務有五：

（一）《聯合國兒童人權公約》的推廣、實踐與應用。

（二）防杜兒童受到凌虐，包括恐嚇和性侵害。

（三）關注兒童和青少年在學校和社會中所受到的待遇。

（四）關注兒童和青少年在法律、政治和社會上的處境。

（五）協調與發展對兒童和青少年安全有益的公共活動。

　　兒童監察使有一項重要的工作，即在公共議題的辯論中，代表兒童和青少年發言，使他們的聲音受到重視，並廣為傳布，使他們的意見，廣受尊重。兒童監察使藉助於問卷、研究、信函、電話，以及電腦網路等各種途徑，瞭解兒童與青少年對於當前各項議題的看法。他可也透過這些途徑，讓兒童與青少年瞭解《聯合國兒童人權公約》以及他們的基本權利。兒童與青少年可利用特定的電話號碼，詢問有關他們的權利事項，並獲得在各種不同處境下如何解決問題的有益建議。

　　兒童監察使針對《聯合國兒童人權公約》與瑞典法制之間的相關性與一致性，提出立法建議。同時他也對地方政府，包括市政當局與縣議會在應用《聯合國兒童人權公約》於兒童與青少年議題時，承擔起監督的角色。他在公共辯論中，要試圖形成輿論，促進政治人物、決策者和社會大眾對兒童與青少年事務採取積極的態度。同時他也要運用媒體上的篇章，遊說政府的相關委員會、透過舉辦會議與討論會等途徑，廣泛的發揮影響力。

　　兒童監察使每年要向政府提交年度報告。報告的內容焦點，是有哪些兒童與青少年的人權項目未被充分重視，以及《聯合國兒童人權公約》中有哪些項目在瑞典未充分落實。兒童監察使也針對相關的法令修改，提出建議。並強調政府應重視考慮改進哪些專案。此一報告也會針對兒童與青少年在瑞典成長的最新實況，作一說明。

　　六、身心障礙者監察使公署成立於 1994 年，其宗旨是在監督與保護身心障礙者的相關權益。監察使的主要使命是落實達成身心障礙者政策的總體目標——使其充分參與並獲得平等的地位。

　　身心障礙者監察使之職責，在於尋找既存的立法缺失，並提出修正建

議。監察使同時也針對身心障礙者提供建議，減輕這些立法缺失對其造成之損害。監察使所提供的法律諮詢是十分廣泛的，不僅止於身心障礙者及其親屬，而且也包括處理是類議題的相關人士。因之，提供法律方面的建議，遂成為身心障礙者監察使的核心任務。

監察使除透過電話和通信提供服務外，也利用電腦網站提供基本的法律建議，使身心障礙者重視他們自己的權利與利益。除此之外，監察使的另一項重要任務，是將 1993 年聯合國施行的《身心障礙者機會均等準則》(Standard Rules on the Equalization of Opportunities for Persons with Disabilities)，廣泛傳布並進行評估。監察使應根據此一準則，調查中央及地方政府是否尊重此一標準，並落實施行。監察使同時也與企業界廣泛聯繫，鼓勵其重視身心障礙者之相關議題。監察使工作的另一重點，是與身心障礙者所代表或經營的組織合作，這類組織接受國家的補貼，每年至少要與監察使會晤兩次。

從 1999 年 5 月起，根據新的法律規定，如果在職場生活中歧視身心障礙者，將被視為違法。身心障礙者監察使必須確保此一法律規定為僱主所遵循。如果工會或商業組織違反此一法律，監察使將代表受歧視的身心障礙者，向法院提出訴訟。

從 2009 年起，瑞典政府將公平監察使、兒童監察使、身心障礙者監察使、反性傾向歧視監察使，以及反族群歧視監察使這五個機構整合於一，成立新的「平等監察使」(Equity Ombudsman)。

不同於前文所介紹的六種專業監察使，瑞典的媒體監察使 (Press Ombudsman) 並非根據政府之立法設立，而是由新聞媒體自行設置的自律性機制。

瑞典大部分行業都設有內部監督機構，負責監督政府有關部門及本行業的不良行為，以維護本行業員工的合法權益。瑞典的三大媒體組織：全國媒體俱樂部 (National Press Club)、新聞記者聯盟 (Union of Journalists) 及新聞報刊發行人協會 (Newspaper Publisher's Association) 於 1916 年共同創設了瑞典新聞評議會 (Swedish Press Council)，擔負起媒體監察的任務。此

係全球歷史最悠久的媒體監察組織，接受三大媒體組織的財務支助，而且完全獨立自主運作。

　　新聞評議會包括一位裁判官，他同時擔任會議主席。另外三位代表分別來自上述三大媒體組織；此外，還有二位代表是來自一般社會大眾，他們與新聞或媒體機構過去均無任何關係。

　　1969 年，媒體監察使辦公室成立了。它接受民眾申訴，對於違背「善良媒體倫理」(sound press ethics) 原則的報導進行監督。媒體監察使專門監督新聞媒體的報導任務，維護新聞道德和報導的真實性。如果新聞報導損害了公民的名譽或其他合法權益，公民可向新聞監察使投訴，新聞監察使則代其向新聞單位提出申訴，或者要求媒體、記者公開道歉，或者要求經濟賠償。媒體監察使也可主動進行調查。如果申訴的結果要對新聞媒體加以非難的話，報導物件關係人必須提供同意書。此外，申訴必須在首次媒體刊載之後三個月內提出。

　　媒體監察使接到申訴後，首先要確定新聞媒體是否可能以更正或答覆的方式進行處理。如果不能的話，媒體監察使就要詢問該媒體的總編輯或主管，進行調查。調查結束後，媒體監察使有兩種選擇：

（一）此事尚不足以對媒體非難或進行譴責。

（二）此事之證據足以讓新聞評議會進行審查。

　　上述第一項選擇中的申訴人，仍可向新聞評議會繼續上訴。而無論結果如何，申訴人均可在媒體監察使和新聞評議會審查過後，向普通法院提出訴訟。

　　最近幾年，每年平均有 400 至 450 件申訴案向媒體監察使提出，其中約有 15% 的案件會由新聞評議會向該媒體提出非難或譴責。所有對媒體監察使的申訴均系免費進行。

　　根據以上分析，我們可以歸納出瑞典專業監察使的共同特徵如次：

　　一、專業監察使係從人權保護角度出發，而且多以國際通用之人權憲章或公約，如「聯合國公約」，作為其監察權行使之標準或依據。專業監察使所監督之對象，如消費行為、男女平權、身心障礙、性傾向歧視、兒童

權益、族群歧視等，均係當代先進民主國家中人權保障之重要新生領域，因之，監察使多由具專業背景的專家出任。此實與一般著重法律背景與清廉形象的國會監察使之「通才」特性，有著顯著的不同。

二、專業監察使雖係由政府所任命，但與政府一般行政組織的「執行部門」(executive branch) 不同，監察使的角色係屬監督、協助、保護人權的性質，必要時還具備檢察官之任務，可以向法院（普通法院或專門法院）提起訴訟。

三、專業監察使具備「公共辯護人」與「輿論領航人」的雙重使命，對其相關領域之社會輿論及專業知識的拓展，有開導與倡議之義務。因之，專業監察使必須經常在大眾媒體前曝光，並與其保護、監督之對象經常接觸。此又與國會監察使一般之穩重、審慎、低調之形象，迥然不同。

四、專業監察使之監督任務單純而明確，成效立竿見影。國會監察使則以整體政府行政體系做為監察對象，除非針對一些大案（或攸關大眾權益的受矚目案件）進行究查，形成重大影響，否則並不易讓一般民眾留下深刻印象。基於此，專業監察使之設置，實係符合民意趨向的新潮流，值得民主國家所仿傚，並普遍設置。

至於媒體監察使雖然並非依據政府之立法而設置，但因對公眾權益影響甚鉅，且對新聞公正報導有鞭策之功，可說是「專業監察使」的另類典型。目前先進民主國家多已設置類似之制度，包括新聞媒體內部之「監察使」，以及媒體協會之「媒體監察使」，其影響日趨顯著。世界各國之公共媒體（如公共電視、公共廣播、通訊社等），也多在其內部建立「監察使」機制，進行自律監督，以保障民眾權益，並對媒體新聞工作者進行新聞道德與倫理之究責。這實係一般國會監察使所難以發揮之積極角色。

瑞典的國會監察使制度，一向被視為世界監察制度的原型及典範，普遍為全球民主國家所模仿。至於專業監察制度，亦逐漸自瑞典、芬蘭等北歐國家設置之範例，普及於一般民主國家。除上列的六種監察使之外，目前還有其他幾種新創之特殊的專業監察使制度：（一）國防監察使、（二）資訊自由及資訊保護監察使、（三）就業監察使、（四）能源及水資源監察

使、（五）公共衛生或健康監察使、（六）公共運輸監察使、（七）保險監察使、（八）電信監察使、（九）信用監察使、（十）財政監察使。

至於其他新創的專業監察使制度，仍在陸續增加之中。

第四節　第三波民主化與監察機制的全球性擴展

由於第三波民主化風潮的影響 ❸，目前已有超過 100 個國家和地區，設立了獨立的監察機制。而就民主發展程度與經濟成長步調分析，監察權的基本職掌與功能，可分為三大類型：

一、穩定民主 (stable democracy) 國家，是指自二次大戰結束以來迄今，民主體制持續有效，民主機制運作從未中斷的國家，共有 36 個，率多為西方國家。其中包括瑞典、芬蘭、挪威、丹麥等北歐國家，均設立國會監察使制度。由國會任命監察使負責執行，其主要任務為接受民眾陳情，處理民眾對政府官員的抱怨與不滿，進行獨立調查並公諸社會大眾，藉由輿論壓力迫使政府進行改革，以改善法治，促進行政效率，增益政府決策的透明度。這類監察制度，特別強調對政府效率與施政效能的監督，以改善行政違失或不良行政 (maladministration) 為主要的改革對象。

二、新興民主 (new democracy) 國家，共約 70 個，係 1970 年代以後從威權或極權政體轉型，經由民主化與自由化變革而成為民主國家。其中，包括葡萄牙、西班牙、千里達、瓜地馬拉、洪都拉斯、巴拉圭、阿根廷、秘魯等，設置護民官 (Defencer of the People)。護民官是由國會任命，由國

---

❸ 依據已故政治學者杭廷頓的觀點，全球第一波民主化開始於十九世紀，成年男性普遍獲得了選舉權，一共有 29 國建立了民主體制。但是，從 1922 年起，出現了第一波的民主逆退，直到 1942 年，全球民主國家只剩下 12 國。參見 Samuel P. Huntington, (1991). "Democracy's Third Wave," *The Journal of Democracy*, 2(2)。

至於第二波民主化則開始於二次大戰結束，到 1962 年為止，一共有 36 國建立了民主體制。第二波逆退從 1962 年起至 1970 年代中期。緊接著，第三波民主化從 1974 年開始，葡萄牙政變後恢復了議會民主的運作，進一步，南歐、東亞、拉丁美洲的威權政體紛紛開展民主化與自由化改革。接著，從 1989 年起，東歐及蘇聯共黨政權倒臺，逐步開展民主選舉與市場化改革。迄今全球已出現超過 60 個新興民主國家。但近年來隨著阿拉伯之春與顏色革命的失敗，第三波民主化的發展已陷入停頓，甚至呈現倒退的趨勢。

會授權，監督政府作為。他必須針對民眾因政府官員與行政機關的不公正情事而受害的情況，積極尋求改善之道。護民官的角色有如一位「調解使」(mediator)，具備獨立性，公平受理民眾陳情，然後展開調查。由於這些新興民主國家的民主發展尚未臻穩定，官員貪腐情形相當嚴重，政府濫權侵權情事也經常發生，因此護民官的主要任務，是肅貪、防腐和保護人權。另外，在建立此一體制的源頭——西班牙和拉丁美洲之間，護民官的主要任務亦因國情差異而有所不同。在西班牙，係以推動、捍衛和保護一般性民眾的權利為主。在拉丁美洲，則更專注於民眾對政府機關濫用公權力而提出的陳情。

　　三、部分政治傳統特殊的國家，則實施獨立於三權之外的監察制度。如中華民國五院之一的監察院、南韓的監查院（院長列副總理位階，主要職掌係審計監察業務）、波蘭的最高監察院 (Supreme Chamber of Control) ❹，以色列的審計長兼監察使（公共申訴督察長）❺ 等。這些獨立

❹ 波蘭的「最高監察院」(Supreme Chamber of Control)，設於 1919 年，為重要的審計監察機關，地位崇隆。該院設院長一人，副院長二至四人，一任均為六年，並得連任一次，經參眾兩院多數決同意方式任命。最高監察院之下有 1700 位員工，年度預算約為新臺幣 24 億元（2008 年），其主要職掌為審計監察業務，採行首長制及合議制之混合體制。除最高監察院外，1987 年起，受到「第三波民主化」潮流的影響，波蘭另設置了國會監察使性質的「民權監察使公署」(Commissioner for Civil Rights)。該公署設監察使一人，副監察使一至三人，任期五年，得連任兩次。該署編制員額為 267 人（2010 年），其人事規模與我國監察院相仿。由上可知，波蘭是以審計機制為監察權之主體，監督政府之審計監察業務；另輔以民權監察使，受理民眾陳情，以監督政府行政運作。

❺ 以色列於 1949 年設立的「審計長兼監察使」（公共申訴督察長）制度，國家審計長之職權與一般國家的審計長 (Auditor General) 職權相類。但從 1971 年起，以色列國會在審計長的職權之外，增加了另一項新任務，即同時擔任「公共申訴督察長」(Public Complaints Commissioner) 一職，亦即仿效北歐式「國會監察使」之任務。「審計長」與「公共申訴督察長」此二角色的共同任務是：揭發行政部門在施政上的缺失，以落實立法監督之目的，並協助立法機關在必要時召集審計監察機關，改進行政部門的施政措施。至於「審計長」與「公共申訴督察長」二職的相異之處則在於：審計長係監督行政單位之一般行政措施，而督察長則處理一般民眾之個別申訴。審計長的職責是改善行政效率、促進行政管理；而公共申訴督察長的設置目標則是保護民眾權益，使其免於官僚的怠惰和侵害。兩者相輔相成，但集中於同一機關運作，以強化整體監察功能。

以色列審計長每年要向國會提出年度工作報告，並公諸於世。至於公共申訴督察長所做的調查則屬建議性質，不具強制力。但是由於審計長的地位崇高，受到社會高度的信任，因此他所作的建議往往會有舉足輕重的影響力，其建議未被採納者極為罕見。目前在「審計長兼督察長」的機關中，共有員額約五百

的監察制度，既非隸屬國會的特別機關，亦非政府指揮的監督機制，而係擁有獨立職權的憲政機制，掌握獨立的人事、預算、法定位階和專用官署，對行政機構進行廣泛的外部監督。關於監察制度的分類，參見表一：各國監察制度之基本類型一覽表。

至於監察機制和立法機關的關係，則有下列幾種型態：

一、國會監察使的人選要經過國會正式同意，其預算亦要經過國會的批准，但在職權的運作上則是獨立行使，不受國會議員干預。但監察使公署每年要將其年度報告送交國會供其參考。

二、獨立於國會之外，由總統或國家元首任命，其定位為國家監察使(National Ombudsman)；為獨立機關，不受國會牽制。如百慕達、哥倫比亞等。

三、獨立於立法、行政、司法三權之外，與國會（立法機關）地位平行，獨立運作。我國監察院為政府五院之一，即屬位階最高的獨立監察機制。

無論監察使是否經國會同意任命，其獨立性、自主性均受到積極維護，不容國會議員干預。就此而論，監察機制既要直接接觸民眾、接受民眾陳情，並充分反映民瘼民隱，但卻又不應受到民意代表的恣意干擾。

基於此，監察使必須具備優異的法治素養、專業知能，又要積極任事，適時適切的掌握民意、體察民怨，並採取迅速有效的處置措施，以彌補行政失當，改善政府違失。是故，監察機制是行政、司法與立法三權之外一種特殊的獨立機制，以彌補在三權制衡機制之下的制度性缺憾❻。

人，其中大約五分之一是在公共申訴督察長辦公室工作，其餘五分之四則負責審計相關業務。此外，若審計長兼公共申訴督察長認為有必要，亦可運用非屬該機構之幕僚人員，例如各專門領域之專家，協助其工作。

❻ 參閱周陽山，〈民權主義與五權憲法〉，載於胡佛、沈清松、周陽山、石之瑜著，《中華民國憲法與立國精神》，（臺北：三民書局，1993），頁 461–472；並參閱《世界監察制度手冊》（第二版），（臺北：監察院編著，2012 年），頁 400–402。

第五節　全球設置監察使國家之比較

在二十一世紀初，全世界約有 170 個國家或地區設置監察使制度，其中 149 國家或地區的監察機關曾先後加入國際監察組織 (International Ombudsman Institute, IOI)。」茲特將上述各國和未設置監察制度之國家作一比較，比較內容分為下列七項：

（一）平均國民所得 (GDP-per Capita)

（二）平均預期壽命 (Life Expectancy)

（三）國民之政治權利 (Political Rights)

（四）國民之公民自由 (Civil Liberties)

（五）自由評等 (Freedom Rating)

（六）政府形態 (Government Type)

（七）立法部門 (Legislative Branch)

其中主要資料來源，為美國「自由之家」(Freedom House) 之年度報告，及「中央情報局各國資料」(CIA Fact book)，詳見表 1–2、1–3。

根據 2012 年「自由之家」統計資料，世界各國中被列為「自由」者共 87 國；「不自由者」48 國；「部分自由者」60 國。而設置監察制度的國家中，依本文之統計，則是「自由者」70 國；「部分自由者」38 國；「不自由者」12 國。兩者之比較列入附表 1–4。

表 1–2　設置監察制度國家之自由度

項　目	自由	比例	部分自由	比例	不自由	比例	總數
世界各國／地區	87	45%	60	31%	48	24%	195
設置監察制度之國家／地區	79	52%	49	32%	24	16%	152

· 說明：在本表中，設置監察制度之國家／地區共列出 162 個，其中 10 國家／地區因分屬殖民地或聯盟，故無自由／不自由資料，詳細資料見表 1–4。

設置監察制度國家之政治體制與自由評等：

表 1–3–1 自由／不自由

數目　　　類別	數　量	比　例
自由國家	79	52%
部分自由國家	49	32%
不自由國家	24	16%
合計	152	100%

・說明：設置監察制度之國家／地區共 162 個，其中 10 國家／地區無自由／不自由資料。

表 1–3–2 君主制／共和制

數目　　　類別	數　量	比　例
君主制	31	20.1%
共和制	120	77.9%
其他	3	2%
合計	154	100%

・說明：安道爾和歐盟、卡達列在「其他」選項。

表 1–3–3 總統制／議會內閣制

數目　　　類別	數　量	比　例
總統制國家	80	52.3%
議會內閣制國家	57	37.3%
半總統制	10	6.5%
其他	6	3.9%
合計	153	100%

・說明：
　1.「其他」選項包括君主專制、社會主義制、一國兩制及委員制等型態。
　2.不含歐盟、維爾京群島、百慕達群島、圭亞那、古拉索、波多黎各、大開曼群島、格陵蘭、直布羅陀等地。

表 1–3–4 聯邦制／單一制

數目　　　類別	數　量	比　例
聯邦制國家	24	15.6%

單一制國家	130	84.4%
合計	154	100%

· 說明：不含維爾京群島、百慕達群島、圭亞那、古拉索、波多黎各、大開曼群島、格陵蘭、直布羅陀等地。

表 1–4　全球設置監察制度國家之比較（N/A——指無相關資料）

國名 ／ 地區名	平均國民所得	平均預期壽命	國民之政治權利	國民之公民自由	自由評等	單一國會 ／ 雙國會	君主制 ／ 共和制	總統制 ／ 議會內閣制	聯邦制 ／ 單一制
一、非洲（40 個）									
Angola 安哥拉	$5,144	54.59	6	5	不自由	單一國會制	共和制	總統制	單一制
Benin 貝南	$736	60.26	2	2	自由	單一國會制	共和制	總統制	單一制
Botswana 波札那	$9,480	55.74	2	2	自由	雙國會制	共和制	議會內閣制	單一制
Burkina Faso 布吉納法索	$664	54.07	5	3	部分自由	單一國會制	共和制	議會內閣制	單一制
Burundi 蒲隆地	$279	59.24	5	5	部分自由	雙國會制	共和制	總統制	單一制
Cameroon 喀麥隆	$1,230	54.71	6	6	不自由	單一國會制	共和制	總統制	單一制
Centrial African Republic 中非共和國	$456	50.48	5	5	部分自由	單一國會制	共和制	總統制	單一制
Chad 查德	$891	48.69	7	6	不自由	單一國會制	共和制	總統制	單一制

Republic of the Congo 剛果共和國	$3,713	55.27	6	5	不自由	雙國會制	共和制	總統制	單一制
Cote d'ivoire 象牙海岸	$1,062	57.25	N/A	N/A	不自由	單一國會制	共和制	總統制	單一制
Djibouti 吉布地	$1,467	61.57	5	5	部分自由	單一國會制	共和制	總統制	單一制
Arab Republic of Egypt 埃及	$2,970	72.93	6	5	不自由	雙國會制	共和制	總統制	單一制
Ethiopia 衣索比亞	$360	56.56	5	5	部分自由	雙國會制	共和制	總統制	聯邦制
Gabon 加蓬	$10,653	52.59	6	4	部分自由	雙國會制	共和制	總統制	單一制
Gambia 甘比亞	$543	63.82	5	4	部分自由	單一國會制	共和制	總統制	單一制
Ghana 迦納	$1,688	61.45	1	2	自由	單一國會制	共和制	總統制	單一制
Lesotho 賴索托	$1,264	51.86	2	3	自由	雙國會制	君主制	議會內閣制	單一制
Libya 利比亞	$5,691	77.83	7	6	不自由	單一國會制	共和制	議會內閣制	單一制
Madagascar 馬達加斯加	$458	64	4	3	部分自由	雙國會制	共和制	總統制	單一制
Malawi 馬拉威	$351	52.31	4	4	部分自由	單一國會制	共和制	總統制	單一制
Mali 馬里	$668	53.06	2	3	自由	單一國會制	共和制	總統制	單一制
Mauritania 茅利塔尼亞	$1,290	61.53	6	5	不自由	雙國會制	共和制	總統制	單一制

Mauritius 模里西斯	$8,654	74.71	1	2	自由	單一國會制	共和制	議會內閣制	單一制
Morocco 摩洛哥	$3,083	76.11	5	4	部分自由	雙國會制	君主制	議會內閣制	單一制
Namibia 納米比亞	$5,828	52.17	2	2	自由	雙國會制	共和制	總統制	單一制
Niger 尼日	$399	53.8	3	4	部分自由	單一國會制	共和制	總統制	單一制
Nigeria 奈及利亞	$1,490	52.05	5	4	部分自由	雙國會制	共和制	總統制	聯邦制
Rwanda 盧旺達	$605	58.44	6	5	不自由	雙國會制	共和制	總統制	單一制
Sao Tome and Principe 聖多美普林西比	$1,473	63.49	N/A	N/A	自由	單一國會制	共和制	半總統制	單一制
Senegal 塞內加爾	$1,075	60.18	3	3	自由	雙國會制	共和制	總統制	單一制
Seychelles 塞席爾	$11,170	73.77	3	3	部分自由	單一國會制	共和制	總統制	單一制
Sierra Leone 獅子山共和國	$366	56.55	3	3	部分自由	單一國會制	共和制	總統制	單一制
South Africa 南非	$8,066	49.41	2	2	自由	雙國會制	共和制	總統制	單一制
Sudan 蘇丹	$4146	62.57	7	7	不自由	雙國會制	共和制	總統制	聯邦制
Tanzania 坦尚尼亞	$553	53.14	4	3	部分自由	單一國會制	共和制	總統制	聯邦制
Togo 多哥	$505	57.1	5	4	部分自由	單一國會制	共和制	總統制	單一制
Tunisia 突尼西亞	$4,351	75.24	7	5	不自由	雙國會制	共和制	總統制	單一制

Uganda 烏干達	$477	53.45	5	4	部分自由	單一國會制	共和制	總統制	單一制
Zambia 尚比亞	$1,413	52.57	3	3	部分自由	單一國會制	共和制	總統制	單一制
Zimbabwe 辛巴威	$741	51.82	7	6	不自由	雙國會制	共和制	議會內閣制	單一制
二、亞洲（26 個）								
Afghanistan 阿富汗	$586	49.72	6	6	不自由	雙國會制	共和制	總統制	聯邦制
China 中國大陸	$5,413	74.84	7	6	不自由	單一國會制	共和制	社會主義制	單一制
*Hong Kong (China) 香港	$34,049	81.68	5	2	部分自由	單一國會制	共和制	一國兩制	單一制
India 印度	$1,388	68.59	2	3	自由	雙國會制	共和制	總統制	聯邦制
Indonesia 印尼	$3,508	70.16	2	3	自由	雙國會制	共和制	總統制	單一制
Iran 伊朗	$6,357	70.05	6	6	不自由	單一國會制	共和制	教權制	單一制
Israel 以色列	$31,985	81.07	1	2	自由	單一國會制	共和制	議會內閣制	單一制
Japan 日本	$45,920	82.02	1	2	自由	雙國會制	君主制	議會內閣制	單一制
Jordan 約旦	$4,674	80.18	6	5	不自由	雙國會制	君主制	議會內閣制	單一制
Kazakhstan 哈薩克	$10,694	69.63	6	5	不自由	雙國會制	共和制	總統制	單一制
Kyrgyz 吉爾吉斯	$1,070	69.45	5	4	部分自由	單一國會制	共和制	總統制	單一制

Lebanon 黎巴嫩	$9,862	75.23	5	4	部分自由	單一國會制	共和制	議會內閣制	單一制
Macao (China) 澳門	$39,800	82.27	N/A	N/A	N/A	單一國會制	共和制	一國兩制	單一制
Malaysia 馬來西亞	$9,699	74.04	4	4	部分自由	雙國會制	君主制	議會內閣制	聯邦制
Mongolia 蒙古	$3,042	68.63	2	2	自由	單一國會制	共和制	半總統制	單一制
Pakistan 巴基斯坦	$1,201	63.75	4	5	部分自由	雙國會制	共和制	總統制	聯邦制
Qatar 卡達	$98,329	78.09	6	5	不自由	單一國會制	酋長國	君主專制	單一制
Philippines 菲律賓	$2,328	70.51	4	3	部分自由	雙國會制	共和制	總統制	單一制
Saudi Arabia 沙烏地阿拉伯	$22,635	74.35	7	7	不自由	N/A	君主制	君主專制	單一制
Singapore 新加坡	$49,270	83.75	4	4	部分自由	單一國會制	共和制	總統制	單一制
South Korea 南韓	$23,749	77.23	1	2	自由	單一國會制	共和制	總統制	單一制
Sri Lanka 斯里蘭卡	$2,877	74.8	4	4	部分自由	單一國會制	共和制	總統制	單一制
*Taiwan 中華民國（臺灣）	$20,100	77.56	2	1	自由	單一國會制	共和制	半總統制	單一制
Thailand 泰國	$5,394	72.55	5	4	部分自由	雙國會制	君主制	議會內閣制	單一制
Uzbekistan 烏茲別克	$1,572	72.77	7	7	不自由	雙國會制	共和制	總統制	單一制

Yemen 葉門	$1,340	64.11	6	6	不自由	單一國會制	共和制	半總統制	單一制
三、澳洲及太平洋（11 個）									
Australia 澳大利亞	$33,300	80.62	1	1	自由	雙國會制	君主制	議會內閣制	聯邦制
Cook Islands 科克群島	$9,100	N/A	N/A	N/A	N/A	雙國會制	君主制	議會內閣制	單一制
East Timor 東帝汶	$3,949	62.5	3	4	部分自由	單一國會制	共和制	半總統制	單一制
Fiji 斐濟	$6,200	70.12	6	4	部分自由	雙國會制	共和制	總統制	單一制
New Zealand 紐西蘭	$26,200	78.96	1	1	自由	單一國會制	君主制	議會內閣制	單一制
Palau 帛琉	$8,100	72.06	1	1	自由	單一國會制	共和制	總統制	單一制
Papua New Guinea 巴布亞紐幾內亞	$2,700	65.62	3	3	部分自由	單一國會制	君主制	議會內閣制	單一制
Samoa 薩摩亞	$2,100	71.3	2	2	自由	單一國會制	共和制	議會內閣制	單一制
Solomon Islands 所羅門群島	$600	73.16	4	3	部分自由	單一國會制	君主制	議會內閣制	單一制
Tonga 東加	$2,200	70.12	5	3	部分自由	單一國會制	君主制	議會內閣制	單一制
Vanuatu 瓦努阿圖	$2,900	63.22	2	2	自由	單一國會制	共和制	議會內閣制	單一制
四、加勒比海及拉丁美洲（35 個）									

Antigua & Barbuda 安地卡及巴布達	$13,552	75.69	2	2	自由	雙國會制	君主制	議會內閣制	單一制
Argentina 阿根廷	$10,640	77.14	2	2	自由	雙國會制	共和制	總統制	聯邦制
Barbados 巴貝多	$16,148	74.52	1	1	自由	雙國會制	君主制	議會內閣制	單一制
Belize 貝里斯	$4,349	68.28	1	2	自由	雙國會制	君主制	議會內閣制	單一制
Bermuda 百慕達群島	$69,900	80.82	N/A	N/A	N/A	雙國會制	君主制	議會內閣制	單一制
Bolivia 玻利維亞	$2,314	67.9	3	3	部分自由	雙國會制	共和制	總統制	單一制
Virgin Islands 英屬維京群島	$43,366	77.95	N/A	N/A	N/A	單一國會制	君主制	議會內閣制	單一制
Brazil 巴西	$12,788	73.5	2	2	自由	雙國會制	共和制	總統制	聯邦制
Chile 智利	$14,413	78.1	1	1	自由	雙國會制	共和制	總統制	單一制
Colombia 哥倫比亞	$7,131	73.7	3	4	部分自由	雙國會制	共和制	總統制	單一制
Costa Rica 哥斯大黎加	$8,876	77.89	1	1	自由	單一國會制	共和制	總統制	單一制
Curaco 古拉索	$20,567	N/A	N/A	N/A	N/A	雙國會制	君主制	議會內閣制	單一制
Dominica 多明尼克	$6,909	76.18	1	1	自由	單一國會制	君主制	議會內閣制	單一制
Dominican Republic 多明尼加	$5,638	77.44	2	2	自由	雙國會制	共和制	總統制	單一制
Ecuador 厄瓜多	$4,424	75.94	3	3	部分自由	單一國會制	共和制	總統制	單一制

El Salvador 薩爾瓦多	$3,855	73.69	2	3	自由	單一國會制	共和制	總統制	單一制
French Guiana 法屬圭亞那	$20,904	81.46	N/A	N/A	N/A	雙國會制	共和制	半總統制	單一制
Grand Cayman 大開曼群島	$43,800	80.8	N/A	N/A	N/A	單一國會制	君主制	議會內閣制	單一制
Grenada 格瑞那達	$7,878	73.3	1	2	自由	雙國會制	君主制	議會內閣制	單一制
Guatemala 瓜地馬拉	$3,812	71.17	3	4	部分自由	單一國會制	共和制	總統制	單一制
Guyana 蓋亞那	$3,202	67.39	2	3	部分自由	單一國會制	共和制	總統制	單一制
Haiti 海地	$738	62.51	4	5	部分自由	雙國會制	共和制	總統制	單一制
Honduras 洪都拉斯	$2,115	70.71	3	3	部分自由	單一國會制	共和制	總統制	單一制
Jamaica 牙買加	$5,402	76.63	2	3	自由	雙國會制	君主制	議會內閣制	單一制
Mexico 墨西哥	$10,153	76.66	2	3	自由	雙國會制	共和制	總統制	聯邦制
Nicaragua 尼加拉瓜	$1,329	72.18	4	3	部分自由	單一國會制	共和制	總統制	單一制
Panama 巴拿馬	$8,514	77.96	1	2	自由	單一國會制	共和制	總統制	單一制
Paraguay 巴拉圭	$3,252	76.4	3	3	部分自由	雙國會制	共和制	總統制	單一制
Peru 秘魯	$6,069	72.73	2	3	自由	單一國會制	共和制	總統制	單一制

Puerto Rico (U.S.) 波多黎各	$24,229	79.07	1	1	自由	雙國會制	共和制	N/A	單一制
Saint Kitts and Nevis 聖克裡斯多福	$12,728	74.84	1	1	自由	單一國會制	君主制	議會內閣制	單一制
Saint Lucia 聖露西亞	$7,435	77.04	1	1	自由	雙國會制	君主制	議會內閣制	單一制
Trinidad & Tobago 千里達及托貝哥	$17,158	71.67	2	2	自由	雙國會制	共和制	議會內閣制	單一制
Venezuela 委內瑞拉	$10,610	74.08	4	4	部分自由	單一國會制	共和制	總統制	聯邦制
Uruguay 烏拉圭	$14,415	76.41	1	1	自由	雙國會制	共和制	總統制	單一制
五、歐洲（48個）									
Andorra 安道爾	$53,383	82.5	1	1	自由	單一國會制	雙侯國	議會內閣制	單一制
Albania 阿爾巴尼亞	$3,992	77.59	3	3	部分自由	單一國會制	共和制	議會內閣制	單一制
Armenia 亞美尼亞	$3,032	73.49	6	4	部分自由	單一國會制	共和制	總統制	單一制
Austria 奧地利	$49,809	79.91	1	1	自由	雙國會制	共和制	總統制	聯邦制
Azerbaijan 亞塞拜然	$6,832	71.32	6	5	不自由	單一國會制	共和制	總統制	單一制
Belgium 比利時	$46,878	79.65	1	1	自由	雙國會制	君主制	議會內閣制	聯邦制

Bosnia & Herzegovina 波士尼亞赫塞哥維納	$4,618	78.96	4	3	部分自由	雙國會制	共和制	議會內閣制	聯邦制
Bulgaria 保加利亞	$7,072	73.84	2	2	自由	單一國會制	共和制	總統制	單一制
Croatia 克羅埃西亞	$14,457	75.99	2	2	自由	單一國會制	共和制	總統制	單一制
Cyprus 賽普勒斯	$30,570	78	1	1	自由	單一國會制	共和制	總統制	聯邦制
Czech 捷克	$20,444	77.38	1	1	自由	雙國會制	共和制	議會內閣制	單一制
Denmark 丹麥	$59,928	78.78	1	1	自由	單一國會制	君主制	議會內閣制	單一制
Estonia 愛沙尼亞	$16,636	73.58	1	1	自由	單一國會制	共和制	議會內閣制	單一制
European Union 歐盟	$35,116	79.76	N/A	N/A	N/A	N/A	N/A	N/A	聯邦制
Finland 芬蘭	$49,349	79.41	1	1	自由	單一國會制	共和制	半總統制	單一制
France 法國	$42,793	81.46	1	1	自由	雙國會制	共和制	半總統制	單一制
Georgia 喬治亞	$3,210	77.32	4	4	部分自由	單一國會制	共和制	總統制	單一制
Germany 德國	$43,741	80.19	1	1	自由	雙國會制	共和制	議會內閣制	聯邦制
Gibraltar 直布羅陀	$27,900	78.83	N/A	N/A	N/A	單一國會制	君主制	議會內閣制	單一制

Greece 希臘	$27,073	80.05	1	2	自由	單一 國會 制	共和制	議會內閣 制	單一制
Greenland 格陵蘭島	$20,000	71.25	N/A	N/A	N/A	單一 國會 制	君主制	議會內閣 制	單一制
Hungary 匈牙利	$14,050	75.02	1	1	自由	單一 國會 制	共和制	議會內閣 制	單一制
Iceland 冰島	$43,088	81	1	1	自由	單一 國會 制	共和制	總統制	單一制
Ireland 愛爾蘭	$47,513	80.32	1	1	自由	雙國 會制	共和制	議會內閣 制	單一制
Italy 義大利	$36,267	81.86	1	2	自由	雙國 會制	共和制	議會內閣 制	單一制
Kosovo 科索沃	$2,500	N/A	6	5	不自由	單一 國會 制	共和制	議會內閣 制	單一制
Latvia 拉脫維亞	$12,671	72.93	2	1	自由	單一 國會 制	共和制	議會內閣 制	單一制
Liechtenstein 列支敦士登	$143,151	81.5	1	1	自由	單一 國會 制	君主制	議會內閣 制	單一制
Lithuania 立陶宛	$13,068	75.55	1	1	自由	單一 國會 制	共和制	議會內閣 制	單一制
Luxembourg 盧森堡	$113,533	79.75	1	1	自由	單一 國會 制	君主制	議會內閣 制	單一制
Macedonia 馬其頓	$5,015	75.36	3	3	部分 自由	單一 國會 制	共和制	議會內閣 制	單一制
Malta 馬爾他	$21,028	79.85	1	1	自由	單一 國會 制	共和制	議會內閣 制	單一制

Moldova 摩爾多瓦	$1,968	69.51	3	4	部分 自由	單一 國會 制	共和制	總統制	單一制
Netherlands 荷蘭	$50,305	80.91	1	1	自由	雙國 會制	君主制	議會內閣 制	單一制
Norway 挪威	$97,254	80.32	1	1	自由	單一 國會 制	君主制	議會內閣 制	單一制
Poland 波蘭	$13,540	76.25	1	1	自由	雙國 會制	共和制	半總統制	單一制
Portugal 葡萄牙	$22,413	78.8	1	1	自由	單一 國會 制	共和制	議會內閣 制	單一制
Romania 羅馬尼亞	$8,863	74.22	2	2	自由	雙國 會制	共和制	總統制	單一制
Russian Federation 俄羅斯	$12,993	66.46	6	5	不自由	雙國 會制	共和制	半總統制	聯邦制
Serbia 塞爾維亞	$6,080	74.56	3	2	自由	單一 國會 制	共和制	議會內閣 制	單一制
Slovak 斯洛伐克	$17,643	76.03	1	1	自由	單一 國會 制	共和制	議會內閣 制	單一制
Slovenia 斯洛維尼亞	$24,533	77.48	1	1	自由	雙國 會制	共和制	議會內閣 制	單一制
Spain 西班牙	$32,360	81.27	1	1	自由	雙國 會制	君主制	議會內閣 制	單一制
Sweden 瑞典	$56,956	81.18	1	1	自由	單一 國會 制	君主制	議會內閣 制	單一制
Switzerland 瑞士	$81,160	81.17	1	1	自由	雙國 會制	共和制	委員制	聯邦制
Turkey 土耳其	$10,522	68.48	3	3	部分 自由	單一 國會 制	共和制	議會內閣 制	單一制

Ukraine 烏克蘭	$3,621	68.74	3	2	自由	單一國會制	共和制	半總統制	單一制
United Kingdom 英國	$38,891	81.17	1	1	自由	雙國會制	君主制	議會內閣制	單一制
六、北美洲（2個）									
Canada 加拿大	$50,346	81.48	1	1	自由	雙國會制	君主制	議會內閣制	聯邦制
United States 美國	$48,386	78.49	1	1	自由	雙國會制	共和制	總統制	聯邦制

* 國際監察組織會籍隸屬澳洲及太平洋地區總數：162。

根據上列資料，我們得出以下比較的結果：

一、設置監察使的國家，其自由化程度度普遍較高，居「自由國家」之列者，占總數52%，較未設置監察使的國家要多很多。而歸類為「部分自由」者（占總數32%）或「不自由國家」者（占總數16%），相比之下，卻要少得多。由此可知，設置監察使與自由化程度呈現正相關。

二、大部分設置監察使的國家，採取單一國會制（占總數55.9%），設置雙國會制的國家則占44%。

三、大部分設置監察使的國家，實施共和制（占總數77.9%），而君主制國家僅占二成左右。這與當代共和制國家較多，君主立憲國家較少有關。

四、大部分設置監察使的國家，採取總統制（占總數52.3%），採取議會內閣制的國家則為37.3%，採取半總統制 (semi-presidentialism) 的國家更少，僅占6.5%。這與議會內閣制國家國會議員的角色有關。在議會內閣制國家，由於議會（立法部門）多數直接掌控內閣（行政部門），國會議員直接反映民意、影響政府決策的能力較高，對獨立的監察使制度重視的程度相對較低，故採行此一制度的國家較少。反之，在總統制國家，則因三權分立、相互制衡，獨立的監察使機制發揮的空間較大，也比較受到民眾重視。至於半總統制，為新興的折衷型政治體制，所佔的比重較低。

　　五、在國家體制方面，絕大多數設置監察使的國家採行單一制 (unitary system)，而採取聯邦制 (federalism) 的國家，僅占 15.6%。在單一制國家中，監察使權力集中，可同時監督中央及各級地方政府，職權較聯邦制之下的監察使要大很多。相對的，在聯邦制國家中，不同層級的政府設立不同位階的監察使，也就是說有很多位監察使，例如澳洲就分別設置了 8 位（聯邦政府、6 個州及北領地政府各設一位監察使）。

　　六、設置監察使的國家，在亞洲有 22 個，在非洲有 40 個，在歐洲有 52 個，在加勒比海和拉丁美洲有 35 個，在大洋洲有 11 個，在北美洲有 2 個。根據此一資料，無論是在老牌的穩定的民主國家 (stable democracy)，或是新興民主國家 (new democracy)，多已普遍設置此一制度。反倒是在人口最多的亞洲，卻比較受到忽略。

　　我國是全世界最早設置監察制度的國家，但民眾對於監察權的重視程度明顯不足，另外，還有不少人主張廢除獨立運作的監察院，併入績效不張的立法院，或根本取消監察機關。這顯然與當前全球民主化的發展趨勢，強化究責機制與監督功能的潮流，背道而馳。

第六節　透明國際對全球腐敗排行榜的分析

一、腐敗的定義

　　簡單來說，腐敗是濫用權力以謀取私人利益。腐敗是指公共部門中的官員（包括政治人物和公務員）通過濫用權力，使自己及親信不正當地或非法地發家致富的行為。對腐敗的分析，即集中於那些通過其職位而控制著多種活動或決策的政策制定者或行政管理者。

　　非政府組織「透明國際」(transparancy International) 對腐敗採取一個簡明的定義：「濫用委託權力以謀取私人利益 (the abuse of entrusted power for private gain)」。該定義包括三項要素：（一）濫用權力；（二）權力是被委託的，無論在私人部門或在公共部門皆如是；（三）私人的利益並不限於由

濫用權力者本人獲得，還包括他的家人或朋友。英文的 cronyism 一詞，指的是用人為親，或稱之朋黨現象，而 nepotism 一詞，則是指重用親戚或利用裙帶關係，都是腐敗的表徵。

　　以下是 2002–2016 年的全球腐化排行表，排名越前，表示腐化程度越低，排名越後，表示腐化程度越嚴重：

表 1–5　透明國際的全球腐化排行表 (2002–2016)

2016年排名	國家或地區	貪污感知指數（根據國際透明組織發布數據）指數													
		2016	2015	2014	2013	2012	2011	2010	2009	2008	2007	2006	2005	2004	2003	2002
1	丹麥	90	91	92	91	90	9.4	9.3	9.3	9.3	9.4	9.5	9.5	9.5	9.5	9.5
1	紐西蘭	90	88	91	91	90	9.5	9.3	9.4	9.3	9.4	9.6	9.6	9.5	9.5	9.4
3	芬蘭	89	90	89	89	90	9.4	9.2	8.9	9.0	9.4	9.6	9.6	9.7	9.7	9.9
3	瑞典	88	89	87	89	88	9.3	9.2	9.2	9.3	9.3	9.2	9.2	9.3	9.3	9.0
5	瑞士	86	86	86	85	86	8.8	8.7	9.0	9.0	9.0	9.1	9.1	8.8	8.5	8.4
6	挪威	85	87	86	86	85	9.0	8.6	8.6	7.9	8.7	8.8	8.9	8.8	8.5	8.6
7	新加坡	84	85	84	86	87	9.2	9.3	9.2	9.2	9.3	9.4	9.3	9.4	9.4	9.4
8	荷蘭	83	87	83	83	84	8.9	8.8	8.9	8.9	9.0	8.7	8.6	8.9	9.0	8.8
9	加拿大	82	83	81	81	84	8.7	8.9	8.7	8.7	8.7	8.5	8.4	8.7	9.0	8.9
10	德國	81	81	79	78	79	8.0	7.9	8.0	7.9	7.8	8.0	8.2	7.7	7.3	7.4
10	盧森堡	81	81	82	80	80	8.5	8.5	8.2	8.3	8.4	8.6	8.5	8.7	9.0	8.7
10	英國	81	81	78	76	74	7.8	7.6	7.7	7.7	8.4	8.6	8.6	8.6	8.7	8.3
13	澳大利亞	79	79	80	81	85	8.8	8.7	8.7	8.7	8.6	8.7	8.8	8.8	8.6	8.5
14	冰島	78	79	79	78	82	8.3	8.5	8.7	8.9	9.2	9.6	9.7	9.6	9.4	9.2
15	比利時	77	77	76	75	75	7.5	7.1	7.1	7.3	7.1	7.3	7.4	7.6	7.1	6.6
15	香港	77	75	74	75	77	8.4	8.4	8.2	8.1	8.3	8.3	8.3	8.0	8.2	7.9
17	奧地利	75	76	72	69	69	7.8	7.9	7.9	8.1	8.1	8.6	8.7	8.0	7.8	7.8
18	美國	74	76	74	73	73	7.1	7.1	7.5	7.3	7.2	7.3	7.6	7.5	7.7	7.6

19	■ ■ 愛爾蘭	73	75	74	72	69	7.5	8.0	8.0	7.7	7.5	7.4	7.4	7.5	6.9	7.5
20	● 日本	72	75	76	74	74	8.0	7.8	7.7	7.3	7.5	7.6	7.3	7.0	7.1	7.1
21	烏拉圭	71	74	73	73	72	7.0	6.9	6.7	6.9	6.7	6.4	5.9	5.5	5.1	5.1
22	愛沙尼亞	70	70	69	68	64	6.4	6.5	6.6	6.6	6.5	6.7	6.4	5.5	5.6	5.6
23	■ ■ 法國	69	70	69	71	71	7.0	6.8	6.9	6.9	7.3	7.4	7.5	6.9	6.3	6.7
24	▶ 巴哈馬	66		71	71	71	7.3									
24	智利	66	70	73	71	72	7.2	7.2	6.7	6.9	7.0	7.3	7.3	7.4	7.5	7.5
24	阿聯	66	70	70	69	68	6.8	6.3	6.5	5.9	5.7	6.2	6.2	6.1	5.2	
27	不丹	65	65	65	63	63	5.7	5.7	5.0	5.4	5.0					
28	✡ 以色列	64	61	60	61	60	5.8	6.1	6.1	6.0	6.1	5.9	6.3	6.4	7.0	7.3
29	波蘭	62	62	61	60	58	5.5	5.3	5.0	4.6	4.2	3.7	3.4	3.5	3.6	4.0
29	葡萄牙	62	63	63	62	63	6.1	6.0	5.8	6.1	6.5	6.6	6.5	6.6	6.3	6.3
31	Ψ 巴貝多	61		74	75	76	7.8	7.8	7.4	7.0	6.9	6.7	6.9			
31	卡達	61	71	69	68	68	7.2	7.7	7.0	6.5	6.0	6.0	5.9	5.6		
31	斯洛維尼亞	61	60	58	57	61	5.9	6.4	6.6	6.7	6.6	6.4	6.1	5.9	6.0	5.2
31	中華民國（臺灣）	61	62	61	61	61	6.1	5.8	5.6	5.7	5.7	5.9	5.9	5.6	5.7	5.6
35	波札那	60	63	63	64	65	6.1	5.8	5.6	5.8	5.4	5.6	5.9	6.0	5.7	6.4
35	聖露西亞	60			71	71	7.0		7.0	7.1	6.8					
35	聖文森及格瑞那丁	60		67	62	62	5.8		6.4	6.5	6.1					
38	維德角	59	55	57	58	60	5.5	5.1	5.1	5.1	4.9					
38	多明尼克	59		58	58	58	5.2	5.2	5.9	6.0	5.6	4.5	3.0	2.9	3.3	3.2
38	立陶宛	59	61	58	57	54	4.8	5.0	4.9	4.6	4.8	4.8	4.8	4.6	4.7	4.8
41	汶萊	58		60	55		5.2	5.5	5.5							
41	哥斯大黎加	58	55	54	53	54	4.8	5.3	5.3	5.1	5.0	4.1	4.2	4.9	4.3	4.5
41	西班牙	58	58	60	59	65	6.2	6.1	6.1	6.5	6.7	6.8	7.0	6.9	7.1	7.0
44	✚ 喬治亞	57	52	52	49	52	4.1	3.8	4.1	3.9	3.4	2.8	2.3	2.0	1.8	2.4

44	拉脫維亞	57	55	55	53	49	4.2	4.3	4.5	5.0	4.8	4.7	4.2	4.0	3.8	3.7
46	格瑞那達	56														
47	賽普勒斯	55	61	63	63	66	6.3	6.3	6.6	6.4	5.3	5.6	5.7	5.4	6.1	
47	捷克	55	56	51	48	49	4.4	4.6	4.9	5.2	5.2	4.8	4.3	4.2	3.9	3.7
47	馬爾他	55	56	55	56	57	5.6	5.6	5.2	5.8	5.8	6.4	6.4			
50	模里西斯	54	53	54	52	57	5.2	5.4	5.4	5.5	4.7	5.1	4.2	4.1	4.4	4.5
50	盧旺達	54	54	49	53	53	5.0	4.0	3.3	3.0	2.8	2.5	3.1			
52	韓國	53	56	55	55	56	5.4	5.4	5.5	5.6	5.1	5.1	5.0	4.5	4.3	4.5
53	納米比亞	52	53	49	48	48	4.4	4.4	4.5	4.5	4.5	4.1	4.3	4.1	4.7	5.7
54	斯洛伐克	51	51	50	47	46	4.0	4.3	4.5	5.0	4.9	4.7	4.3	4.0	3.7	3.7
55	克羅埃西亞	49	51	48	48	46	4.0	4.1	4.1	4.4	4.1	3.4	3.4	3.5	3.7	3.8
55	馬來西亞	49	50	52	50	49	4.3	4.4	4.5	5.1	5.1	5.0	5.1	5.0	5.2	4.9
57	匈牙利	48	51	54	54	55	4.6	4.7	5.1	5.1	5.3	5.2	5.0	4.8	4.8	4.9
57	約旦	48	53	49	45	48	4.5	4.7	5.0	5.1	4.7	5.3	5.7	5.3	4.6	4.5
57	羅馬尼亞	48	46	43	43	44	3.6	3.7	3.8	3.8	3.7	3.1	3.0	2.9	2.8	2.6
60	古巴	47	47	46	46	48	4.2	3.7	4.4	4.3	4.2	3.5	3.8	3.7	4.6	
60	義大利	47	44	43	43	42	3.9	3.9	4.3	4.8	5.2	6.2	6.2	5.2		
62	聖多美及普林西比島	46	42	42	42	42	3.0	3.0	2.8	2.7	2.7					
62	沙烏地阿拉伯	46	52	49	46	44	4.7	4.7	4.3	3.5	3.4	3.3	3.4	3.4	4.5	
64	蒙特內哥羅	45	44	42	44	41	4.0	3.7	3.9	3.4	3.3					
64	阿曼	45	45	45	47	47	4.8	5.3	5.5	5.5	4.7	5.4	6.3	6.1	6.3	

64	塞內加爾	45	44	43	41	36	2.9	2.9	3.0	3.4	3.6	3.3	3.2	3.0	3.2	3.1
64	南非	45	44	44	42	43	4.1	4.5	4.7	4.9	5.1	4.6	4.5	4.6	4.4	4.8
64	蘇利南	45	36	36	36	37	3.0									
69	希臘	44	46	43	40	36	3.4	3.5	3.8	4.7	4.6	4.4	4.3	4.3	4.3	4.2
70	巴林	43	51	49	48	51	5.2	4.9	5.1	5.4	5.0	5.7	5.8	5.8	6.1	
70	迦納	43	47	48	46	45	3.9	4.1	3.9	3.9	3.7	3.3	3.5	3.6	3.3	3.9
72	布吉納法索	42	38	38	38	38	3.0	3.1	3.6	3.5	2.9	3.2	3.4			
72	塞爾維亞	42	40	41	42	39	3.3	3.5	3.4	3.4	3.0	2.8	2.7	2.3		
72	所羅門群島	42														
75	保加利亞	41	41	43	41	41	3.3	3.6	3.8	3.6	4.1	4.0	4.0	4.1	3.9	4.0
75	科威特	41	49	44	43	44	4.6	4.5	4.1	4.3	4.3	4.8	4.7	4.6	5.3	
75	突尼西亞	41	38	40	41	41	3.8	4.3	4.2	4.4	4.2	4.6	4.9	5.0	4.9	4.8
75	土耳其	41	42	45	50	49	4.2	4.4	4.4	4.6	4.1	3.8	3.5	3.2	3.1	3.2
79	白俄羅斯	40	32	31	29	31	2.4	2.5	2.0	2.1	2.1	2.6	3.3	4.2	4.8	
79	巴西	40	38	43	42	43	3.8	3.7	3.7	3.5	3.5	3.3	3.7	3.9	3.9	4.0
79	中國	40	37	36	40	39	3.6	3.5	3.6	3.6	3.5	3.3	3.2	3.4	3.4	3.5
79	印度	40	38	38	36	36	3.1	3.3	3.4	3.4	3.5	3.3	2.9	2.8	2.8	2.7
83	阿爾巴尼亞	39	36	33	31	33	3.1	3.3	3.2	3.4	2.9	2.6	2.4	2.5	2.5	2.5
83	波士尼亞與赫塞哥維納	39	38	39	42	42	3.2	3.2	3.2	3.3	2.9	2.9	3.1	3.3		
83	牙買加	39	41	38	38	38	3.3	3.3	3.0	3.1	3.3	3.7	3.6	3.3	3.8	4.0
83	賴索托	39	44	49	49	45	3.5	3.5	3.3	3.2	3.3	3.2	3.4			
87	蒙古	38	39	39	38	36	2.7	2.7	3.0	3.0	2.8	3.0	3.0			
87	巴拿馬	38	39	37	35	38	3.3	3.6	3.4	3.4	3.2	3.1	3.5	3.7	3.4	3.0
87	尚比亞	38	38	38	38	37	3.2	3.0	3.0	2.8	2.6	2.6	2.6	2.6	2.5	2.6

90	哥倫比亞	37	37	37	36	36	3.4	3.5	3.7	3.8	3.8	3.9	4.0	3.8	3.7	3.6
90	印尼	37	36	34	32	32	3.0	2.8	2.8	2.6	2.3	2.4	2.2	2.0	1.9	1.9
90	賴比瑞亞	37	37	37	38	41	3.2	3.3	3.1	2.4	2.1		2.2			
90	摩洛哥	37	36	39	37	37	3.4	3.4	3.3	3.5	3.5	3.2	3.2	3.2	3.3	3.7
90	馬其頓	37	42	45	44	43	3.9	4.1	3.8	3.6	3.3	2.7	2.7	2.7	2.3	
95	阿根廷	36	32	34	34	35	3.0	2.9	2.9	2.9	2.9	2.9	2.8	2.5	2.5	2.8
95	貝南	36	37	39	36	36	3.0	2.8	2.9	3.1	2.7	2.5	2.9	3.2		
95	薩爾瓦多	36	39	39	38	38	3.4	3.6	3.4	3.9	4.0	4.0	4.2	3.7	3.4	3.2
95	科索沃	36	33	33	33	34	2.9	2.8								
95	馬爾地夫	36														
95	斯里蘭卡	36	37	38	37	40	3.3	3.2	3.1	3.2	3.2	3.1	3.2	3.5	3.4	3.7
101	加蓬	35	34	37	34	35	3.0	2.8	2.9	3.1	3.3	3.0	2.9	3.3		
101	尼日	35	34	35	34	33	2.5	2.6	2.8	2.6	2.3	2.4	2.2			
101	秘魯	35	36	38	38	38	3.4	3.5	3.7	3.6	3.5	3.3	3.5	3.5	3.7	3.4
101	菲律賓	35	35	38	36	34	2.6	2.4	2.3	2.5	2.5	2.5	2.6	2.5	2.6	
101	泰國	35	38	38	35	37	3.4	3.5	3.4	3.5	3.3	3.6	3.8	3.6	3.3	3.2
101	東帝汶	35	28	28	30	33	2.4	2.5	2.2	2.6	2.6					
101	千里達及托貝哥	35	39	38	38	39	3.2	3.6	3.6	3.6	3.4	3.2	3.8	4.2	4.6	4.9
108	阿爾及利亞	34	36	36	36	34	2.9	2.9	2.8	3.2	3.0	3.1	2.8	2.7	2.6	
108	象牙海岸	34	32	32	27	29	2.2	2.2	2.0	2.1		1.9	2.0	2.1	2.7	
108	埃及	34	36	37	32	32	2.9	3.1	2.8	2.8	2.9	3.3	3.4	3.2	3.3	3.4
108	衣索比亞	34	33	33	33	33	2.7	2.7	2.6	2.4	2.4	2.2	2.3	2.5	3.5	
108	蓋亞那	34	29	30	27	28	2.5	2.7	2.6	2.6	2.5	2.5				
113	亞美尼亞	33	35	37	36	34	2.6	2.6	2.9	3.0	2.9	2.9	3.1	3.0		

113	玻利維亞	33	34	35	34	34	2.8	2.8	2.7	3.0	2.9	2.7	2.5	2.2	2.3	2.2
113	越南	33	31	31	31	31	2.9	2.7	2.7	2.6	2.6	2.6	2.6	2.4	2.4	
116	馬里	32	35	32	28	34	2.8	2.7	3.1	2.7	2.8	2.9	3.2	3.0		
116	巴基斯坦	32	30	29	28	27	2.5	2.3	2.5	2.4	2.2	2.1	2.1	2.5	2.6	
116	坦尚尼亞	32	30	31	33	35	3.0	2.7	3.0	3.2	2.9	2.9	2.8	2.5	2.7	
116	多哥	32	32	29	29	30	2.4	2.4	2.7	2.3	2.4					
120	多明尼加	31	33	32	29	32	2.6	3.0	3.0	3.0	3.2	2.8	3.0	2.9	3.3	3.5
120	厄瓜多	31	32	33	35	32	2.7	2.5	2.0	2.1	2.3	2.5	2.4	2.2	2.2	
120	馬拉威	31	31	33	37	37	3.0	3.4	3.3	2.8	2.7	2.7	2.8	2.8	2.8	2.9
123	亞塞拜然	30	29	29	28	27	2.4	2.4	1.9	2.1	2.4	2.2	1.9	1.8	2.0	
123	吉布地	30	34	34	36	36	3.0	3.2	3.0	2.9						
123	洪都拉斯	30	31	29	26	28	2.6	2.4	2.6	2.5	2.5	2.6	2.3	2.3	2.7	
123	寮國	30	25	25	26	21	2.2	2.1	2.0	1.9	2.6	3.3				
123	墨西哥	30	35	35	34	34	3.0	3.1	3.3	3.6	3.5	3.3	3.5	3.6	3.6	3.6
123	摩爾多瓦	30	33	35	35	36	2.9	2.9	3.3	2.9	2.8	3.2	2.9	2.3	2.4	2.1
123	巴拉圭	30	27	24	24	25	2.2	2.2	2.4	2.4	2.6	2.1	1.9	1.6	1.7	
123	獅子山	30	29	31	30	31	2.5	2.4	1.9	2.1	2.2	2.4	2.3	2.2		
131	伊朗	29	27	27	25	28	2.7	2.2	2.3	2.5	2.7	2.9	2.9	3.0		
131	哈薩克	29	28	29	26	28	2.7	2.9	2.7	2.2	2.1	2.6	2.6	2.2	2.4	2.3
131	尼泊爾	29	27	29	31	27	2.2	2.2	2.7	2.5	2.5	2.5	2.8			
131	俄羅斯	29	29	27	28	28	2.4	2.1	2.1	2.1	2.5	2.4	2.8	2.7	2.7	
131	烏克蘭	29	27	26	25	26	2.3	2.4	2.5	2.7	2.8	2.6	2.2	2.3	2.4	
136	瓜地馬拉	28	28	32	29	33	2.7	3.2	3.4	3.1	2.8	2.6	2.5	2.2	2.4	2.5
136	吉爾吉斯	28	28	27	24	24	2.1	2.0	1.8	2.1	2.2	2.3	2.2	2.1		
136	黎巴嫩	28	28	27	28	30	2.5	2.5	3.0	3.0	3.6	3.1	2.7	3.0		

序	國家															
136	★ 緬甸	28	22	21	21	15	1.5	1.4	1.3	1.4	1.9	1.8	1.7	1.6		
136	奈及利亞	28	26	27	25	27	2.4	2.4	2.7	2.2	2.2	1.9	1.6	1.4	1.6	
136	巴布亞紐幾內亞	28	25	25	25	25	2.2	2.1	2.0	2.0	2.4	2.3	2.6	2.1		
142	幾內亞	27	25	25	24	24	2.1	2.0	1.6	1.9	1.9					
142	茅利塔尼亞	27	31	30	30	31	2.4	2.3	2.8	2.6	3.1					
142	莫三比克	27	31	31	30	31	2.7	2.7	2.6	2.8	2.8	2.8	2.8	2.7		
145	孟加拉國	26	25	25	27	26	2.7	2.4	2.1	2.0	2.0	1.7	1.5	1.3	1.2	
145	喀麥隆	26	27	27	25	26	2.5	2.2	2.3	2.4	2.3	2.2	2.1	1.8	2.2	
145	甘比亞	26	28	29	28	34	3.5	3.2	2.9	1.9	2.3	2.5	2.7	2.8	2.5	
145	肯亞	26	25	25	27	27	2.2	2.1	2.1	2.1	2.2	2.1	2.1	1.9	1.9	
145	馬達加斯加	26	28	28	28	32	3.0	2.6	3.4	3.2	3.1	2.8	3.1	2.6	1.7	
145	尼加拉瓜	26	27	28	28	29	2.5	2.5	2.5	2.6	2.6	2.6	2.7	2.6	2.5	
151	塔吉克	25	26	23	22	22	2.3	2.1	2.0	2.1	2.2	2.1	2.0	1.8		
151	烏干達	25	25	26	26	29	2.4	2.5	2.6	2.8	2.7	2.5	2.6	2.2	2.1	
153	科摩羅	24	26	26	28	28	2.4	2.1	2.5	2.6						
154	土庫曼	22	18	17	17	17	1.6	1.6	1.8	2.0	2.2	1.8	2.0			
154	辛巴威	22	21	21	21	20	2.2	2.4	1.8	2.1	2.4	2.6	2.3	2.3	2.7	
156	柬埔寨	21	21	21	20	22	2.1	2.1	1.8	2.0	2.1	2.3	1.5	1.3	1.2	
156	剛果民主共和國	21	22	22	22	21	2.0	2.0	1.8	1.9	2.0	2.1	2.0			
156	烏茲別克	21	19	18	17	17	1.6	1.6	1.8	1.7	2.7	2.2	2.3	2.4	2.9	
159	蒲隆地	20	21	20	21	19	1.9	1.8	1.9	2.5	2.4	2.3				
159	中非	20	24	24	25	26	2.2	2.1	2.0	2.0	2.4					
159	查德	20	22	22	19	19	2.1	2.0	1.7	1.6	1.8	2.0	1.7	1.7		
159	海地	20	17	19	19	19	1.8	2.2	1.4	1.6	1.8	1.8	1.5	1.5	2.2	

排名	國家															
159	剛果共和國	20	23	23	22	26	2.2	2.1	1.9	2.1	2.2	2.3	2.3	2.2		
164	安哥拉	18	15	19	23	22	2.0	1.9	2.2	1.9	2.2	2.0	2.0	1.8	1.7	
164	厄立特里亞	18	18	18	20	25	2.5	2.6	2.6	2.8	2.9	2.6	2.6			
166	伊拉克	17	16	16	16	18	1.8	1.5	1.3	1.5	1.9	2.2	2.1	2.2		
166	委內瑞拉	17	17	19	20	19	1.9	2.0	1.9	2.0	2.3	2.3	2.3	2.4	2.5	
168	幾內亞比索	16	17	19	19	25	2.2	2.1	1.9	2.2						
169	阿富汗	15	11	12	08	08	1.5	1.4	1.5	1.8		2.5				
170	利比亞	14	16	18	15	21	2.0	2.2	2.6	2.5	2.7	2.5	2.5	2.1		
170	蘇丹	14	12	11	11	13	1.6	1.6	1.6	1.8	2.0	2.1	2.2	2.3		
170	葉門	14	18	19	18	23	2.1	2.2	2.3	2.5	2.6	2.7	2.4	2.6	2.4	
173	敘利亞	13	18	20	17	26	2.6	2.5	2.1	2.4	2.9	3.4	3.4	3.4		
174	北韓	12	08	08	08	08	1.0									
175	南蘇丹	11	15	15	14											
176	索馬利亞	10	08	08	08	08	1.0	1.1	1.0	1.4		2.1				
–	波多黎各（美國）			63	62	63	5.6	5.8	5.8	5.8						
–	塞席爾		55	55	54	52	4.8	4.8	4.8	4.8	4.5	3.6	4.0	4.4		
–	薩摩亞			52					7.0	7.1	6.8					
–	史瓦濟蘭			43	39	37	3.1	3.2	3.6	3.6	3.3	2.5	2.7			
–	赤道幾內亞				19	20	1.9	1.9	1.7	1.9	2.1	1.9				

根據以上資料，我們得出以下的歸納性結論：

　　1.設置獨立監察制度的民主國家，包括北歐、西歐、大洋洲等，其腐化程度較低，官吏的廉潔度較高。

　　2.實施經濟自由化，實行市場經濟，力行法治的國家和地區，如新加坡、香港等，雖然民主化 (democratization) 的程度較低，但腐化程度也很

低 。 足見民主化和政治清廉度的關係並不明顯 ， 而法治、 自由化 (liberalization) 與市場經濟，卻能增進政治透明度 (transparancy)，並遏制政治腐化與官員濫權。由此可見，民主化與擴大政治參與未必能改善政治的清廉度，但法治、自由化與市場經濟，卻能增進政治的透明度，同時減少腐敗。

3.中東歐的新興民主國家，雖然已實施民主選舉並擴大政治參與，但是受到過去政治積習的影響，政治透明度不高，法治也尚未充分落實，民主化發展並未改善政治腐化的現象。如匈牙利、捷克、克羅埃西亞、蒙特內哥羅、塞爾維亞、波士尼亞－赫塞哥維納、科索沃等國，均可証之。

4.俄羅斯 、 中亞 、 中東 、 非洲及東南亞等經歷民主轉型 (democratic transition) 的國家，法治與自由化程度都不高，政治貪腐情況十分嚴重，在排行榜中居於殿后。

5.監察制度的獨立性若能受到充分尊重，並發揮究責與監督的功能，將可有效遏制貪腐，強化政治透明度，如中華民國 (31)、以色列 (28)、波蘭 (29)、南韓 (52) 等國，均位居排行榜的前列。

【第二章】
監察制度的功能與類型

第一節　監察制度的基本功能

　　監察權的獨立運作，係藉助行政權以外的獨立監督機制，以有限的人力資源，發揮積極的外部監察效果。從一九八〇年代起，西方議會民主國家和經歷民主化、自由化改革的東歐、拉丁美洲等新興民主國家，紛紛仿傚，設立此種獨立的監察制度，已蔚為一股風潮❼。

　　在不同的國家或地區，監察使及監察制度，多有不同的稱謂，如中華民國稱「監察委員」、法語國家稱「調解使」(mediator)、西班牙語系國家則有「護民官」及「人權檢察官」等稱謂，其職掌亦多有不同。另外有一些國家，將監察與審計制度兩相結合（包括中華民國及以色列），有的國家從審計機關進而擴大為全面性的監察機關（如美國），各國情況分殊，不一而足❽。

　　獨立的監察制度在傳統的立法—行政—司法三者之外，形成特殊的「第四權」(the Fourth Branch of Power)❾。相對於行政權內部的督察考核

---

❼ 周陽山，〈孫中山的思想體系與「中國模式」〉，《展望與探索》，第 11 卷第 12 期，頁 53–57。

❽ 參見《世界監察制度手冊》（第二版），（臺北：監察院編著），頁 1–11。

❾ 第四權 (the Fourth Branch of Power) 的概念，係指在傳統的行政／立法／司法三權之外，設置獨立的權力機制，傳統的三權分立已無法滿足法治國家的實際需求，對於行政權日常運作的有效監督，立法權和司法權的負擔過於沉重，因此必須由獨立於三權之外的其它獨立部門，負責承擔立法權和司法權無法負荷的工作，而形成所謂的「第四權」。第四權的範圍包括：獨立的監察權、審計權、金融監督、資訊自由等。請參閱李文郎，《修憲後我國監察制度與芬蘭國會監察使制度之比較分析》，國立政治大學中山人文社會科學研究所博士論文，2005，頁 45–49。Kent M. Weeks., *Ombudsman Around the World : A Comparative Chart,*(Berkeley : Institute of California, University of California,1973), 9. 以及 Caiden, Gerald E., *International Handbook of the Ombudsman : Evolution and Present Function,*(vol.1), ed. (United States: Greenwood Press,1983). 另參考 Gregory, Roy and Giddings, Philip, *Righting Wrongs : the Ombudsman in Six continents, Amsterdam, The Netherlands,* eds. (Washington, D.C.: IOS Press, 2000). 以及 Reif, Linda C., *The*

機制（包括研考、督察、稽察與內部監察等），它擁有更大的自主性與獨立性，既不受行政機關的箝制和羈絆，且能客觀、超然的評估行政作為有無違法、怠忽、效能低落、罔顧民眾權益等缺失 ❿。

　　相對於司法裁判的冗長延宕，監察機制能夠迅速的掌握時效，就民眾的冤屈或怨言進行客觀、公正的調查，盡速提出調查意見，及時糾正政府或行政機關的違法及不當作為。如果民眾的陳情是出於對政府有司的誤解或起因於溝通不良，監察機關則扮演著溝通或調解的角色，及時化解民眾的誤會，澄清政府公權力的職掌，以避免冗長的司法裁判或訴願程序，造成人力、資源和時間上的虛耗。基於此，有些國家將監察機制定名為「調解使」（Mediator，如法國）或「護民官」（People's Advocate，如拉丁美洲），旨在強調監察機制與民眾十分接近，隨時可協助其解決困難，協調化解民怨與紛爭；並保障民眾免於政府的行政違失，以維護其基本權益。在這方面，有一部分國家將「人權（民權）審理委員會」（如加拿大的民權法院 Civil Rights Tribunal 及亞塞拜然、波士尼亞－赫塞哥維納的人權監察使）定位為監察機制，以保障民眾權益，免於歧視或公權力侵凌。

　　綜上，新興民主國家的監察機構，可概分為三大類型，即古典型、法國型及拉美型等三類型。古典型之代表國家為西歐、東歐各國，其監察機構功能性質較接近北歐國家的古典模式，為一功能全方位的監察機關。法國型則以法屬國家為代表，其監察機關主要功能為調解 (mediator)，協助解決民眾與政府間的各種紛爭和歧見。拉美型則以拉丁美洲國家為主，其主要功能為人權保護、伸張正義，係護民官的性質。

---

international Ombudsman Yearbook, (vol.4), ed. (Boston: Kluwer Law International, 2001).

❿ 國際監察組織 (International Ombudsman Institute, IOI) 於 1978 年成立迄今,已超過 100 個國家實行監察制度並加入為會員，依據《監察法基準建議書》，應於憲法中保障監察使獨立行使職權，不受其他機關干涉，甚獲聯合國之肯定與支持。不論民主先進國家，抑或是新興之開發者，均對監察制度普遍認同與接受。監察體系之建制，各自有別，然其基本特色均在捍衛人權，並以分權制衡之方式，避免權力之專制與腐化。參閱黃越欽，《各國監察制度之比較研究》，（臺北：翰蘆圖書出版有限公司，1998），頁 101–105。

第二節　監察制度的基本類型

在目前全球約 190 個設置獨立監察制度的國家中，監察體制就監督型態、隸屬關係、管轄範圍、公私屬性與組織形式，可分為不同類型（參見表 1-1「監察制度之基本類型一覽表」）。以世界各國監察權的隸屬關係來區分，監察制度大約有五種基本類型： 1.國會監察使制度（Parliamentary Ombudsman，如北歐及中、東歐各國）、 2.獨立設置的監察機構（如我國監察院、波蘭最高監察院）、 3.行政監察制度（如南韓）、 4.審計長兼監察使制度（如以色列）、 5.混合型監察使制度（如墨西哥）。本文將上列五類型節略，以民主經驗與國家發展步調分析，將監察權的基本職掌與功能，略可分為三大類型：

一、穩定民主 (stable democracy) 國家，全球目前共約三、四十個。其中包括北歐瑞典、芬蘭、挪威、丹麥等國，設立獨立的國會監察使制度。另外，東歐經歷民主化之後的新興民主國家，也普遍設立瑞典式的國會監察使或國家監察使制度。由國會任命監察使負責執行對政府行政的外部監督，其主要任務為接受民眾陳情，處理民眾對政府官員的抱怨與不滿，進行獨立調查並將結果公諸社會大眾，藉由輿論壓力迫使政府進行必要之改革；以落實法治，保障人權、改善行政效率，增益政府決策的效率及透明度。這類監察制度，特別強調對政府效率與施政績效的監督，以改善行政違失或不良行政 (maladministration)，促進善治 (good governance) ❶ 的落實。

❶ 「善治」(good governance) 是近來國際學界經常使用的新詞彙。根據「聯合國亞太經社理事會」（United Nations Economic & Social Commission for Asia and the Pacific－簡稱 UNESCAP） 的定義：「『治理』(governance) 是指決策及決策執行（或不執行）的過程。『治理』可以用在下述的脈絡中，如公司治理、國際治理、國家治理和地方治理」。 至於 「善治」 的衡量標準，則包括八個主要面向：（一） 參與 (participation)：包括直接參與，以及透過合法的仲介機制（如民意代表）的參與。但是，當代代議民主 (representative democracy) 體制往往忽略了社會弱勢的真正需求。而參與管道又必須依據充分的訊息和組織。其中包括：自由結社與言論自由，以及組織化的公民社會 (civil society)，均對參與程度影響至深。（二）法治 (rule of law)：包括公平的法律架構，執法的公正無私、人權的保障、對少數族群的權利保護等。而執法的公正無私則有賴獨立的司法體系和公正、不貪腐的員警制度。（三）透明度 (transparency)：

　　二、新興民主 (new democracy) 國家，其中包括 1970 年代後推動民主化的葡萄牙、西班牙等南歐國家及千里達、瓜地馬拉、洪都拉斯、巴拉圭、阿根廷等中南美國家，設置護民官 (Defender of the People) 機制。護民官是由國會任命，透過國會授權，行監督政府之實。護民官必須針對民眾因政府官員與行政機關不公正情事而受迫害的情況，積極尋求改善之道。護民官具備獨立性，公平地受理民眾陳情，然後展開調查。由於這些新興民主國家的民主發展尚未臻穩定，官員貪腐情形比較嚴重，政府濫權侵權情事也經常發生，因此護民官的主要任務，是肅貪、防腐和保護人權。另外，在建立此一體制的源頭——西班牙與拉丁美洲各國之間，護民官任務亦因國情差異而有所不同。在西班牙，係以推動、捍衛人權及保護一般民眾的合法權利為主；在拉丁美洲，則更專注於民眾對政府機關濫用公權力、迫害人權而提出的陳情。

　　三、部分政治傳統特殊的國家，則實施獨立於三權之外的特殊監察制度。如中華民國五院之一的「監察院」、南韓的「監查院」（監查院長列副總理位階，主要職掌係審計及行政、監察業務）、波蘭的「最高監察院」、以色列的「審計長兼監察使」（公共申訴督察長）、德國的審計院等，均為獨立於三權之外的第四權機制，強調獨立運作。這些獨立的監察制度，既非國會的下屬機關，亦非政府的行政派出機構，而係依據憲法規範的獨立

　　意指決策及執行過程遵循既定的規則及法規，訊息自由地公開，而且可以讓受決策及執行而影響的人，直接接觸到充分的訊息；並以可瞭解的形式，經由適當的媒體管道，提供給社會大眾。（四）反應敏捷 (responsiveness)：在一定的時間內，相關機構能讓決策及其執行過程中所涉及的各方，都接受到它所提供的各項服務。（五）效能 (effectiveness) 與效率 (efficiency)：「善治」意味著決策過程和機構在資源的運用上，有最佳的「效率」，並能滿足社會大眾的需求。至於「效能」則強調著在自然資源與環境保護方面，兼顧「永續」使用的原則。（六）公平 (equity) 與包容 (inclusiveness)：社會福祉要公平的讓所有社會成員共用，尤其是要能包容弱勢，以改善或增進其福祉。（七）共識取向 (consensus oriented)：社會中的不同利益取向經過調停、斡旋後，形成共識，瞭解到什麼才是對這個社會最有利的，以及如何才能達成這樣的共識。此外，對於可持續發展的目標，建立起廣泛，持之以恆的共識，這也是必要的。惟有從一個社會的歷史、文化脈絡上觀察，才能有清楚的掌握。這也是善治的重要基礎。（八）課責 (accountability，或稱究責、督責)：這是善治的成功關鍵因素。不僅政府機關，而且包括私人部門和公民社會，都必須對公眾和機構成員負責。一般而言，一個組織或機構必須對它的決策或行動所影響到的人們負責。如果缺乏法治和透明度，就不可能建立真正的課責機制。

憲政機制；並掌握獨立的人事、預算、法定位階和專用官署，對行政機構進行廣泛的、超然的外部監督。

　　根據上述分析，本文中所指的「第四權」機制 ❷，以多樣化、多元化方式呈現，為獨立機關，在三權機制之外獨立運作。而設立獨立的監察機制旨在補全政府權力分立下的缺失，因而在三權之外形成第四權。監察使主要的職權在於調查事實，對事實加以認定。由於調查活動的結果對相關機關影響很大，因此監察使必須立場客觀，以能力、知識為其基礎，才具有強烈的說服力和公信力 ❸ 。綜合以上之共通處，均係強調其獨立性質。

　　至於監察和立法機關的關係，則有下列幾種型態：

　　一、監察使的人選要經過國會正式同意，其預算亦需要經過國會的批准，但在職權的運作上則是獨立行使，不受國會及議員的干預。但每年要將其年度報告送交國會參考。如歐洲各國的國會監察使公署，即屬此一類型。

　　二、 獨立於國會之外 ， 由總統或國家元首任命 ， 為國家監察使 (National Ombudsman)；為獨立機關，不受國會牽制。如百慕達、哥倫比亞等。

　　三、獨立於三權之外，與國會（立法機關）地位平行，獨立運作其職權，我國當前的監察院為政府五院之一，屬位階最高的獨立監察機制。

　　無論監察使是否經國會同意任命，其獨立、自主性均應積極維護，而不容國會議員的干預。就此而論，監察機制既要接觸民眾、接受民眾陳情，以反映民意，卻又不應受到民意代表的干擾。基於此，監察使必須具備充分的法治素養、專業職能，還要能體察民瘼民隱，適時適切的掌握民意，並採取迅速有效的處置手段，以彌補行政失當或政府違失。是故，監察機制確實是行政、司法與立法三權之外的重要的獨立權限，藉此彌補在三權

❷ 在美國「第四權」機構所指涉的對象較為廣泛，如：聯邦儲備銀行 (Federal Reserve)、美國法務部特別顧問團（Department of Justice Office of Special Counsel，為法務部之外的獨立檢察官）、人事管理署 (Office of Personel Management) 等。這並非一般所指的新聞媒體、利益團體、遊說者或輿論界等「第四產業」(The Fourth Estate)，兩者宜有所區分。

❸ 黃越欽，《各國監察制度之比較研究》，（臺北：翰蘆圖書出版有限公司，1998），頁 101–105。

制衡機制之下的制度性缺憾❶ 。

　　但正因監察權本身的「第四權」性質，它在資源配備與實際運作上也往往面臨一些困境，而如何在三權之外找到適切的切入點，落實分權制衡、分工合工、促進善治，實係一項政治智慧與法制設計上的考驗。茲以各國具體實踐的經驗印證之：

一、瑞　典

　　是全球第一個設國會監察使的國家。1809 年，根據國王與國會平權的原則制定了憲法，其中主要特徵之一，為強化國會對行政權的控制，據此設置國會監察使一職。監察使對國會負責，脫離國王指揮而獨立行使權力；其主要職權，乃以國會代表的身分，監督行政與司法機關，是否違背「人權保障」之原則，對人民之權益有所侵犯。換言之，監察使的主要職責，是確保公共行政與司法的品質。與許多其他國家的制度設計不同，瑞典的國會監察使兼具檢察官的角色，對於未被移送法院的失職案件，如果經過監察使的介入與調查，可以移送法院偵辦。但在實際的運作過程當中，監察使目前多以對相關行政機關批評或譴責的方式，予以鞭策，並公諸大眾，以期對政府機關或公務員形成壓力，藉此改善。但卻甚少以逕行移送法院的方式處理❶ 。

二、芬　蘭

　　是繼瑞典之後，全球第二個設立國會監察使的國家。根據芬蘭新憲法之規定，國會監察使一任四年，可連任，其選舉產生方式與國會議長相同。監察使共有一正二副，合計三人。國會監察使的職責是監督法院、政府機關、公務人員之執行公職任務，監督範圍並及於公共企業聘僱人員，以及

---

❶ 參閱周陽山，〈民權主義與五權憲法〉，載於胡佛、沈清松、周陽山、石之瑜著，《中華民國憲法與立國精神》，臺北：三民書局，1993，頁 461–472；並參閱《世界監察制度手冊》（第二版），（臺北市：監察院編著，2012），頁 400–402。

❶ 有關我國監察制度與瑞典監察使制度之異同與比較，見周陽山，《修憲後監察權行使之比較研究》，（臺北：監察院，2001），第二編〈國際監察制度的比較分析〉。

其他依據法律、盡其義務而執行公共職能的人員。國會監察使也要監督基本權利與人權的履行情況。在國務會議 (Council of State) 的會議進行中，國會監察使與司法總監 (Chancellor of Justice) 擁有同樣的權利，共同監督政府、部長與總統，以確保其決策之合法性 (lawfulness)。

芬蘭國會監察使獨立於政府之外，根據其個人判斷而採取行動。國會監察使雖然要將其觀察與活動定期向國會作報告，但國會卻不得就他們所處理之個案進行干預，也不可要求他們進行某種特定之任務。根據芬蘭憲法之規定，芬蘭監察使監察對象包括總統、部長、法官、市議會議員、中央及地方政府官員、國營企業，以及接受政府委託的法人機構及其職員。芬蘭監察使和瑞典監察使一樣，擁有起訴權，但甚少運用。

此外，監察使可向國會提出建議彈劾，其對象包括總統及內閣部長。監察使與副監察使必須要有「傑出的法律知識」(outstanding knowledge of law) ❶ 。他們不可由國會議員兼任，也不可以同時兼任其他任何公職；或是管理、執行任何可能危害其公正性 (impartiality) 的公共或私人任務。監察使與副監察使在處理其任務時，具備相同之權威，各自獨立行使職權，彼此不相統屬，且普受國會之尊重 ❷ 。

三、秘　魯

監察使的主要任務是解決民怨與紛爭，負責調查民眾的陳情與抱怨，報告經由調查所發現的結果，並且協調解決個人、團體、機構與政府機關之間的爭擾。此外，監察使也擔任機構或團體的對外代表 (organizational ambassador)，就潛存的衝突領域、行政違失與濫權、政府錯誤的行為，進行確認與認定的任務。

秘魯監察使可以藉非正式的管道，對民眾的陳情進行非正式的私下研商，尋求解決衝突的策略選項。身為一個中立、可靠的調解人，對於衝突

---

❶ 根據芬蘭憲法第六十九條之規定，「司法總監與副司法總監由總統所任命，均應具備優秀的法律知識」。

❷ 有關我國監察制度與芬蘭監察使制度之比較，見周陽山，《監察與民主》，（臺北：監察院，2006），頁127–128。

的解決扮演著「和平使者」的角色。基於以上的職掌與功能，秘魯監察使
承擔著以下的任務：

（一）　在企業組織間，作為一個發聲管道，在受僱者與管理階層之間反
映彼此的心聲，同時也為消費者和賣方之間承擔「善意使者」(good-will
ambassador) 的角色。

（二）　在教育系統中，作為學校管理者與老師、職員之間紛爭解決的緩
衝者 (dispute buffer)。

（三）　在非營利組織中，保障免於各種形式的濫權、扭曲，和其他不適
當、不公正的行為。

（四）　在政府機關中，監督民眾的權益，對於民眾陳訴政府不適當的作
為進行調查。

（五）　在醫療機構中，為病人權益和病患抱怨提供適當的解決途徑。

　　在 2009 年紀念瑞典監察使設立兩百周年的大會上，主辦方安排了秘魯
監察使馬莉諾女士（Beatriz Merino，曾任秘魯總理）主題演講，但她未能
親自出席，而由秘魯駐瑞典大使代為說明，會場聽眾這時才知道，馬莉諾
監察使當時正留在秘魯，負責代表政府與叛軍進行談判。這反映出秘魯監
察使做為「紛爭緩衝者」與「爭執協調者」的任務，十分艱巨，也凸顯了
此類監察使的特殊角色。

四、波　蘭

　　監察機關稱為「最高監察院」(Supreme Chamber of Control)，設於
1919 年，地位崇隆，為重要的審計監察機關。該院設院長一人，副院長二
至四人，一任俱為六年，並得連任一次，經參眾兩院多數決同意方式任命。
最高監察院之下有 1700 位員工，年度預算約為新臺幣 24 億元（2008 年），
其主要職掌為審計監察業務，採首長制及合議制之混合體制。除最高監察
院外，1987 年起，受到「第三波民主化」潮流的影響，波蘭另設置了國會
監察使性質的「民權監察使公署」(Commissioner for Civil Rights)。該公署
設監察使一人，副監察使一至三人，任期五年，得連任兩次。該署編制員

額為 267 人（2010 年），其人事規模與我國監察院相仿。由上可知，波蘭是以審計機制為監察權之主體，監督政府之審計監察業務；另輔以民權監察使，受理民眾陳情，以監督政府行政運作 ⑱ 。

五、以色列

　　於 1949 年設立「審計長兼監察使」（公共申訴督察長）制度，國家審計長之職權與一般國家的審計長 (Auditor General) 職權相類。但從 1971 年起，以色列國會在審計長的職權之外，增加了另一項新任務，即同時擔任「公共申訴督察長」(Public Complaints Commissioner) 一職，亦即仿效北歐式「國會監察使」之任務。「審計長」與「公共申訴督察長」此二角色的共同任務是：揭發行政部門在施政上的缺失，以落實立法監督之目的，並協助立法機關在必要時召集審計監察機關，改進行政部門的施政措施。至於「審計長」與「公共申訴督察長」二職的相異之處則在於：審計長係監督行政單位之一般行政措施，而督察長則處理一般民眾之個別申訴。審計長的職責是改善行政效率、促進行政管理；而公共申訴督察長的設置目標則是保護民眾權益，使其免於官僚的怠惰和侵害。兩者相輔相成，但集中於同一機關運作，以強化整體監察功能。

　　以色列審計長每年要向國會提出年度工作報告，並公諸於世。至於公共申訴督察長所做的調查則屬建議性質，不具強制力。但是由於審計長的地位崇高，受到社會高度的信任，因此他所作的建議往往會有舉足輕重的影響力，其建議未被採納者極為罕見。目前在「審計長兼督察長」的機關中，共有員額約五百人，其中大約五分之一是在公共申訴督察長辦公室工作，其餘五分之四則負責審計相關業務。此外，若審計長兼公共申訴督察長認為有必要，亦可運用非屬該機構之幕僚人員，例如各專門領域之專家，協助其工作 ⑲ 。

---

⑱ 監察院國際事務小組，《世界監察制度手冊》（第二版），（臺北：監察院編著，2012），頁 228-230。

⑲ 同上註，頁 248-250。

六、美　國

　　聯邦督責總署是另一種監案制度的重要典型。「政府督責總署」（舊稱為「總審計署」General Accounting Office，2004 年起改名為 Government Accountability Office），於 1921 年根據《預算和會計法》設立，並於同年撤銷原屬財政部的主計和審計機制，職權均合併於該署。該署是國會之下的監察調查機關，它有義務應國會、各委員會和議員的要求，為他們提供各種督責性的服務，並提出調查報告。總署設審計長、副審計長各一位，經參議院提名和同意，由總統任命。審計長 (Comptroller General) 的任期一任長達十五年，且不得連任。

　　政府督責總署的主要職責是：調查所有與公共資金的收入支出和運用有關的事項；提出更經濟、更有效地使用公共資金的立法建議；準備國會指定的各項調查和報告；事先決定所議決各項支出的法律根據；解決和調整政府提出的各項需求；並且制定各項政府會計格式、制度和程式。

　　政府督責總署本身所堅持的核心價值，與「善治」的衡量標準類似，包括下列三項：

　　（一）督責 (accountability)：協助國會監督聯邦政府的施政計畫與運作，確保其符合民眾的要求。由於美國係聯邦制國家，故其監察調查對象僅及於聯邦政府，而不及於各州及地方政府。

　　（二）廉正 (integrity)：堅持以高標準執行任務，基於專業、客觀、並以事實為基礎，強調非黨派性、非意識型態化，以公正無私及衡平的立場，從事相關的監督任務。

　　（三）可靠 (reliability)：督責總署的工作目標是讓美國國會與民眾充分瞭解，其任務表現十分確實、可靠，而且能掌控時效，精確、清晰、公正，具有實際的效用。

　　在過去四十年間，政府督責總署對國會所提供的服務有很大的變化。透過它的監督，為美國國庫省下不少錢。據精算，其提供的實際財政收益，在 2009 年高達美金 430 億元，可說是績效卓著。政府督責總署目前共約有

2,970 位工作人員，年度預算為美金 5 億 6 千萬元（2012 年）。它每年平均為國會所提供超過 300 場次的聽證 (testimonies)，對政府機關提出的糾正意見，超過 1,300 項，聯邦政府機關有 80% 以上接受它提出的建議。幾乎在國會開議期間，每天該署都要派員到國會進行報告或提供聽證。由此更可見國會對其倚重之深 [20]。

---

[20] 同上註，頁 313–315。

【第三章】
審計制度的國際比較

第一節　審計制度與分權制衡

所謂審計制度，就是相對獨立的、專業的審計組織體系的設置和審計人員的配備，以及進行審計工作時所要遵循的一整套系統的原則、規定和所採取的一定的標準、程式和方法 ❷ 。審計制度是國家在審計活動出現的客觀基礎上，對各種經濟責任、各種特定場合下的審計行為、審計人員的職責範圍、所屬權力以及目標、任務等，加以分析、整理、歸納後，使其規範化、系統化，讓所有的審計組織和審計人員遵守。

審計制度是由審計組織制度和審計工作制度兩部分構成的。審計組織制度，指的是為了開展審計工作而建立的相對獨立的和專業化的審計組織機構及其許可權劃分和人員配備等方面的制度，而審計工作制度，則是指上述審計機構和審計人員在進行審計工作時所應遵循的一系列規程。

在西方國家，審計制度的設置，是基於自由民主體制理念，強調必須限制與監督政府權力 (power) 的運作，最好的政府應是「有限政府」或「最小政府」(minimal government)，避免掌握權力者作惡，侵犯到人民的權利 (rights)。簡言之，西方自由民主並不贊成政府和官員掌握的權力過大。本於此一理念，審計制度應運而生。

---

❷ 參見：蕭英達、張繼勛、劉志遠，《國際比較審計》，（上海：立信會計出版社，2000），第六章第一節之定義。

第二節　審計制度的發展趨勢：治理與課責

一、何謂治理

治理 (governance) 一詞，與統治者 (governor) 的統治 (govern) 行為有關。Merriam-Webster 字典對動詞 govern 的定義為：主權的持續行使，尤其是對控制及指導政策的制定與管理，行使主權。

在世界銀行 (World Bank) 的世界治理指標 (Worldwide Governance Indicators, WGI) 計畫下，所謂治理，包括選出、監督及替換政府的過程、政府能有效制定及執行完善政策的能力，以及公民尊重及機構治理經濟及社會互動間的狀態。 聯合國亞太經社理事會 (UNESCAP, United Nations Economic & Social Commission for Asia and the Pacific) 亦對「治理」作出定義。在該定義下，「治理」是決策及決策執行（或不執行）的過程。經濟合作暨發展組織 （OECD， 即 Organization for Economic Co-operation and Development）與世界銀行曾對治理下過的定義，如下表。

表 2-1　治理之意義：經合組織及世界銀行

機構	時間	意義	出處	評論
經合組織	2007	政治、經濟和行政權力 (authority) 的行使，為管理國家 (nation) 事務所必要者	其用語說明 (glossary)	狹義，僅重視公部門之管理
世界銀行	1992	管理國家之經濟和社會資源，是在追求國家 (country) 的發展時，行使權力 (power) 之方式	世界發展報告「治理與發展」 (Governance and development)	同上
世界銀行	2002	規則 (rules)、落實法治之機制 (enforcement mechanisms) 和組織 (organizations)	世界發展報告「為市場建立機構」 (Building Institutions for Markets)	廣及無所不包

世界銀行	2016	傳統和機構的集合，致國家內的權力得以行使 (Governance consists of the traditions and institutions by which authority in a country is exercised.)	WGI 計畫	廣

　　國際會計人員聯合會 (International Federation of Accountants, IFAC) 及財團法人中華民國會計研究發展基金會，也間接對「治理」作成定義。IFAC 發布國際審計準則 (International Standards on Auditing, ISA)，我國前述基金會審計準則委員會，即追隨 ISA 發布我國的審計準則公報。105 年底，我國審計準則委員會發布第 62 號公報「與受查者治理單位之溝通」，取代於 13 年前發布的同名公報（第 39 號），從人（「治理單位」，those charged with governance）的角度，來定義這個人應做的事（「治理」）。新公報 (§9) 區分管理階層 (management) 與治理單位，謂前者是對企業之經營管理負執行責任的人，而後者則是負監督責任的人員或組織。

　　分析這些機構或文獻對「治理」的定義，發現其著眼點不全相同，訂出來的定義自非一致。二本字典、OECD 及世界銀行著重擁有權威的人行使其權力，UNESCAP 則著重決策項目之選擇：某個專案到底是做還是不做，一旦決定要做某件事後，就未再區分這些事的規劃、執行與監督究由誰負責，但 IFAC 及我國審計準則委員會則均著重規劃、執行與監督等層面的區分。

　　不過，治理的定義固可因著眼點的不同而異，但適用治理觀念的組織 (entity) 則無不同，以營利為目的之公司適用，非以營利為目的之國家也適用；某一個國家，或聯合國均適用；或者，某個國家中的中央政府及地方政府也均適用。因此，就有公司治理、國際治理、國家治理和地方治理等詞出現。

二、良窳之判斷

　　政府機關或民間企業固均有進行治理之事實，惟卻不一定都能把治理做好。如做得好，才能稱善治 (good governance) 或良善治理。判斷一個機構治理的品質，須使用一些標準 (criteria)。例如 UNESCAP 使用的標準，有：參與 (participation)、法治 (rule of law)、透明 (transparency)、回應 (responsiveness)、效果 (effectiveness) 與效率 (efficiency)、公平 (equity) 對待所有社會成員與納入 (inclusiveness) 弱勢、少數族群、朝共識發展 (consensus oriented)，以及課責 (accountability) 等 8 個層面；而 WGI 計畫的標準，則有：表達意見的權利 (voice) 及課責 (accountability)、政治穩定 (political stability) 及不使用暴力 (absence of violence)、治理之有效程度 (government effectiveness)、監管之品質 (regulatory quality)、法治 (rule of law)，以及對貪腐的控制 (control of corruption) 等 6 個層面。二個標準中均有課責，本文談課責。

三、課　責

　　課責一詞，來自某人（甲）要另一人（乙）就某件事對其負責（甲 hold someone（乙）accountable for something）的說法，著重一行為人須對他人負責。前述的行為人可以是自然人，也可以是法人。一般而言，一個法人組織要對之負責的物件，是其決策或行動影響到的人。這些人包括：組織之成員，如員工、出資者，還可能有公眾。

　　課責能否落實，影響善治能否達成，而透明則是課責能否有效的前提。透明包括訊息之公開與傳遞，讓已受或潛在受決策影響的人知道：決策為何、是否讓被影響者參與、是否回應他人之需求、是否遵循既定法規、執行決策的過程如何、成果又如何等。這些人之所以能知道，不只是因接獲資訊，也因所接獲的資訊為可靠、充分、看得懂，且在時間上為及時，內容為攸關，可用來解答心中疑問。相對地，作成決策的機構也須持有適切資訊，否則，就無法考慮可掌握的資源，無法針對他人的需求作出優質回

應與決策。

　　COSO ㉒ 提出內部控制整合架構，幫助機構執行其作成之決策。該架構有五個組成要素 (components)，其中最重要的一個，為「控制環境」。2013 年版的整合架構在控制環境這個組成要素之下，辨認出五個原則 ㉓，其中第五個原則是「績效考核、激勵措施和獎勵」，指明對課責之要求。該原則強調課責，且強調就績效而課責 (drive accountability for performance) 的氛圍 (rigor)。就績效而課責的作法，會著重績效指標 (performance measures)、動機 (incentives) 及報酬 (reward)。

　　課責，須顯示行為人之名，如果一個活動原來是隱名，不知行為人是誰，一旦要課責，即會將隱名改為顯名。課責能否落實，系於資訊之有無，且該資訊必須包含行為人、其行為、行為之後果等資訊。因此，組成要素「資訊與溝通」即強調企業之交易，不論其發動與進行，均須予衡量、記錄，以及報告，如此一來，對相關資產、人員之課責，才能保存 (maintain)。

　　人做的事、產生的影響，有財務面及非財務面，因此，課責亦隨之區分財務及非財務二個層面。中油公司的加油員工須佩戴名牌，名牌須朝外，讓顧客看見加油員的姓名及照片，知道誰在為其服務，有機會指出績優員工的姓名，要求公司獎勵，或相對地，辨認出誰掉以輕心，要求公司警戒。這是非財務面的課責，時間經過，制度演化，中油公司對非財務面課責的要求提升。

㉒ COSO 委員會的全名是 Committee of Sponsoring Organizations of the Treadway Commission，由 5 個美國機構組成：會計協會 (the American Accounting Association, AAA)、美國財務主管協會 (Financial Executives International, FEI)、美國會計師協會 (the American Institute of Certified Public Accountants, AICPA)、美國管理會計學會 (the Institute of Management Accountants, IMA) 與內部稽核協會 (The Institute of Internal Auditors, IIA)。其中的 Treadway Commission 的全名是 National Commission on Fraudulent Financial Reporting.

㉓ 控制環境組成要素的 5 個原則：1.企業的操守與道德觀、2.促董事會履行其監督職責的母數 (parameters)、3.組織之結構 (the organizational structure) 和權責之指派 (assignment of authority and responsibility)、4.吸引能幹的人 (competent individuals) 赴該企業就職、發展之作法 (process)、留任該員之作法，以及 5.績效考核、激勵措施和獎勵。

　　我國大法官釋憲制度的發展，亦顯示課責文化的轉變。大法官擔負釋憲的重責大任，在民國 47 年 7 月以前，第二、三屆大法官進行釋憲時，根據當時的司法院大法官會議法施行細則，釋憲文中只須交代抱持不同意見大法官的人數，並不公布誰的意見不同、哪兒不同。但是，這種作法在民國 66 年改變，施行細則第 7 條第 2 款修正，明示「應記明不同意見者之姓名」，透明度及可課責之程度均增加。再過 10 年，到了民國 76 年，制度再行修改，除把不同意見區分為全部不同或部分不同外，還公開意見為何不同的理由，此外，大法官除可表達不同意釋憲的不同意見外，即使意見相同，也可以表示係本於不同的理由，而出具協同意見書。非財務資訊清晰透明的程度再進一步提高。

　　財務層面的課責，稱為財務課責 (financial accountability)。美國南加州大學 (University of Southern California) 歷史與會計 (History and Accounting) 系教授 Jacob Soll 著《計算：財務課責與國家興衰》(*The Reckoning: Financial Accountability and the Rise and Fall of Nations*) 一書，強調計算與財務課責的重要。財務課責，來自財務資訊的獲得（計算）、公開、傳遞，以及使用。財務課責若做得好，連到國家的興盛，反之，若做不好，則導向國家衰敗。該書描述雅典的伯里克里斯 (Pericles)、法國國王路易、荷蘭東印度公司、法國密西西比公司、英國南海公司等的故事，以多個事實來證明財務課責的良窳有辦法左右國家到底是走向興盛或衰敗。伯里克里斯大量揮霍金錢，但不願公開自己的帳目，為保護自己的聲望和權力，規避公共查核，不惜製造政治混淆、發動戰爭，終導致雅典的崩潰。伯里克里斯為保密，拒絕財務課責的後果，直接與雅典的衰敗相連。

　　《計算：財務課責與國家興衰》一書是在描述西方社會財務課責的故事，東方社會可用來證明財務課責係重要的事例，亦隨處可見，連八點檔的連續劇中都常見藏帳、查帳的劇情。春秋戰國時期，諸國征戰，最重要的資源是人。賦稅、夫役、兵丁，無一不出於人。商鞅主持秦國政務，深知此事，率先建立戶口登記制度，使秦國的稅收能力與全民動員能力大增，在爭霸戰中勝出，統一諸國，建立秦王朝。商鞅把秦國的財務與非財務課

責做好，得以透過資料，掌握現況，做成決策，領導秦國走向興盛。

秦末，劉邦的軍隊攻入咸陽，別的將領忙著搶金銀財寶、美女，蕭何則取秦王朝的戶籍檔案資料，備供漢王朝使用。劉邦後來之所以能知天下戶口多少、強弱之所在、人民之疾苦，就靠蕭何拿到的這些可供課責的資料。漢代續采秦制，年年秋時更新人口相關資訊：每個縣衙都須進行「案比」，該縣居民要排隊如實報告戶主、家庭成員的個人資料（姓名、性別、年齡、身分、籍貫），以及財產的數目，並接受官府驗查。縣衙在更新逐筆戶籍資料後，造冊，上報郡；郡匯總所轄各縣的資料後，上報中央政府。中央則設「計相」與「戶曹」的官職來管轄全國戶籍，亦重視資訊、使用資訊，力推課責之落實。

四、制度的改變

中油公司不是從營業的第一天開始就要求加油員佩戴名牌，也不是從第一天就開始禁止加油員藏名牌上的照片；大法官釋憲的制度也並非自始就是公開各人的意見，要求大法官明示意見及理由，各自負責。在探討制度是否要明示不同意見的時候，正反意見雙陳。反對公開的人說，若明示不同意見，會削弱釋憲意見的統一性及權威性、增加釋憲的不確定性，還可能造成大法官間的猜忌，形成對立，浪費時間與精力；但贊成公開的人則說，法官本來就是獨立審判，各個大法官都有獨立判斷的能力與智慧，明示各人的意見可展現司法院的活力與民主，促進憲法成長、法律進步，提升大法官意見的品質。兩種說法都成立。最後的結論或所接受的價值判斷，是展現各人的意見，提高透明與課責，與民國 47 年的價值判斷不同，做出改變。這個改變非一蹴可幾。

洗錢與不可課責、不透明與治理不良有關。《洗錢防制法》2018 年修正，改變洗錢防制的制度。洗錢有存放、掩藏，以及整合 3 個階段。所謂存放，係指將犯罪所得以某種名義納入金融體系；掩藏，即清洗，係把犯罪所得轉換為其他形式，使其貌似合法，規避透明與課責；所謂整合，則指將清洗過的現金再融入金融體系。至於掩藏的做法，有：利用人頭或假

名（假證件、假護照）設立一家或數家公司，再安排虛假交易，讓犯罪所得可以「合法」地進入這些公司帳戶，然後再讓這些公司把經漂白的犯罪所得層層轉匯至犯罪者的帳戶，包括分存若干個帳戶，以增加查緝的困難度。這些過程常需經匯兌，匯兌經常跨國，犯罪者期望一個國家限於其管轄權的範圍，只能對空長歎。在經安排的虛假交易，交易目標物為非現金資產，其特色，有評價困難，以及來源無法辨認，如：美術品、古董，或無記名股票、債券等。犯罪者名義上「購買」或「出售」這些非現金資產，期法律課以制裁的困難度增加，犯罪者逃過制裁的機率提高。

各國稅制常有差異，國際租稅之規範亦有不足，難以公平課責的弊病因而產生。跨國企業為使集團之稅負極小化，常加利用，進行利潤移轉 (profit shifting)。此舉侵蝕各國的稅基 (base erosion)，影響各國的財政收入，以及租稅公平。OECD 與 G20 設法改變制度，乃於 2015 年 10 月初公布 15 個行動計畫 (action)。這些行動計畫有著眼於賦稅規定的實質內容，有追求不同規定間的一致，還有著重資訊透明者。衡量與監控（第 11 個）、強制揭露（第 12 個）、移轉訂價檔（第 13 個），以及紛爭解決機制（第 14 個）等行動計畫，均著重透明。如無透明，無資訊，則不可能落實具實質後果的其他行動計畫。具實質後果的行動計畫，有 5 個：防止租稅優惠不當（第 6 個）、防止規避常設機構（第 7 個），以及防止移轉訂價（第 8 至 10 等 3 個，分別談無形資產、風險資本，以及風險交易對移轉訂價的影響）；而第 1 個行動計畫，則為身處數字經濟時代之租稅挑戰，明示現在的時代已與以前不同，是數位經濟時代，資訊科技使生活的方式產生變化。

改變，一直都在發生；改變的過程中會遭遇阻礙，也仍持續。例如企業和法人研究機構均可接受政府補助，進行科技研發計畫，取得智慧財產。政府為提升產業競爭力和科技專案的效益，促這些機構在研擬智財策略、研究計畫時，積極評估各產業之技術前瞻和市場競爭趨勢，要求其須分析智慧財產之布局，還擬修正產業創新條例，要求業者將無形資產評價的資料，登錄於政府資訊服務系統，以累積評價資料庫的內容，追求透明、課責（第 12 條第二項）。不過，這個資訊公開的要求遭部分業者反對，業者

明述的理由，是擔心其技術布局的機密將遭洩漏。工商時報民國 106 年 5 月 31 日的社論，以〈莫因資訊揭露衝擊企業營業秘密〉為題，替業者發聲，表示立法應考慮企業營運實務、遵法成本，在資訊揭露與營業秘密保護間找到平衡點。

該社論把無形資產的評價資料與營業秘密畫上等號，以為兩種資訊是同一回事，還把評價資料登錄於政府資訊系統的要求，與無形資產評價業之發展相連，用來攻擊評價產業。事實上，欠缺資料庫，對各個須進行研發活動的產業均可能造成嚴重影響。該社論不但忽略資料庫的必要、混淆兩種不同性質的資料、不同的產業，把任何科技產業的發展均「決定於產業技術前瞻的專業能力與人力培育」一事，誤認為評價產業的發展系決定於產業技術的能力與人力，以致強言將資料登錄於政府的資訊系統，將「引發業者技術研發和專利布局機密外泄的風險，甚將影響業者參與科專計畫的意願」，草率作成「實在不能貿然實施」、「這些資訊應該受到更嚴密的保護才是」的偏頗結論。

無獨有偶地，《公司法》修正，民間修法委員會主張政府應建置信息平臺，企業應上傳資訊，追求透明、課責，亦遭部分業者反對，明述的理由也是擔心經營資訊外泄。在經濟部舉辦的公司法修法公聽會中，會計師公會、記帳士公會齊聲反對資訊公開。記帳士公會的理由，是中小企業最在乎成本，但企業如上傳資訊，則遵法成本過高，因「E 化以後，包括罰款跟刑責在內，每年須增加 100% 以上支出」，大力強調罰款跟刑責；會計師公會的理由，則是：「憑什麼要求非公開發行公司揭露財報，要求人民揭露財產權資料（股東名簿、財報），究要實現什麼公共利益？若企業公開財務資料，商業機密、經營細節和利潤率予競爭對手，企業的競爭力必受不利影響。」

記帳士公會大力強調罰款與刑責，暗示他（她）們明知中小企業過去的遵法情況不佳，估計遵法者可能不到一半，但過去因無資訊可稽，故雖違法但無法律後果，所以才會在修法資訊透明後，因違法而出現的罰款才會增加超過 100%。脫法情況嚴重至此，而經濟部少使用既有資訊辨認違

法公司，要求其遵法，反容忍違法者得因不透明而不被課責，逍遙法外，享受不公不義的法外快樂，不正是要積極改革的對象？

　　會計師公會未強調這些須新公開信息公司可能增加的裁罰額度，轉而強調這些公司不是公開發行。一家非公開發行公司，若規模小，未被要求揭露，只有規模夠大、影響程度夠高的非公開發行公司，才被要求盡透明之責。一家公司發行股票，係該公司的融資活動，該等股票可否在公開股票市場交易，亦與該公司的融資活動有關，而非與營運活動有關。會計師公會選擇用來判斷資訊應否公開之標準，為其融資活動，而非其營運活動，有失恰當。營運活動為本業，當一公司的營運規模大時，與之交易的公司家數多、交易之金額大，影響大，即應擔負揭露的責任，以示盡到課責。況且，這些商業所選擇的組織型態，為公司，股東只擔負有限責任，未如獨資、合夥組織資本主般承擔無限責任。此舉雖對股東有利，但對公司債權人不利，其能獲得的保障減少。該篇社論未辨認關鍵活動、對公司債權人之保障，以及經濟部目前容忍脫法行為的作法，僅強調公家機關（含中央和地方）所有電腦之數量（226 部），如被駭客攻擊，會有資訊外泄的風險，實僅重枝微末節，未掌握重點。

五、結　論

　　治理一詞的定義可以不同，但沒有機構可以不適用治理的觀念。雖每個機構都須做治理，但不是都做得一樣好。衡量治理之良窳，須用課責，而財務課責影響國家的興衰，十分重要，故本文討論。

　　課責的制度，隨時間的演進而變化，例如目前大法官釋憲制度的透明度，就比民國 47 年優良。又如防制洗錢的作法，在《洗錢防制法》修訂後，也與以前不同。改變一直都在發生，過程中會遭遇阻礙，也非意外。阻礙出現時，資訊品質不佳，須賴相關人士之睿智辨認、評斷，才能選取正確方向。

　　經過時間的推演，目前已到數字經濟時代，現在有新科技、新設備，可以用來取得以前無法取得的資訊。齊柏林先生就冒著自己生命的危險，

進行空拍，取得過去不曾看過的臺灣俯瞰地理資訊，更切實地傳遞臺灣實際狀況的訊息：美麗在哪兒、哀愁在哪兒，行政機關能藉以決定改善行動應如何設計、如何付諸實施。

《計算：財務課責與國家興衰》一書，強調財務課責影響國家的興衰。該書的中譯名為《大查帳：掌握帳簿就是掌握權力，會計制度與國家興衰的故事》，和英文版原名相比，增加了「掌握帳簿就是掌握權力」一語。初聞該語，令人震驚，但該書列舉諸多故事，證明掌握帳簿，就掌握財務課責，取得他人信任，因而取得權力的發展。該書所描述的故事之一，為1720年代的南海公司 (South Sea Company) 泡沫。當時，英格蘭王國戰費支出浩繁、債臺高築、財務困窘，想出成立特許南海公司，授予海外殖民地奴隸貿易的特權，交換其承接政府負債的創意，確實協助政府度過一時的難關，但創造出來股價泡沫的新問題，傷及社會公平、安定。該泡沫著名，歷三百年不衰，至今還是討論與研究當時負責人課責品質的物件。

在南海公司的案例，政府即使用公權力與「民間」合作，形成 BOT，以解決自己財務困境。這種官民合作的設計，世界各國多採，不是只有臺灣的高鐵公司；BOT 產生的問題，包括特許權的評價、衡量困難，也不是只在臺灣高鐵的案例出現。英國南海公司、法國密西西比公司等案例，說明中外公股機構均有創意，遊走灰色邊緣，尤須審計機關注意。

審計部因《審計法》第 17 條、第 69 條等之要求，而須對受查機構是否盡財務課責、治理是否良善，擔負判斷責任，也是受查機構尋求良善課責機制與達成善治的動力之一。行政機關接受審計部的查核，審計部追求的目標即使不變，現在有新科技，如 Bar Code、RFID、GPS，有新資料庫的建置，如 GBA、CBA 等，達成目標的手段已可與以前不同，以前無法做到的，現在可能可以做到。不僅審計部以前無法做到的，現在可能可以做到，受查機關亦複如此，期二方均朝資訊更透明、課責更容易、治理更良善的方向。

第三節　各國審計制度的比較

一、審計制度的基本類型與比較

　　西方多數國家的政府審計機關，按照立法、行政、司法三大分支劃分隸屬關係。基本上可分為以下五種類型：

（一）立法型

　　立法型的政府審計機關隸屬於立法部門，是現代的政府審計中最為普遍的一種型式。無論是在西歐、北美的民主國家，還是在為數眾多的發展中國家，很多政府審計機構都是向立法機構直接負責的，例如美國、加拿大、英國、澳大利亞等英語系國家的政府審計機關均屬此一類型。立法型政府審計機關的主要功能，是協助立法部門對行政部門進行監督，向立法部門的委員會和個別成員提供資料，間接地影響政府決策和日常運作。

（二）行政型

　　行政型的政府審計機關隸屬於行政部門，也可能直屬政府，由行政首長掌控。雖然行政型政府審計機構隸屬於政府行政部門，但他們仍保有很大的獨立性，特別是針那些被審核的機關而言，審計機關仍然是處於相對獨立的地位，如南韓、中國大陸等國的審計機關，都是屬於此一類型。

（三）司法型

　　司法型的政府審計機關隸屬於司法部門，擁有獨立的司法權。他們的工作人員大多享有司法保障，有的國家還在審計機構內設置法庭，對違反財經紀律的政府官員進行司法制裁，也可以裁定公共資源管理的責任、判定賠償責任金額並予以懲罰。由於司法型審計機關既獨立於行政部門，也不受議會的掌控，因此其獨立性得到進一步的保障。至於審計法庭之制度設計，則使審計機關擁有直接的處分權，增強了審計機關的權威性。比利時、法國、希臘、義大利、葡萄牙和西班牙的審計法院就是典型的司法型審計機關。全球有 35 個國家設立審計法院。

（四）獨立型

　　獨立型的審計機關單獨構成政府的一個部門，它既不屬於任何一個行政、立法、司法部門，形成在三權之外另一支獨立的權力部門。這類政府審計機關的典型，是印尼的最高審計院。印尼採行五權分立，即議會、政府行政部門、最高法院、最高顧問理事會和最高審計院。另外，我國審計部隸屬於監察院，屬五權之一，獨立運作、不受干預，也歸於這一類型。

（五）特殊型

　　有些政府審計機關雖然不隸屬於立法、行政或司法部門中的任一支，但本身卻構成單獨的權力部門，支援國會與政府兩者，我們可將這類的審計機關視為政府審計制度的一種特殊形式。德國聯邦審計院就是這種類形的代表。它不屬於立法、行政或司法部門之一，但卻又與這些政府部門有著緊密的聯繫，形成了國家整體權力部門中一個不可分割的組成部分。除了德國之外，以色列的審計長兼負監察使之職掌與功能，也歸於此種「特殊型」。

二、其他各國審計制度之基本職掌與功能

（一）日　本

　　第二次世界大戰後，日本對舊憲法體制進行了重要改革。1947 年 5 月，正式公布現行憲法。新的《會計檢查院法》同時生效。依照此一法制規範，國家的收支決算，每年均須經會計檢查院審查，內閣必須於下一年度將決算和審查報告一併向國會提出。會計檢查院的主要職權是：

　　1.會計檢查院係一個獨立於國會、內閣和司法部門的經濟監督機構，不再隸屬於天皇。

　　2.重建組織，取消少數服從多數、集體商議的制度，由少數人組成決策機構，在其下設置直接進行檢查的業務總局，歸其指揮監督，以區分決策機構和執行機構，避免責任不明。

　　3.擴大檢查範圍，將審計標的分為「必須檢查」和「選擇或任意檢查」兩部分。

　　4.廢除委託檢查制度。

　　5.會計檢查院可以將審計結果直接反映給行政部門。

　　6.會計檢查院經檢查發現處理國家會計事務的職員瀆職，應將事情經過通告檢查廳。

　　7.會計檢查院有義務就會計人員提出的疑難問題表明意見。

（二）南　韓

　　南韓專職監查審計的機關是監查院，直屬於總統，位階等同於副總理，直接對總統負責。監查院設院長一人，監查委員會由七名監查委員（包括院長在內）組成，院長由總統提名，經國會同意後任命；院長與監查委員的任期均為四年。根據南韓憲法之規定，監查院的職權主要是稽查政府機關每年的收入和支出，審核國家機關和其他公營機構的帳目，並監視各行政機關及公務員公務執行情況。監查院雖是一個獨立監察機關，但因直屬於總統，並無監督總統的權力。其監察範圍較之其他民主國家的監察部門要狹窄。依據南韓《監查院法》之規定，監查院處於獨立之地位，只受總統指揮管轄，監查院院長的地位和待遇，介於總理與國務委員之間，監查委員的地位和待遇，則與次長相等。監查委員的任命資格，則包括以下五點：

　　1.從事一級以上公務員職務八年以上者。

　　2.從事二級以上公務員職務六年以上者。

　　3.從事法官、檢察官、軍事法官或軍事檢察官工作十年以上者。

　　4.擔任大學副教授以上職務，從事法學或經濟學相關教學工作六年以上者。

　　5.從事將官級以上軍事工作十年以上者。

　　至於監查委員的身分保障，除下列兩項情況外，不能被免職：

　　1.被彈劾或受有期徒刑以上的刑罰。

　　2.身體狀況長期不佳，無法履行職務。

　　若系前述之第二項，須經監查委員會的表決，監查院長的提請，由總統決定其退職。

監查委員不得參加任何政黨組織，也不得參與政治活動。此外，他們也不得從事任何以營利為目的的事業，以及兼任本職以外有報酬的職務。

（三）新加坡

新加坡的最高審計機構為審計部。依照一九六六年《審計法》的規定，審計長獨立行使審計職權，不受任何干涉。審計部工作人員的權力職責是按審計長的授權執行。審計部的主要任務是審核各機關的財務收支。審核中若發現不當之處，審計部應向被審計單位提出改進意見。若不予接受或改進不力，可將其列入年度審計報告。該報告呈送總統和國會，由國會決算審核委員會審議，將審議結果寫成建議改進方案或決策報告，交由財政部及有關部門執行。審計部的經費及審計人員均由財政部核定。

（四）印　度

根據印度憲法規定，設審計長一人，由總統簽署委任狀任命。在就職之前，由總統所指定的監誓人主持宣誓。審計長的任免程序與任免理由與最高法院法官完全相同。審計長卸任後不得在印度聯邦政府或各邦政府內擔任其他職務。審計長的行政權力及審計署工作人員的待遇，由總統與審計長協商後制定條例確定。審計長的薪俸及其他待遇由國會以法律規定。審計長辦公室的行政費用，包括辦公室工作人員的薪俸、津貼及年金，均由印度統一基金內支付。

審計長對聯邦、各邦及其他機關或機構之帳目，應依照國會法律規定，履行職責，行使權力。聯邦及各邦帳目的格式，則由總統根據印度審計長的建議作出規定。每年審計長應就聯邦帳目向總統提交審計報告，並由總統轉送國會兩院；就各邦的帳目向邦長報告，並由邦長轉送各邦議會。

（五）印　尼

印尼最高審計院成立於 1946 年，1950 年改為財政監督院，1959 年又改為最高審計院。依相關法律規定，它是一個獨立的高階機關，具有與行政當局、國會、最高法院相同的地位，執行任務時不受行政當局的影響。最高審計院的領導機構由七人組成，正、副院長由國會任命，任期五年。

（六）德　國

聯邦審計院是德國國家審計機關。它是根據 1950 年頒發有關聯邦審計院的設置和職責法規而成立的。聯邦審計院有三項重要職能：

　1.向國會和政府提供訊息，充當國會和政府的參謀，協助其作出與預算有關的決策。

　2.就聯邦政府負有責任，同預算科目與財產帳目有關的重大問題，向國會兩院提出報告。此一工作在《聯邦預算法》中稱為「評述」，其年度報告將公諸於眾。

　3.向國會、政府和各部部長提出建議。這種建議是從審計經驗中產生的。除此之外，聯邦審計院還針對政府部門所管理的聯邦資金和聯邦財產的使用效益，進行評估，這種評估也就是經濟效益的審計。

（七）法　國

審計法院是法國的獨立機構，介於行政和立法之間，係位階最高的財務司法機關。從 1807 年拿破崙建立審計法庭後，逐步發展完善。其主要職權是：

　1.審查並驗證政府會計人員的帳目，協助國會和政府監督財政法規的貫徹與執行。

　2.檢查國家機關和其他公營企業的收支是否符合規定，以及資產、基金和財產的使用情況。

　3.監督地方政府的社會保險機構。

　4.對貪污舞弊的會計人員，有權進行終審判決。

（八）西班牙

西班牙的審計法院設立於 1935 年，是具有獨立地位，行使財務審計和財務審判權的監督機關，完全獨立的行使財政監督職能，監督政府機關、公共企業和事業單位，正確無誤的執行國家有關法律。它經由國會的授權，獨立於政府之外，對政府各部門的財務支出，進行全面監督。

審計法院設有院長、全會、領導委員會、審判庭、起訴庭、檢察處、審計處和祕書處，全院工作人員約三百人。院長由審計法院全會提名，由

國王任命，為終身職。院長主持全院工作，行使最高領導權。全會由院長及十二名審計委員、檢察長、祕書長所組成，負責審計業務的領導任務。領導委員會由院長和各庭庭長組成，負責全院行政事務的領導工作。

　　審判庭、起訴庭由庭長、審計委員和法官所組成。一般案件，先由審計委員會做出一審決定，如果不服，可向審判庭、起訴庭提出上訴。檢察處由檢察官和律師若干人組成，負責對審計案件進行檢查，作出一審決定，全院共設十一個檢察處。審計處由審計官和會計師若干人組成，負責審查公共帳目，在祕書處之下共設三個審計處。

（九）瑞　典

　　國家審計局是瑞典中央政府權威性的監督機構，現有職員二七〇人。它具有兩方面的職權：

　　1.開展審計和發展審計方法，全面負責中央政府機關的效益審計工作，發布財務方面的審計指示，包括制定審計程式、制度、標準等。

　　2.是負責發布會計工作指示，制定會計制度、會計標準，以及對國家財政收支狀況進行預測。

　　3.瑞典財政部每年編制國家預算時要依賴國家審計局所提供的會計資料和經濟訊息，因此，國家審計局乃成為國家經濟管理的重要部門之一。瑞典國家審計局只對鐵路、郵電、電訊等七個系統進行財務審計，其他部分的財務審計則由十二個地方審計機構負責執行。

（十）以色列

　　1949 年，以色列國會制定了《國家審計長法》，國家審計長之職權與一般國家的審計長 (Auditor General) 職權相類。但在 1971 年，以色列國會在審計長的職權上，增加了另一項任務，即同時擔任「公共申訴督察長」(Public Complaints Commissioner) 之職，亦即一般西方國家所謂「監察使」之角色。「審計長」與「公共申訴督察長」此二角色的共同目標是：

　　揭發行政部門在施政上的缺失，以達成立法機關監督之目的，並協助立法機關在必要時召集審計機關，提供改進行政部門的施政措施。至於「審計長」與「公共申訴督察長」的相異之處則在於：審計長系監督行政單位

之一般行政措施，而督察長則處理一般民眾之個別申訴。審計長的職責是
改善行政效率和促進行政管理，而督察長的目標則是保護民眾權益，免於
官僚的侵害。審計長每年要向以色列國會提出年度工作報告，並公諸於世。
他和公共申訴督察長所做的建議均不具強制力，只屬建議性質。但是由於
審計長的地位崇高，受到高度的信任，因此他所作的建議有舉足輕重的影
響力，這是因為他個人的權威地位和超然的角色使然。因此其建議未被採
納者極為罕見。

　　目前在審計長兼督察長的聯合機構中，共有職員約 500 人，其中大約
五分之一是在督察長辦公室工作。此外，若審計長兼督察長認為有必要時，
亦可利用非幕僚人員，如各專門領域之專家，協助其工作。至於督察長部
分，每年平均接到 7,000 至 8,000 件申訴，其中大約有 1,500 至 1,800 件經
判定申訴理由正當，要求相關機構及人員予以改正。申訴案的審理採不公
開方式，若無人申訴，督察長不得主動提出調查。

第二篇

監察院與監察權

第四章　監察權的實踐

第五章　監察權的細節

第六章　五權有機論：五權憲法的實踐

第七章　監察權的困境

第八章　審計制度之職掌與功能

第九章　監察委與監察院：兩岸監察機制的比較

第十章　監察權：辯疑與檢討

【第四章】
監察權的實踐

第一節　中國監察制度之沿革

　　中國監察制度起源甚早，迄今已有二千餘年之歷史。中國監察制度始建於秦（西元前 246 年至 206 年）、漢（西元前 206 年至西元 220 年）時代，當時由御史府（臺）掌管監察工作，漢武帝時增置丞相司直及司隸校尉，同司糾察之任。並設十三部刺史分察地方。魏（西元 220 年至 265 年）、晉（西元 265 年至 420 年）以後，略有變革。隋（西元 581 年至 618 年）、唐（西元 618 年至 904 年）以來，分置「臺」「諫」二職，御史臺主監察文武官吏，諫官主諫正國家帝王，並仿漢代刺史之制，分全國為十五道，派使巡察地方。宋（西元 960 年至 1279 年）初仍因循唐制，惟中葉以來，臺臣與諫官之職掌，逐漸不分。肇元代（西元 1279 年至 1368 年）以後，「臺」「諫」合一。至明（西元 1368 年至 1664 年）、清（西元 1664 年至 1911 年）兩代，以都察院掌風憲，對地方監察益趨周密，從十三道監察御，增為十五道，清末復按省分道，增為二十道，明奏密劾，揚善除奸，發揮整飭綱紀之功效。

　　孫中山先生領導中國革命，倡行「五權憲法」，擷取歐美三權分立制度，與中國御史諫官制度及考試制度之優點，於行政、立法、司法三權之外，另增監察、考試兩權。基於此，中華民國依照國父孫中山先生的學說，設立五院制度；形成了「五權」體系。

　　關於五權憲法的制度設計，孫中山先生在《五權憲法》演講本（1921年）中指出：「……五權憲法是兄弟所獨創，古今中外各國從來沒有講過的。……各國的憲法，只有把國家的政權分作三部，叫做三權，從來沒有分作五權的。五權憲法是兄弟創造出來的。……兄弟創造這個五權憲法，

實在是有根據的。……各國憲法只有三權，還是很不完備；所以創出這個五權憲法，補救從前的不完備。……從前美國哥倫比亞大學有一位教授叫做喜斯羅，他著了一本書，叫做《自由》。他說憲法的三權是不夠用的，要主張四權。那四權的意思，就是要把國會中的「彈劾權」拿出來獨立，用『彈劾權』同『立法權』、『司法權』、『行政權』作為四權分立。……可見在美國裡頭，已經有人先覺悟了。……依兄弟想來，當議員或官吏的人，必定是要有才有德，或者有甚麼能幹、才是勝任愉快的，單靠有錢來作議員或官吏，那麼將來所作的成績，便不問可知了。……我們中國有個古法，那個古法就是考試。從前中國的官吏，凡是經過考試出身的人，便算是正途，不是考試出身的人，不能算是正途。……所以任用官吏，共和時代考試是萬不可少的。故兄弟想於三權之外，多加一個考試權。……從前在東京同盟會時代，本來是拿三民主義和五權憲法來做黨綱，……不料光復以後，……多數人的心理，以為推翻了滿清，便算是革命成功，所以民國雖然成立了十年，不但沒有看見甚麼成績，反比前清覺得更腐敗。……我們除去這種腐敗，重新來革命，一定是要用五權憲法來做建設國家的基礎。」

為了讓人民真正有權、並有效的掌控政府的實際權力運作，孫中山的民權主義主張，要在選舉權之外，增加罷免、創制與複決等直接民權手段，使民眾得以有效的節制行政權與立法權的運作。基於此，民選政治人物和代議機關必須面對直接民主機制的究責與監督；不適任或失格的民選人物隨時都可能在任期中間被民眾罷免出局；而議會或政府未推動完成的立法任務和重要政策，也可藉由直接立法的手段由人民推動創制，以落實立法任務。因之，藉由直接民權的實踐，得以避免政府的腐化與議會的失能，彌補了代議民主機制的不足。

除此之外，不同於西方的三權分立制度，五權憲法透過獨立的考試機關，讓優秀、專業、能力強的人才經由國家考試的選拔，擇優進入政府體系，擔任公務員，構成行政機關執政的主體，奠立起穩定可靠的文官體系，避免議會專擅和選舉分贓，形成裙帶關係 (nepotism) 與朋黨化 (cronyism) 的腐朽現象。這也就是從人才引入的管道強化政府的執政能力。

另一方面，五權憲法則是透過獨立運作的監察院將不適任的政府官員淘汰出局，以遏止官僚腐化、官員怠惰等現象，並監督政策的有效執行，避免因行政違失 (maladministration) 造成執政偏失。基於此，監察委員必須深入民間、走入基層，親自接見民眾、傾聽民意，掌握民瘼民隱，以紓解民怨、摘奸發伏、整飭官箴、澄清吏治，並深入了解政府施政的實際成效，體察行政執行上的困境。

進一步，監察委員還要負責調查政府機關與官員的違法失職，經由深入的調查與分析，掌握行政執行的過程與細節，釐清違失的責任，並公布調查報告，彈劾違法失職的官員，並糾正政府機關的行政違失。接著，則是進一步的究責，要求政府機關必須限期改善，否則該機關的首長將面臨質問和糾彈，承擔起應付的政治責任。

基於此，監察權的行使重在究責與監督，輔以彈劾與糾舉，藉此整飭官箴、淘汰不法，糾正違失、促進善治，以落實民主問責和執政績效。質言之，設立五權憲法制度的目的是三權分立的民主制衡機制之外，防止行政濫權與政府腐敗。此係中國傳統政治制度精髓的繼承與轉化，其重要性形同英國的《大憲章》(Magna Carta)，影響至鉅。

民國成立後，北京政府仿照歐美三權分立原則，以彈劾權歸諸國會。1928 年北伐完成，全國統一，國民政府開始實行五權分治，2 月設審計院，1931 年 2 月改立監察院，並將審計院撤銷，依法改為審計部，隸屬於監察院，此為國民政府最高的監察機關，行使彈劾及審計權。基於此，從憲政發展角度觀之，是先有審計院，後來才有監察院。1937 年對日抗戰後，監察院行使糾舉及建議二權。《中華民國憲法》於 1947 年 12 月 25 日施行，依憲法規定，由各省市議會、蒙古西藏地方議會及華僑團體選舉出第一屆監察委員，並於 1948 年 6 月 5 日正式成立行憲後之監察院。自此之後，監察院收受人民的陳情書狀，定期巡察中央及地方機關，深入瞭解民情民隱，並經由調查與糾正，扭轉政府行政違失，整飭官箴、澄清吏治，有其重要的憲政功能及角色，為政府外控與防腐之最高機制。

行憲之初，監察院在各地區原分設有各區監察委員行署，大陸撤退後，

均已裁撤。1992 年 5 月第二屆國民大會集會，通過憲法增修條文，規定監察院設監察委員二十九人，並以其中一人為院長，一人為副院長，任期六年，由總統提名，經國民大會同意任命之，不再由地方議會選舉產生。

　　2000 年 4 月，第三屆國民大會第五次會議，再次修正憲法增修條文，將監察院監察委員、院長、副院長任命之同意權，移立法院立法委員行使。監察院監察委員、院長、副院長，由總統提名，經立法院同意任命之，監察院第四屆監察委員，即依此一規定產生，獨立行使職權 ❶ 。

　　依《監察院組織法》規定，院長綜理院務，並監督所屬機關。副院長於院長因事故不能視事時，代理其職務。目前監察院的員額為 295 人；年度經費約為新臺幣 7 億元 ❷ 。在第四屆監察委員就任之前，因立法院未依時限行使同意權，造成監察院有三年半無監察委員，形成憲政運作的空窗期。此三年半期間，主要的監察職權無法行使，影響十分深遠 ❸ 。具體而言，在此空窗時期，官箴廢弛、民怨難伸，且與世界各國監察制度備受重視與肯定的發展趨勢，背道而馳。

第二節　彈劾與糾舉

　　彈劾與糾舉是以違法失職為前提，整肅官箴、強化善治，藉此汰除不適任的官員。但究竟應以何為標準，則言人人殊，莫衷一是，而且往往引起各方爭議，為輿論所詬病。

---

❶ 周陽山，〈各國監察制度的比較分析與發展趨勢〉，《世界監察制度手冊》，（臺北：監察院編著，2012 年），頁 360–362 。

❷ 監察院公開信息，網址：http://www.cy.gov.tw 。

❸ 94 年 2 月至 97 年 1 月，收受監察業務案件（包括人民書狀、機關復函、調查、糾彈、糾正、調查意見函請改善、監試、巡察、審計等）計 40,464 件，受理公職人員財產申報、公職人員利益衝突回避及政治獻金等案件計 14,523 件，合計 54,987 件。此段期間發生社會關注之重大違失案件，如病死豬案件、軍中地下錢莊及機密人事資料外流案件、檢察官包庇走私毒品案件、法院民事執行處查封拍賣財物錯誤案件、股市禿鷹案件、石門水庫供水案件、開放坪林交流道爭議案件、替身坐牢案件、臺灣高鐵延宕營業通車時間案件、司法官風紀案件、高雄捷運 BOT 及外勞案件、臺鐵一再發生工程意外造成班次停駛、延宕案件等，均無法即時進行調查，影響官箴至巨。

　　在彈劾程序上，應由提出彈劾案的監委以外九位以上監察委員共同參與審查，經討論與審議後進行表決投票，過半數同意即為通過，若贊成與反對同票時則視為不通過。若未通過，則應該由參與此次審查會以外另九位以上監委進行第二次審查，若仍未通過則此彈劾案即告終結，且不得再提。

　　但在實務上，由於第五屆監察委員迄 106 年 12 月止僅有 18 人通過立法院審查，一共有 11 位監委缺額❹，因此彈劾案因在任之委員人數不足而無法進行第二輪審查與表決，因此，彈劾案事實上僅有一次審查機會。

　　至於糾舉案，則由提案委員以外 5 位參與審查，過半數同意即為通過。若未通過，則可續提交由其他監委審查，且無次數之限制。

　　彈劾權與糾舉權的行使，係根據民主審議與多數決原則，監察委員心目中各有一把尺，由於係採秘密投票，考量標準不一，並無定見。至於學界之相關探討，則以中研院院士胡佛教授提出之專業意見與審查標準最為周全，其具體內容如次。

（一）涉案的性質

　　涉案行為可依其性質概分為四種類別：1.當為而不為，2.不當為而為，3.為而不當，4.不當為而所為不當。

　　再就案件具體內容細分為四種案件情況（案件的性質、執行過程、影響範圍、所涉層級），其中：

　　1.層級高、影響大：為嚴重案件，由監察院優先處理。

　　2.層級高、影響小：為較嚴重案件，由監察院優先處理。

　　3.層級低、影響大：為較嚴重案件，由監察院優先處理。

　　4.層級低、影響小：為普通案件，依一般案件處理。

（二）涉案的標準

　　監察院可就以上標準訂出詳細、具體、充實之案件處理準則。關於「怠

❹ 由於國民黨立委對馬英九總統不滿，有 11 位監察委員提名人未通過法院投票，且拒絕對其他新提之監委提名人進行審查，因而導致監委缺額達三年半之久。經蔡英文總統補提名後，2018 年 1 月 16 日，11 位監察委員提名人通過立法院投票同意權，就任監委。

忽職守」，以及「案件認定」的標準，可以用兩套標準加以檢視，第一套包括職守的「當為」與「不當為」（職守指標）及行為的「為」與「不為」（行為指標），結果可見如下表：

職守		當為	不當為
行為	為	1.當為而為	2.不當為而為
	不為	3.當為而不為	4.不當為而不為

第二套包括作為的「當為而為」與「不當為而為」（作為指標）及準則的「適當」與「不適當」（準則指標），結果可見如下表：

作為		當為而為	不當為而為
準則	適當	1.為而得當	2.不當為而所為得當
	不適當	3.為而不當	4.不當為而所為不當

以上兩套指標，每套四個類型，總共八個類型。綜合起來看，其中四類可劃分為「怠忽職守」，即（見下表）：

1. 當為而不為
2. 不當為而為（包括不當為而所為得當）
3. 為而不當
4. 不當為而所為不當

法定職掌	當為			不當為		
是否為	不為	為		不為	為	
作法	N/A	當	不當	N/A	當	不當
後果	當為而不為	無懲戒之必要	為而不當	無懲戒之必要	不當為而為	不當為且所為不當

根據以上四類「怠忽職守」，再就案件的性質、過程、範圍、層級等指標，並訂出嚴重的程度，即可做出糾彈的「案件認定」，如下表：

態樣		❶當為而不為	❷為而不當	❸不當為而為	❹不當為而所為不當	認定
嚴重性		非常／相當／普通／輕微	非常／相當／普通／輕微	非常／相當／普通／輕微	非常／相當／普通／輕微	
1.案件性質	(1)憲法體制及法令規章的破壞	■／■ ■／■	■／■ ■／■	■／■ ■／■	■／■ ■／■	1.案件的嚴重性可綜合參考影響範圍及涉案的層級而認定。 2.非常嚴重及相當嚴重較多者，應嚴格處理，提案糾彈。 3.普通嚴重及輕微嚴重較多者可溫和處理，如移送主管機關或檢察單位。
	(2)法治及人權的損壞	■／■ ■／■	■／■ ■／■	■／■ ■／■	■／■ ■／■	
	(3)公共政策的欠當	■／■ ■／■	■／■ ■／■	■／■		
2.案件執行：過程及方法的欠當		■／■ ■／■	■／■ ■／■	■／■ ■／■	■／■ ■／■	
3.影響範圍:從全國、較大地區、較小地區至少數人		■／■ ■／■	■／■ ■／■	■／■ ■／■	■／■ ■／■	
4.涉案層級:從特任的最高層、簡任的高層、薦任的中層至委任的低層		■／■ ■／■	■／■ ■／■	■／■ ■／■	■／■ ■／■	

　　依據上述標準，彈劾與糾舉的案件性質，係以違憲與違法、損害法治與人權，以及公共政策欠當，分列為三種高低不同層次，亦即將違法與失

職，進行實質的分野，釐清輕重緩急，供監察委員行使職權之參考。

另外，案件涉及之範圍大小、層級高低，以及所涉案件之執行過程與方法，亦一體併入考量，堪稱周全而允當。至於區分怠忽職守的四種類型，尤具深意，其中將西方監察使制度所十分重視的「不良行政」(maladministration)，做了精確的分類，實可視為比較監察制度上的重要參考依據，亦可供我國監察權行使判準之參考。

監察院於第三屆全院委員第 23 次談話會曾針對「本院委員提案彈劾違法失職之公務人員，應否有一定標準或行使彈劾權應否有一定原則之共識」進行研商，獲致結論：監察委員獨立行使職權，彈劾與否，由委員視個案情節認定，以下之原則供委員參考：

一、被付彈劾人職等，以十職等以上的簡任官為原則，惟對九職等以下之司法官，或九職等以下公務員違失情節重大，事證確鑿者，仍應提案彈劾。

二、被付彈劾人違失行為所涉金額，不宜限定一定數目以上，始提案彈劾。

三、被付彈劾人涉及之刑事責任，非監察院考量的範圍，如其行政責任事證確鑿，確有彈劾必要時，不論其業經起訴或判刑與否，均應提案彈劾。

四、各機關依《公務員懲戒法》第 19 條規定，移請監察院之審查案件，如其事證明確，即應彈劾，不宜請其主管機關自行議處。

綜而言之，彈劾與糾舉案件的判斷標準，類似司法官自由心證，尚難機械化的予以訂定，惟參諸監察院談話會之結論及前文列舉之分析架構與審查標準，應可提供重要的參酌準據。

茲特將近年來 (1993－2009) 監察院之彈劾案例加以分類，附表如次。

附表：公務人員因怠忽職守經監察院彈劾之重要案例彙輯（1993－2009 年）

一、當為而不為

（一）執行職務怠惰，致生弊端或損害

序號	案號	案由	公懲會議決情形
1	83–16	臺南市勝○國民小學於本（八十三）年	劉○、楊○民、林○華各記

		九月二十六日上午因拆建北棟二樓教室屋頂工程，大量磚石砸穿一、二樓間樓板，掉落在一樓教室內，造成二年十班五名學童受傷案，該校代理校長劉○、總務主任林○華，未能善盡職責，注意學校工程之施工安全以及作好相關之安全防範措施，誠有嚴重疏失，爰依法提案彈劾。	過一次（83、12、22 議決）。
2	83–17	為教育部於民國七十一年間出資興建空中大學攝影棚及華視行政大樓地下室，任由華視文化事業股份有限公司以其為起造人申請建築執照，進而登記為其所有，有關承辦人員徐○恒等未予即時查究，且延宕多年不為處理，使國家財產權益受損，其嚴重違法失職甚明，爰依法提案彈劾。	徐○恒記過一次。鄭○霖、張○林均申誡（84、1、25 議決）。
3	84–36	為彰化第四信用合作社發生金融弊案，被彈劾人等，或對基層金融業務督導不週，案發之初未能及時深入瞭解實情；或對實際案情未能及時陳報，俾作妥適處理；或平時疏於督導所屬應盡檢查、輔導之責；或未督導所屬落實金檢工作，致對彰化四信歷年檢查均未能深入檢查，及早發現弊端；或對彰化四信金檢業務有欠週延，未能發現弊端，均有違公務員應依法律謹慎、切實執行職務之旨，爰依法提案彈劾。	劉○滄、林○和、黃○亮、劉○和各記過二次。許○洲、劉○耀各記過一次。陳○、林○源均申誡（85、3、15 議決）。
4	85–02	臺灣銀行副總經理簡○毅，對於信託部買賣票券業務及資金運用，負有監督職責，惟其未切實督導，導致信託部以明顯違規交易程序，購買楊○仁偽造之商業本票，金額高達新臺幣三百八十七億餘元，為期長達一年，造成臺灣銀行不良債權，釀成嚴重金融風暴，又其對於副總經理職務，不依章程規定請示總經理，卻直接口頭報告請示許○東董事長裁決，破壞制度，顯有違失，違反《公務員服務法》之規定。	簡○毅記過二次（85、7、23 議決）。
5	85–11	為教育部社教司司長何○財主管全國遊藝場業管理輔導業務，竟對電玩業者	何○財記過一次（85、12、31 議決）。

		之管理，敷衍塞責，執行不力，將評鑑違法電玩之公權力，輕易授予臺北市遊藝場商業同業公會（理事長周○蔘），交由被取締者自行制定取締之標準，導致賭風猖獗，道德敗壞，青少年沈溺電玩，荒廢學業，民怨沸騰，有損政府形象，違失情節重大，爰依法提案彈劾由。	
6	85-15	為臺灣省政府農林廳前主任祕書陳○清、農民輔導科科長張○英、技正徐○田及桃園縣政府財政局局長蔡○輝、農業局局長葉○如、課員江○貴等，於桃園縣中壢市農會爆發擠兌之前、金檢單位早已查覺其弊端，卻未及時採取具體處置措施，及早因應，終至事態擴大，造成該農會嚴重虧損及總幹事謝○生等人被桃園地檢署收押偵辦，並發生擠兌等金融風暴，違反《公務員服務法》等規定，爰依法提案彈劾。	江○貴休職期間六月。 葉○如降一級改敘。徐○田、張○英各記過一次。陳○清、蔡○輝均申誡（85、9、26議決）。
7	85-18	為內政部營建署署長黃○淵對本院糾正案敷衍延宕不為適當之改善，對國內違章建築、違規使用建物及違規廣告物，未能依法採取有效措施，確實督導地方政府徹底執行法律，導致災難頻傳，造成重大傷亡；臺中市政府工務局局長林○民對臺中市違章建築、建物違規使用與違規廣告物，未能有效督導所屬確實依法執行法律，導致臺中市夏威夷三溫暖發生火災死亡十七人及民聲大樓發生火災死亡十四人，均涉有嚴重失職，違反《公務員服務法》之規定，爰依法提案彈劾。	林○民記過二次。 黃○淵記過一次（86、3、28議決）。
8	86-06	為臺灣省政府水利局前局長謝○麟未切實督導所屬，依據法令作好防汛工作；對所屬第十工程處之積弊，平時疏於管理；賀伯颱風來襲時，又未能掌握狀況，督飭所屬嚴守崗位，颱風過後，又未查明水患原因，迅速查究違失責任。臺北縣縣長尤○，執行臺北地區防洪第三期計畫大漢溪沿岸垃圾清除工作不力，廢弛職務，績效不彰；又未依	謝○麟降一級改敘。 尤○記過一次（86、12、20議決）。

		該府函臺灣省政府之承諾及上級指示，切實停止於大漢溪傾倒垃圾，致使垃圾量及清理費用持續增加，於賀伯颱風來襲時，阻塞水流；對抽水站用地地上物之拆遷遲延，未能配合抽水站興建時程；又未督促所轄辦理防汛演習，致應變能力不足；均有違《公務員服務法》之規定，爰予提案彈劾由。	
9	86-11	臺灣新竹少年監獄典獄長李〇泉對屬員平時疏於督導考核，未能及早發現潛藏之「管教不當」等問題，並作適當處理，導致發生受刑人集體暴動事件，難辭其咎；事件發生後，因處置失當，監舍戒護設備遭受破壞；又移監部分過程，有違人權，影響政府形象，涉有嚴重違失。顯違《公務員服務法》之規定，爰依法提案彈劾。	李〇泉記過二次（86、7、15議決）。
10	86-18	為新竹縣峨眉鄉鄉長溫〇隆，未嚴格督導該鄉富興村山坡地巡察員切實依規定執行山坡地巡察、查報及制止工作，導致該村山坡地嚴重遭人濫墾、濫葬；新竹縣政府社會科前任科長陳〇霖及現任社會科科長彭〇文為該縣之墓政主管官員，對上述濫墾、濫葬及峨眉鄉公所函報之查報資料，未及時本於權責，有效依法取締或處理；農業局局長鄭〇良主管山坡地保育工作，對前述山坡地，未依「山坡地保育利用條例」及其相關管理方案等規定，善盡維護保育之責，以致十餘年來，滿山遍佈違規墳墓，難以善後，均有違失，爰依法提案彈劾。	鄭〇良、彭〇文各降一級改敘。陳〇霖記過二次。溫〇隆記過一次（86、12、24議決）。
11	86-26	為屏東縣鹽埔鄉農會於暴發擠兌之前，金檢單位早已查覺該農會前後任總幹事林〇熙、彭〇城等人有冒貸、超貸、違規貸款等弊端，中央及臺灣省政府業務主管機關，一再指示屏東縣政府應切實督導改善並擬具具體核處意見報上級主管機關憑辦，惟該府財政局及農業局均未盡切實督導核處之責，任令事態	黃〇龍降二級改敘。陳〇珍降一級改敘（87、5、5議決）。

		擴大，違反《公務員服務法》等規定，爰依法提案彈劾。	
12	87–35	為國立國父紀念館館長曾○源對於該館肩負保管國家重要文物之責，確未能督促所屬制定完備周延之文物管理規章制度，且與該館展覽組主任梁○生，對於館內自有或向外界商借文物之保管與典藏所存在之種種缺失，均未能本諸權責，督導所屬積極檢討改善，致令借展之國父及陳少白先烈珍貴遺墨真蹟遺失，影響館譽至鉅，顯有怠忽職守之實，有違《公務員服務法》之規定，爰依法提案彈劾由。	曾○源降一級改敘 。 梁○生降二級改敘 （87、12、3議決）。
13	89–19	為八十九年七月二十二日嘉義縣番路鄉八掌溪四名河床工人遭洪水沖失致死案，內政部消防署前署長陳○毅、科長許○輝未能切實執行法定消防業務，對緊急事件之指揮、監督與通報救援體系，處置草率，未能發揮應有功能；內政部警政署空中警察隊隊長楊○輝未克盡職責，督導備勤任務及建立高效率派機救災機制；空軍作戰司令部執勤官陳○鴻少校曲解法令規定，昧於本位主義，缺乏緊急應變能力，未迅速派機救援；經濟部水利處第五河川局前局長郭○川未克盡職責，督導承包商切實作好山洪爆發預警措施，及備妥安全逃生器材，漠視防汛期間固床工程施工人員之潛藏危險；嘉義縣消防局前局長謝○庸懈怠職務，未切實指揮、監督緊急救難事宜；嘉義縣消防局前副局長江○鈞擅離值勤崗位，怠忽職守，分別違反公務員服務法第五條、第七條、第十條規定；嚴重戕害人民權益及政府形象，爰依法提案彈劾。	許○輝、陳○鴻均休職期間各二年。楊○輝、謝○庸、江○鈞各降二級改敘 。陳○毅、郭○川各記過二次（90、3、9議決）。
14	89–20	為行政院環境保護署長期對於事業廢棄物源頭管理不當、流向管理不周與最終處置場設置不力，臺北縣政府環境保護局與高雄縣政府環境保護局未切實依法執行污染源管制，造成嚴重污染水	丁○龍降一級改敘。盧○木、蕭○興、魏○松各記過二次。陳○興、曾○雄各記過一次。陳○仁、符○強均申誡（97、12、26議決）。

		源，臺灣省自來水股份有限公司第七區管理處緊急應變不當，致高屏溪上游旗山溪於八十九年七月間遭人傾倒大量有害廢溶液，嚴重污染水源及國土，並造成大高雄地區六十一餘萬自來水用戶因水源污染而飽受數日停水之苦。環保署主任祕書陳○仁及參事符○強於任職該署廢棄物管理處處長期間，臺北縣環保局局長陳○興、高雄縣環保局局長丁○龍、自來水公司第七區管理處經理曾○雄、澄清湖廠廠長魏○松、坪頂廠廠長盧○木、拷潭廠廠長蕭○興，渠等八人怠忽職務，監督所屬不力，事證明確，核其所為均違反《公務員服務法》之規定，爰依法提案彈劾。	
15	91–14	為澎湖防衛司令部第一後勤指揮部彈藥補給分庫中尉排長張○智兩度竊取軍用爆材攜帶搭機返臺犯案，嚴重違反軍紀、斲傷軍譽，危害社會治安；第一後勤指揮部指揮官曾○宗上校、彈藥補給分庫分庫長邱○偉上尉及未爆彈處理組組長林○俊上尉對於 TNT 炸藥、雷管及單頻起爆器等軍用爆材之申領、儲放、管制、清點，及廢彈之銷毀處理、彈藥庫鑰匙交接保管、官兵出入營區安全檢查等事項，未依相關法令規定辦理，怠忽職守，均核有重大違失，爰依法提案彈劾。	張○智撤職並停止任用三年。林○俊記過二次。曾○宗、邱○偉各記過一次（92、12、30 議決）。
16	92–07	為經濟部水利署第二河川局辦理「苗栗縣後龍溪上游段土石標售計畫」期間，對於承包廠商嘉糖實業有限公司恣意明顯、大量超挖土石行為，視若無睹，未即時制止查處，且經當地鄉長及民意代表等人士一再陳情質疑廠商不法超挖，仍置若罔聞，不為檢測處理，肇致違法事態擴大，遭超挖土石方達二十六萬八千六百七十五立方公尺之多，嚴重破壞河川生態、危害河防安全。經核該局局長許○彥、正工程司兼管理課課長周○杰、正工程司黃○培，怠忽職責，違失情節重大，爰依法提案彈劾。	周○杰、黃○培各降一級改敘。許○彥記過一次（97、3、14 議決）。

17	93-02	為臺北市立和平醫院於民國九十二年四月間爆發嚴重急性呼吸道症候群(SARS)，院內群聚感染，繼而擴及院外，又接連發生私立仁濟醫院、臺北市華昌國宅以及市立中興，關渡，陽明醫院感染疫情，造成市民重大病亡與經濟鉅額損失，引發全民恐慌。經查臺北市立和平醫院前院長吳○文綜理醫院管理，並擔任該院感染控制小組召集人，卻對院內防疫措施未能嚴密督導、規劃，落實執行。和平醫院感染科前主任林○第未據實告知該院同仁有關院內收治疫病患者實情，且未落實辦理感染管制教育宣導，致有醫護人員疏於防範而染病，均有違《公務員服務法》規定，違失情節重大，爰依法提案彈劾。	吳○文、林○第各降二級改敘（97、10、20議決）。
18	97-10	臺灣高等法院高雄分院法官周○光辦案態度草率，罔顧訴訟當事人權益，遇有陪席案件之期日即請假，未能切實、積極參與合議審判，且臨退休之際，恣意將所有案件之庭期改定於其退休日後，刻意規避法定義務，敬業精神嚴重欠缺，廢弛職務情節重大，爰依法提案彈劾。	周○光記過貳次（98、1、16議決）。

（二）廢弛職務尚未發生弊端

序號	案號	案由	公懲會議決情形
1	83-07	臺中市政府工務局局長楊○堂、建設局局長賴○燦明知臺中市成功路二三八號中英大樓五樓違規使用、違規營業之遠○地下舞廳及六樓成功游泳池違規使用建築物而不依建築法第七十七條強制拆除，亦不依行政院及臺灣省政府之命令採取斷電措施，怠忽職守，違反《公務員服務法》第一條、第七條之規定，爰依法彈劾。	楊○堂、賴○燦均休職，期間各六月（83、7、29議決）。
2	83-08	空軍總司令部前總司令郭○霖上將（現任總統府國策顧問）等八人辦理空軍S-2T反潛機採購乙案，由於計畫欠週，管理不善，人為作業疏失，指廠議價不符規定，延遲交機，合約未訂罰則，特	果○、林○芬、林○賀各記過二次。夏○、林○承、丁○祥各記過一次。郭○霖、陳○齡均申誡（84、8、9議決）。

		殊裝備選項不當，進度尚未完成即已支罄國外付款。或涉違背命令旨意，敷衍塞責。或涉督導不實，執行不力，延誤戰力提升，影響戰備，顯屬違法失職，爰依法提案彈劾由。	
3	85–09	為高雄港務局前局長葉〇祥，於其局長任內，處理該港碼頭出租、碇泊費及棧埠設施管理費用之計收、拖船沉沒及碼頭濬深作業等事件，輕率偏頗、推拖敷衍、違背法令，不但嚴重影響港務之推展，且造成鉅額公帑之損失，有違《公務員服務法》之規定，爰予提案彈劾由。	葉〇祥記過二次（85、9、4議決）。
4	85–21	為高雄市政府建設局長黃〇峰、第六科科長周〇雄、技正楊〇護、股長劉〇彬、技士王〇震等人辦理旗津海岸公園工程規劃不當，使委託規劃案形同具文，監督不周致偷工減料情形甚為嚴重，委託原承辦業務剛離職之人員任監造建築師，涉嫌利益輸送，有浪費公帑、廢弛職務，未依法令執行任務之情形，爰依法提案彈劾。	黃〇峰記過二次。楊〇護、周〇雄、劉〇彬、王〇震各記過一次（86、1、18議決）。
5	87–18	為臺灣省立彰化醫院院長謝〇豐任職於該院期間，興建停車場工程違反預算法且未依有關法令公開比價，圖利特定廠商並涉嫌唆使偽造文書；辦理新建醫療大樓暨附屬建築設備工程，無故延宕請領建照，致工程延遲施工；罔顧法令限制投標廠商資格，且不依上級機關多次指正確實改善，致建照逾期並延誤發包，顯浪費公帑、延宕工程進行且有圖利特定廠商之嫌；又預算執行不力，致未能及時發揮財務效能，顯屬嚴重違法失職，爰依法提案彈劾由。	謝〇豐記過一次（87、10、7議決）。
6	87–48	為臺灣高等法院臺中分院法官黃〇正，無故稽延判決原本之交付成習，自民國八十六年九月至八十七年六月承辦案件中，經宣判但未撰寫判決書者計達八件之多，遲延時間最久者達二百三十日，不遵守民事訴訟法第二百二十八條	黃〇正記過二次（88、1、30議決）。

		第一項之規定，嚴重影響當事人權益，斲傷司法威信，並違反《公務員服務法》第七條規定，爰依法提案彈劾。	
7	88–04	臺灣高等法院臺中分院法官林○虎，無正當理由稽延判決原本之交付成習，民國八十七年承辦案件中，遲延交付判決原本，時間最久者達一百四十八日，不遵守民事訴訟法第二百二十八條第一項等規定，嚴重影響當事人權益，斲傷司法威信，並違反《公務員服務法》第七條規定，爰依法提案彈劾。	林○虎降一級改敘（88、6、17議決）。
8	92–17	為臺灣桃園地方法院法官潘○順，審理該院刑事案件，無正當理由停滯案件不進行達四個月以上者多達二十一件，經調查屬實，核已違反《公務員服務法》及《法官守則》等規定，事證明確，有辱官箴，爰依法提案彈劾。	潘○順記過一次（92、11、21議決）。

（三）其他失職行為

1.疏於督導，縱容姑息，貽誤失察

序號	案號	案由	公懲會議決情形
1	82–05	為臺中縣警察局豐原分局前分局長柳○輝（現任臺中市警察局督察長）、刑事組長許○仲偵辦民國七十八年十一月二十一日豐原市楊宅滅門血案，未盡督導之責，致所屬員警濫用職權刑求逼供，且辦案草率，怠忽職守，顯有違法失職之嫌，爰依法提案彈劾，至涉嫌刑求之同分局刑事組小隊長張○銓、楊○雄，偵查員蔡○侗、陳○霖、李○峰、張簡○華、周○福，應另行移送司法機關依法偵辦，俟查明涉案情形，再行追究行政責任，以肅官箴。	許○仲撤職並停止任用二年。柳○輝休職期間一年（83、4、23議決）。
2	83–05	為臺北市政府捷運工程局（以下簡稱捷運局）前局長齊○錚（已撤職）、前局長賴○聲（已辭職）、總工程司徐○、第三處前處長崔○清（現任該局正工程司）、機電系統工程處（以下簡稱機工處）處長曾○田、機工處前副處長丁○甫（現任第三處處長）等員於辦理臺北市中運量捷運系統工程，或於招標、審	賴○聲、崔○清均休職，期間各一年。齊○錚、徐○、曾○田均休職，期間各六月。丁○甫降二級改敘（83、10、22議決）。

		標、預算編列、合約之執行、協議書之簽訂、工程之變更、監督等過程，執行職務未力求切實、謹慎或廢弛職務、或疏於督察、或擅權違失，失職情節重大，爰依法提案彈劾由。	
3	87–07	為八十六年八月十八日溫妮颱風來襲造成臺北縣汐止鎮林肯大郡開發基地土牆坍塌、房屋塌陷，釀成二十八人死亡之慘劇，臺北縣政府農業局、工務局於八十、八十二及八十四年間，辦理該縣汐止鎮北港段北港口小段 100–1、100–2、102–1、102–2、106–7、344、345 地號等七筆土地雜項執照及變更、雜項使用執照、建造執照及使用執照之審核與檔案管理明顯違失，農業局前局長陳○容、現任局長葉○生，工務局前二任局長鄭○元、謝○貴等疏於監督，怠忽職責，應負監督不力責任，有違反《公務員服務法》第五條、第七條規定情事。又工務局前局長鄭○元、謝○貴違法指派資格不符人員辦理建管審查業務，另違反同法第一條規定。爰依法提案彈劾。	鄭○元、謝○貴均休職，期間各二年。陳○容、葉○生均休職，期間各一年（87、6、4 議決）。
4	87–28	為交通部民用航空局花蓮航空站業務組組員溫○蓮監守自盜，違法截留停車費收入，據審計部核算，盜用金額至少新臺幣九十四萬零三百七十元（另據法務部調查局花蓮調查站刑事案件移送書載金額為一百二十一萬零四百九十元），並隨意丟棄停車票券等相關會計憑證，企圖湮滅證據。該站前主任趙○達、現任主任文○、業務組前組長王○劻及現任組長廖○榮，會計室現任主任王○行等人，各為機關首長及單位主管，對所屬職員依法自負有監督管理及考核之責；惟該站業務組組員溫○蓮瀆職盜用鉅額公款，時間長達數年，相關主管竟均無所悉，迨審計部抽查後，溫員瀆職情事始予揭露。相關主管對於職掌業務、內部稽核及會計作業等事項，未能善盡責任，依法執行職務，切實監	溫○蓮撤職並停止任用二年。王○劻、王○行各降一級改敘。趙○達、廖○榮各記過二次。文○申誡（87、12、23 議決）。

		督，均有違反《公務員服務法》之規定，爰依法提案彈劾由。	
5	88-06	海軍總司令部前政戰部主任孫〇鐘對海軍之監察、保防負有直接監督之責，濟陽級第二批接艦官兵甄選作業草率，致接艦期間連續發生多起違紀事件，返國後艦艇主管又涉有違規情事，政戰部門均未能有效事前防範、事後追究，顯有怠職；海軍一六八艦隊前艦隊長劉〇雄，未善盡督導之責，致所屬淮陽艦發生艦長聚眾賭博、攜子上艦、艦上留宿眷屬等重大違紀事件；海軍接艦支隊前支隊長兼蘭陽艦艦長鍾〇先未善盡督導防範之責，致赴美接艦期間肇生多起攜槍彈上艦、不假離營、酗酒鬧事、違規留宿女友等事件，又對查獲之空氣槍、子彈不當拋海處理，返國後復違規攜子、留宿眷屬，又於八十五年春節期間聚眾賭博及操作軍艦不當造成國庫損失肆仟捌百餘萬元，均核有重大違失，嚴重破壞國軍形象，爰依法提出彈劾。	許〇仁降二級改敘。鍾〇先降一級改敘。孫〇鐘、劉〇雄各記過一次（88、10、15議決）。
6	91-03	為國家安全局局長丁〇洲、會計長徐〇強、趙〇國明知該局「奉天」情報專案經費未依規定照正常機關會計內部控管機制處理，而該經費之來源、運用方式及用途均屬極機密，其監督、審核尤應倍於一般經費之嚴謹，惟局長丁〇洲、會計長徐〇強、趙〇國怠忽職責，既未建立健全之控管制度，復疏於監督、審核，長期以來竟命由劉〇軍負責該經費收支兼會計工作，形成劉員管錢又管帳之情事，致劉員五年餘來，恣意妄為，挪用侵占公款達一億九千二百二十萬零七元，並以洗錢方式掩飾隱匿不法所得、購置豪宅及鉅額資金短線進出股市等，造成機關財產損失；八十九年五月二十六日該局政風處內簽研析意見已查覺劉員將數千萬元鉅額現金存置於國安局保險庫而捨棄銀行利息收入之疑點，顯有違常理，處長林〇渝竟	劉〇軍撤職並停止任用五年。徐〇強撤職並停止任用二年。丁〇洲、趙〇國、林〇渝均申誡（92、8、8議決）。

未深入查核即與簽結，草率輕縱；國安局要求劉○軍配合查帳期間，局長丁○洲未指示所屬對劉員行蹤採取積極嚴密之注意，致其潛逃出境，徒增本案調查之困難，對該局情報工作及國家安全影響至鉅；徐○強、劉○軍及趙○國對該經費移交、接交草率，流於形式，會計長徐○強、趙○國清查帳戶未盡確實，致該局多次對外聲稱「該局公款未短少，劉員應無侵占公款事實」，貽誤查辦，喪失機先；又會計長徐○強明知趙○國、劉○軍請慰勞假赴日旅遊，竟違規擅權核批同意渠等持掩護護照「趙○平」、「劉○平」赴日觀光，而趙、劉二員明知違規仍具切結書持掩護護照赴日旅遊；另劉○軍受託代匯美金，收受趙存國等新臺幣三百八十七萬九千八百五十元，而逕自該局美金帳戶公款給付趙員美金外匯十二萬七千元，公、私款不分，並有非法買賣外匯之嫌等；經核均有重大之違法失職，爰依法提案彈劾。

2.積弊已深，事發後處置無方，應事無能

序號	案號	案由	公懲會議決情形
1	82–04	為原子能委員會前祕書長李○浩（已退休）、輻射防護處前處長楊○卿（現職原子能委員會核能研究所研究員）醫科前科長張○乾（現職原子能委員會簡任技正）處理臺北市民生別墅輻射鋼筋污染事件違反規定，隱匿真相，怠忽職責，危害人民生命財產，損及政府形象，顯有嚴重違法失職，特依法提案彈劾由。	楊○卿休職期間二年。李○浩記過二次（83、2、8議決）。張○乾休職期間六月（83、7、11議決）。
2	83–01	為臺中市政府工務局違章建築拆除隊前任隊長廖○男、現任隊長盧○朝執行工作不力，嚴重怠忽職守，且自民國七十七年迄今之違章建築拆除率平均僅百分之十八，函復本院公文竟虛報為百分之八十四，違法失職，彰然明甚，爰依《監察法》第六條之規定提案彈劾。	廖○男、盧○朝各降二級改敘（85、10、14議決）。

3	84-34	為海軍九一七南陽號驅逐艦艦長馮○成上校處理所屬戰士二等兵黃○章隨艦出海失蹤乙案，未即採取海上搜救或緩行瞭望等措施，亦未審度情形應變處置返航搜尋，且延宕通報艦令部支援，延誤搜救時機，未盡救護職責。又其身為艦長未盡督導之責，致該艦教育訓練及生活管理未能週延確實，肇致資深戰士欺凌新進士兵情形嚴重，損害國軍形象、士氣至鉅，爰依法彈劾。	馮○成申誡（85、2、13議決）。
4	85-10	為臺灣省合作金庫大稻埕支庫前襄理莊○貴，於任職該支庫期間，引荐其好友代書尤○源介紹冒名「胡○宗」之歹徒，向該支庫貸款。不依規定詳實徵信，草率核准貸款新臺幣壹仟柒佰伍拾萬元。被騙後，為推卸責任，竟將冒貸損失，諉由無辜之陳訴人（即被冒名之胡○宗）負擔，並予追償，顯失公平正義，違反《公務員服務法》第一及第五條規定之情事，爰依法提案彈劾由。	莊○貴記過一次（85、12、5議決）。
5	85-15	為臺灣省政府農林廳前主任祕書陳○清、農民輔導科科長張○英、技正徐○田及桃園縣政府財政局局長蔡○輝、農業局局長葉○如、課員江○貴等，於桃園縣中壢市農會爆發擠兌之前、金檢單位早已查覺其弊端，卻未及時採取具體處置措施，及早因應，終至事態擴大，造成該農會嚴重虧損及總幹事謝○生等人被桃園地檢署收押偵辦，並發生擠兌等金融風暴，違反《公務員服務法》等規定，爰依法提案彈劾。	江○貴休職期間六月。葉○如降一級改敘。徐○田、張○英各記過一次。陳○清、蔡○輝均申誡（85、9、26議決）。
6	86-09	為中國石油股份有限公司近年來管理鬆散，未能落實工廠作業安全，以致工安事故頻傳，時有人員傷亡，並造成嚴重污染環境事件，損失鉅大賠償金額，影響國營事業形象至鉅，該公司前總經理陳○勇督導不力，管理鬆散，有虧職責；該公司大林煉油廠廠長陳○次、課長姚○祥怠忽職守，疏於督導妥善維修，致發生大林埔外海輸油管漏油，嚴	姚○祥休職期間一年。陳○次休職期間六月。蕭○雄降二級改敘。羅○星降一級改敘。陳○勇記過二次（86、8、15議決）。

		重污染廣大海域，且故意隱瞞事實真象，未能妥速處理；該公司臺灣油礦探勘總處出磺坑礦廠廠長羅〇星、隊長蕭〇雄處理出磺坑一四〇號井天然氣外洩事件，忽視基本工業安全規範，未依工安通報系統作業，造成工廠損失，均有違《公務員服務法》之規定，爰依法提案彈劾。	
7	86–24	為本年九月四日行政院衛生署於獲悉出口甲魚遭產毒性〇一三九型霍亂弧菌污染後，該署防疫處處長張〇仁隱匿疫情，未即時公布，於防疫會報中，亦未提出討論，擬訂因應之道；為追查遭霍亂弧菌污染之甲魚貨源，請求農業委員會協助。農委會於查得貨源，並請主管機關衛生署會同前往處理時，防疫處處長張〇仁、檢疫總所所長吳〇能，對經辦之業務，竟未派員；事後亦未主動積極追蹤，依法銷毀，復為規避責任，該二單位竟互為推諉；又因防疫防治體系鬆散，迄今仍未查明病原；防疫處第二科科長簡任技正楊〇仰，於提供本院之書面說明，對農業委員會通知會同前往瞭解情事，隱瞞未提，亦未積極處理；臺灣省政府農林廳漁業局局長沙〇一，就合格甲魚養殖戶及其飼養數未確實建檔，又未執行每年至少清查養殖戶一次之規定，致出口甲魚借、冒證情事嚴重，該等人員未依法令切實執行職務，怠忽職責，與《公務員服務法》第一、五、七條之規定有背，爰予提案彈劾乙案。	張〇仁、吳〇能各記過一次。楊〇仰、沙〇一均申誡（87、5、22議決）。
8	87–15	為聯合勤務總司令部工程署受空軍總司令部之委託規畫、設計、興建第三、五彈藥庫，過程草率輕忽，預算執行未能確實，所屬人員對重大工程與廠商勾結，圍標、綁標、洩露軍機，總司令丁〇發上將，參謀長席〇岳中將，工程署前署長施〇少將，督導不週，有虧職守。政治作戰部對於所屬人員於弊端發生之前，未能加以防範於先；發生之	沃〇高、李〇均撤職並停止任用四年。楊〇榮、李〇琳均休職，期間各六月。楊〇昌、高〇禪各降二級改敘。林〇菁降一級改敘。席〇岳記過一次。丁〇發、施〇均申誡（87、12、16議決）。

		時，又未能及時反映，適時制止；發生之後，亦未能採取適當措施，減少損害；政三（監察）處前處長楊○榮上校疏於監督，監察官高○禪中校怠忽職守。工程署署長沃○高少將，二組（設計）組長楊○昌上校，工程官李○中校、李○琳少校，三組（施工）工程官林○菁中校，長期接受廠商不當餽贈與招待，重大工程招標與廠商勾結，圍標、綁標、洩露軍事機密，均有違失，嚴重違反《公務員服務法》之相關規定，爰依法提案彈劾。	
9	90–06	為希臘籍阿瑪斯輪於九十年一月十四日擱淺在恆春墾丁外海，同年月十九日開始大規模漏油，造成墾丁國家公園龍坑生態保護區沿岸嚴重污染。交通部航政司司長吳○貴身兼中華民國海難救護委員會執行祕書，於案發後未依環保署之函文，迅即協調國防部動員國軍協助處理油污，亦未即時向交通部長及行政院陳報油污嚴重擴散情形，對於所屬花蓮港務局限制船員出境之辦理進度未能追蹤，更未於第一時間前往現場指揮救災。另行政院環境保護署水質保護處前處長阮○棟，於案發後未依該署林前署長之指示，立即成立應變工作小組，亦未依規定進駐及成立緊急應變作業中心，且明知除夕及年初一無法僱得除污工人，卻未有效處理。此外，該員雖督導所屬函請交通部協調國防部動員國軍處理油污，惟未追蹤交通部之辦理進度，甚至誤判情勢，將此重大污染案件，視為一般事件，一味寄望船方妥善處理，且未即時向行政院層報油污嚴重擴散之情形，該二員之失職行為，使墾丁國家公園龍坑生態保護區遭受嚴重油污染，損害生態與漁產資源並衝擊當地觀光產業，涉有違失，事證明確，核其所為均違反《公務員服務法》之規定，爰依法提案彈劾。	吳○貴、阮○棟各記過二次（91、3、15議決）。

3.畏難規避、推諉、敷衍塞責

序號	案號	案由	公懲會議決情形
1	84–22	高雄縣警察局於民國八十三年二月十八日、二月二十四日、九月十五日、十二月一日、八十四年二月十一日，五次查報坐落在高雄縣彌陀鄉潦底段五二之三地號土地上之松瑢企業股份有限公司為地下工廠、違章工廠、實際營業地址與登記地址不符及建物無使用執照等，被彈劾人等均未依法查察取締，對於其他經警方查報之地下化工原料廠或油廠，亦未切實取締制裁，且非法行業之查處比率嚴重偏低，執法不力，妨礙社會秩序，影響人民生命財產之安全，違反《公務人員服務法》第一條、第五條及第七條之規定，爰依法提案彈劾由。	江○雲降一級改敘 。 王○香記過二次。陳○奇、陳○賓各記過一次（84、11、9議決）。

4.其他當為而不為情事者

序號	案號	案由	公懲會議決情形
1	84–12	嘉義縣水上鄉鄉長林○山未於規定期限於八十三年四月底前，將該鄉八十四年度預算案編送該鄉鄉民代表會審議，經臺灣省政府依《公務員懲戒法》有關規定，函送本院審查，經審查林○山核有違法失職情事，爰依《監察法》第六條規定提案彈劾。	林○山記過二次（84、6、21議決）。
2	85–05	為經濟部所屬中國石油股份有限公司高雄煉油總廠總廠長斐○渝等人員辦理設置「油氣回收設備」案，未能負責盡職，延誤時機，且效能不彰，浪費公帑，實有違反《公務員服務法》第一、五、六、七條之規定，並有《公務員懲戒法》第二條規定情形，爰依法提案彈劾。	靳○、伍○德、許○益各記過二次。裴○渝、張○喜、王○嘉、楊○明、邱○傑各記過一次。李○榮、陳○興、林○德、周○華均申誡（85、9、7議決）。
3	87–06	為中央造幣廠廠長何○明，身為機關首長，對所屬職員依法自負有監督管理及考核之責。且該廠職司國家造幣責任，其負有確保錢幣威信、保障國家錢幣信用之責。然該廠技術員羅○超、駐衛警劉○和兩人監守自盜伍拾圓幣，時間長	何○明降一級改敘（87、4、20議決）。

		達年餘，金額逾百餘萬元，該廠竟毫不知情。迨該員工至郵局洗錢，而被發現可疑，始獲悉真象。揆其原因，乃該廠長對於內部稽核、安全檢查、財物保管、員工出入檢查、生產作業過程及廠房安全設備等各項安全管理措施，均未能盡其管理與監督之能事，或對於有關監督事項，顯未善盡責任，切實監督，核其所為，顯有違《公務員服務法》第一條、第五條及第七條之規定，爰依法提案彈劾由。	
4	87–51	為國防部軍事採購局尹○安中校、景○逸上校、張○基上校、副處長陳○寰及徐○智上校、處長劉松嘉及盧曉嘉上校，陸軍總部後勤司令部補給署參謀倪○義少校、姚○彬中校、副組長李○剛上校、組長郭○福上校、副署長田○舜上校、參謀長黃○麟少將等人，辦理陸軍防彈頭盔採購案，對於抗彈性能檢驗不合格之嚴重瑕疵貨品，未依合約條款予以退貨拒收，一再承合廠商辦理複驗，玩弄法令，護航過關，侵害國軍權益，危及官兵生命安全，核有重大違失，爰依法提案彈劾。	倪○義撤職並停止任用一年。尹○安、景○逸均休職期間各三年。劉○嘉、張○基、盧○嘉、黃○麟、郭○福、姚○彬均休職期間各二年。陳○寰、徐○智、田○鳳舜、李○剛均休職期間各一年（88、2、26議決）。
5	93–10	為民國九十二年十一月十六日晚間七時許，苗栗縣通霄鎮福源里巨○煙火製造股份有限公司工廠因貨櫃違法儲放鋁粉不當受潮引爆，造成六人死亡、十三人輕重傷，該廠前於八十二年十一月間亦因貨櫃違法儲放發射藥，不明原因致生二死一傷之嚴重災害，其危害公共安全之情節重大，行政院勞工委員會中區勞動檢查所前所長范○雄、副所長陳○鐘、前組長陳○福、檢查員鄭○准，分別負有監督、審核及執行該廠勞動暨安全衛生檢查之責，竟長期怠忽職守，不思檢討勵精圖治遏阻災難之發生，肇致該廠十年間由同樣違反規定之儲存設施再度發生傷亡災害事件，除造成國家社會成本之慘痛付出，救災耗費大量之人力、物力亦難以計數，更嚴重影響	鄭○准降二級改敘。陳○福降一級改敘。范○雄、陳○鐘記過二次（97、11、28議決）。

		周邊環境及住戶生命財產安全,渠等違失事證明確,情節重大,核其所為均有違反公務員服務法之規定,爰依法提案彈劾。	
6	97–03	對瑞士聯邦檢察署向我國司法當局請求有關陳○中夫婦涉嫌跨國洗錢之司法協助案件任其延宕,又怠忽職守未督催所屬依公文處理規定儘速處理,貽誤處理時效,造成輿論譁然,損害政府形象,顯有違失,爰依法提出彈劾。	劉○平申誡(98、01、09 議決)。

二、為而不當

(一)執行職務不力求切實,致生錯失

序號	案號	案由	公懲會議決情形
1	83–15	為高雄市政府工務局局長陳○志(該局前任副局長)、副局長林○雄(該局新工處前任處長)、該局新工處處長陳○城(前任副處長)、副處長李○文(前任總工程司)、總工程司周○傑(前任副總工程司)、該處前任科長鐘○順(現任工務局科長)及工程員邱○政等辦理高雄市中正文化中心地下停車場工程,怠忽職守,諸多違失,違反《公務員服務法》之規定,爰依法提案彈劾。	林○雄、邱○政均休職,期間各二年。陳○城休職期間六月。李○文、周○傑各降二級改敘。鐘○順記過二次。陳○志記過一次(84、3、27議決)。
2	83–20	為臺南市政府工務局處理該市大勇街六巷內十棟二樓鐵厝違建經過,既未依法處理,又以承受壓力為藉詞不依規定拆除,任意拖延達年餘之久,僅見文書作業,未能付諸實際拆除行動,且以不實拆除日期之文書答復臺灣省政府及本院巡察委員,敷衍塞責,嚴重影響公共安全,有損政府形象及公權力之行使,其怠忽職責,有違《公務員服務法》第七條之規定,爰依法提案彈劾。	林○雄記過二次(84、1、25議決)。
3	84–22	高雄縣警察局於民國八十三年二月十八日、二月二十四日、九月十五日、十二月一日、八十四年二月十一日,五次查報坐落在高雄縣彌陀鄉濜底段五＊之三地號土地上之松瑢企業股份有限公司為地下工廠、違章工廠、實際營業地址與登記地址不符及建物無使用執	江○雲降一級改敘。王○香記過二次。陳○奇、陳○賓各記過一次(84、11、9議決)。

		照等，被彈劾人等均未依法查察取締，對於其他經警方查報之地下化工原料廠或油廠，亦未切實取締制裁，且非法行業之查處比率嚴重偏低，執法不力，妨礙社會秩序，影響人民生命財產之安全，違反《公務人員服務法》第一條、第五條及第七條之規定，爰依法提案彈劾由。	
4	84-38	為臺灣臺中地方法院法官李○勳對被告顏○瑋詐欺案判決後仍濫權裁定延長羈押三次，戕害人權；台灣台中地方法院書記官林○勝於該案判決送達後，不儘速整理卷證，將案卷移送二審審理，怠忽職責，忽視被告權益，違失情節重大；均違反《公務員服務法》第一條、第五條及第七條之規定，爰依法提案彈劾。	李○勳減月俸百分之十期間六月。林明勝記過二次（85、7、6議決）。
5	85-01	為臺中縣政府工務局局長李○雄等處理位於該縣沙鹿鎮中棲路之天仁及中國傢俱公司違章建築未能依法拆除，任意拖延年餘之久，且對本院委託調查及先後四次函催公文置若罔聞遲未處理，其漠視法令，嚴重積壓公文，莫此為甚，顯屬怠忽職責，有違《公務員服務法》之規定，爰依法提案彈劾。	臧○田記過二次。林○鎮記過一次。李○雄申誡（85、3、7議決）。
6	85-06	中國石油股份有限公司台灣營業總處工務室主任游○良、副主任王○銘、組長陳○源、副組長馮○一、工程師許○雄、方○超等人辦理油氣回收設備採購及驗收等，經查顯有事前規劃不周，辦理驗收不確實，事後又延誤處理，浪費公帑，核有違法失職之處，嚴重違反《公務員服務法》第一條、第六條之規定，爰依法提案彈劾。	陳○源、馮○一各記過二次。游○良、王○銘、方○超各記過一次。許○熊申誡（85、8、14議決）。
7	85-08	為臺北市立成淵國民中學前校長陳○丁、教務主任李○明、訓導主任林○雄、輔導主任王○玉等人，平日疏於注意學生偏差行為，訓輔工作未落實，生活教育及道德教育嚴重缺失，以致引發該校二年八班學生多次集體性騷擾事	李○明、林○雄各記過二次。陳○丁、王○玉各記過一次（85、7、11議決）。

		件；事件爆發後，又未能迅速妥善處理，導致事態擴大，造成學校聲譽嚴重傷害，對養成五育均衡發展之教育顯有違失，爰依法提案彈劾。	
8	86–04	臺北縣政府辦理本院委託調查經臺灣省政府交查：黃○芳陳訴案件，未依《監察法》及相關法令之規定即予調查，無故延宕近八個月之久；該府工務局使用管理課技士許○行藉詞推拖，使用管理課長張○熙、建造管理課長柳○典、工務局長許○雄均疏於監督管理，嚴重影響本院監察職權之行使，情節重大，涉有失職，爰依法彈劾。	許○行降一級改敘。柳○典記過二次。許○雄、張○熙各記過一次（86、5、30議決）。
9	87–08	臺灣士林地方法院法官林○發任職臺灣臺北地方法院法官期間（七十九年十一月一日至八十四年十二月十九日），接辦該院六十七年度破字第十七號破產事件，漠視法令、因循怠惰、疏於監督，且對於當事人陳情案件置之不理，司法院查問之公文稽延未辦未復、草率核給未盡善良管理人義務之破產管理人張志青酬勞，致案件延宕多年，懸而未結，嚴重損害當事人權益及司法形象顯違反《公務員服務法》第一條、第七條等規定，爰依法提案彈劾。	林○發記過一次（87、5、26議決）。
10	87–22	為交通部民用航空局職司飛航安全之研究規劃、航空器失事預防、航空器失事、違規及搜救調查之處理連繫、及飛航及機務之查核等事項；於中華航空公司名古屋空難事件後，交通部擬訂多項改進措施著由該局執行，惟負責該等職務之飛航標準組前組長周○翔、前副組長李○里、飛航安全科前科長韓○吉，卻未本職責依法確實、謹慎辦理；對飛安事件未能主動積極發掘處理，於飛航安全之評鑑作業，虛應故事，致對航空公司飛安管理鬆散，航空器失事連連，迄無有效對策因應，以致本年二、三月華航、國華班機，相繼失事；於航務檢查員之招聘，資格標準訂定不一，錄取	周○翔、李○里均休職期間各六月。韓○吉降二級改敘（88、6、10議決）。

		不公；對該等人員之派、調任，漫無章法，未能適才適所。另該局對新竹機場額度之分配，未依規定辦理；且國華航空假包機之名，行定期班機之實，卻予核准；以上違失均有違《公務員服務法》之規定，爰予提案彈劾。	

（二）其他為而不當情事者

序號	案號	案由	公懲會議決情形
1	83–11	臺灣省立中興醫院院長徐○江，於台灣省政府衛生處調查民眾檢舉該院「以不實事由，向公、勞保機構詐領公、勞保醫療費用」一案，未能善盡首長職責，蓄意包庇未加調查，即否認有檢舉所稱情事。但對當時接受調查，坦誠據實報告，事後經公、勞保主管機關查證、屬實之畢○盛醫師（時任外科主任），反以各種事由，兩次調動其職務，並於十個月內，予以懲處五次，共記過七次，大過一次，終致年終考績列丁等遭免職處分，其認事用法，顯有違《公務員服務法》第一、五、六、七十七條等有關規定，爰依監察法第六條規定提案彈劾。	徐○江記過一次（83、12、21議決）。
2	85–24	為臺灣省政府農林廳蠶蜂業改良場辦理臺灣省基層建設第壹期三年計畫第二（七十九年度）年度、第三（八十）年度實施計畫八、加強改善偏遠地區居民生活計畫－蠶絲計畫中，場長謝○國竟於計畫執行完畢課程結束後，仍核准採購課程用蠶絲材料，且未確實監督採購過程，破壞預算制度及採購驗收規定；副研究員兼祕書章○寶佐理前述採購業務時竟核准於課程結束後採購課程用材料，研究員林○三未確實執行抽驗抽查之責，逕就不符事實之驗收結果簽名表示符合，損害該場驗收貨物之正確性，均屬嚴重失職，爰依法提案劾由。	謝○國、章○寶各記過二次。林○三申誡（86、4、8議決）。
3	87–27	一、歐○誠原係行政院人事行政局第四處（後改為給與處）處長，嗣調升為副局長，於擔任處長期間，主辦該局委託中華民國合作社聯合社（以下簡稱全聯	歐○誠記過一次（88、8、24議決）。李○梅撤職並停止任用二年（91、4、12議決）。

	社）　辦理公教員工日常生活必需品進貨、供貨事宜，惟未訂立契約規範雙方之權利義務及違約之處罰，以致政府與全聯社之爭議不斷，迄今仍無法有效處理，對於委辦作業粗疏草率，未恪盡職責；又於擔任「公務員工日常生活必需品供應業務輔導小組」（以下簡稱輔導小組）召集人期間，對全聯社之督導查核及該社遲延提撥或拒絕提撥公教員工福利特別基金之處理，拖延消極，怠忽職責，造成公教員工福利之損失，有違反公務員服務法第五條、第七條規定情事。二、李〇梅為內政部社會司合作事業科科長，負有指導監督全聯社權責，對全聯社補助經費之申請及核銷之簽擬、審核，違反相關補助作業要點規定，怠忽職責，涉有圖利該社之嫌；又其對全聯社負有監督之職責，明知翁〇暹係全聯社業務經理，竟不避嫌，與翁某共同購置房屋供其居住，涉有圖本身利益之嫌，違反公務員服務法第一條、第五條、第六條、第七條及第十七條規定情事，爰依法提案彈劾。	

第三節　監察權的變遷

　　自從 1990 年代進行修憲以來，監察權經歷了七次重大的變遷。七次修憲均以「總統擴權」為前提，在這一基礎下，除了強化總統權力，調整立法權的監督機制之外（如取消立法院對行政院長的同意權，改為被動性的「倒閣權」），監察院職掌也受到相當的限制，參見下表之歷次修憲變遷過程。

中華民國歷次修憲中監察權之演變

修憲次數	改變內容
第一次修憲 1991 年 4 月	1.監委產生方式改由自由地區省、市議會選出，另包括全國不分區五人，僑選國外國民代表二人。 2.監委名額定額為五十二人。（本次修憲內容並未實施）
第二次修憲 1992 年 5 月	1.監察院基本職權：同意權劃歸國民大會，彈劾、糾舉、審計等權仍歸監察院掌有。 2.監委產生方式改為由總統提名，經國民大會同意後任命。 3.監委名額改為定額為二十九人。 4.彈劾權行使對象增列監察院本身之人員 5.監察院對於中央、地方人員及司法院、考試院、監察院人員之彈劾程序，改為須經監委二人以上提議，九人以上之審查及決定始得提出。 6.取消監委之言論免責權和不受逮捕之特權。 7.明文規定「監委須超出黨派之外，依據法律獨立行使職權」。
第三次修憲 1994 年 7 月	實質內容同第二次《憲法增修條文》，並無改變，僅在文字上略作調整，以配合新的修憲條文條次。
第四次修憲 1997 年 7 月	彈劾權行使物件縮減：對總統、副總統犯內亂或外患罪之彈劾權劃歸立法院行使，其他職權不變。
第五次修憲 1999 年 9 月	實質內容同第四次《憲法增修條文》，並無改變。
第六次修憲 2000 年 4 月	1.監察院基本職權調整：同意權劃歸立法院，其他各權不變，仍歸監察院掌有。 2.監委產生方式改為由總統提名，經立法院同意後任命。 3.彈劾權行使物件：對總統、副總統之彈劾權，轉移歸立法院行使，其他不變。
第七次修憲 2005 年 6 月	1.監察院的規定未改變，同第六次《憲法增修條文》內容。 2.將正、副總統的彈劾權的規定，由「立法院向國民大會提出，經國民大會代表總額三分之二同意時，被彈劾人即應解職」，改為由「司法院大法官，除依憲法第七十八條之規定外，並組成憲法法庭審理總統、副總統之彈劾及政黨違憲之解散事項。」

（李文郎整理製表）

　　質言之，從 1991 年至 2005 年進行七個階段的修憲，其中有關監察院部分之改變，包括以下幾項：

　　一、定位：監察院由原先接近西方兩院制議會中「上議院」的屬性，轉變為近似北歐「監察使」之角色。在職權方面，取消了原先監察院對考

試院、考試委員與司法院、大法官等之同意權，而將是項權力劃歸立法院。

二、選任方式：監察委員，包括院長、副院長在內，都改為由總統提名經立法院同意後任命，而非由原先的省、市議會「間接選舉」方式產生。

三、彈劾對象：取消監察院對總統、副總統的彈劾權，劃歸立法院行使；但增列對監察院本身人員之彈劾，按《憲法增修條文》第七條第四項之規定，監委本身成為監察院彈劾的對象。

四、保障方面：因監委已不再具有國會議員與民意代表身分，取消監委的言論免責權和不受逮捕的特權。

五、監委人數：監委人數名額固定為二十九人。

六、彈劾權之行使：改為「監察委員二人以上之提議，九人以上之審查及決定始得提出」。彈劾權行使的條件趨於嚴格。

七、獨立性之規定：由於監委不再具備「國會議員」的身分，增訂監委「超出黨派之外，依法獨立行使職權」之規定。

依照憲法及相關法制規範，監察院行使彈劾、糾舉及審計權。依據憲法第 97 條規定，監察院經各該委員會之審查及決議，得提出糾正案，移送行政院及其有關部會，促其注意改善。又憲法第 95 條規定，監察院為行使監察權，得向行政院及其各部會，調閱其所發布之命令及各種有關文件。《監察法》第 26 條規定，監察院為行使監察職權，得由監察委員持監察證或派員持調查證，赴各機關部隊、公私團體，調查檔案冊籍及其他有關文件，各該機關部隊或團體主管人員及其他關係人員不得拒絕。依《監察法》第 3 條規定，監察委員得分區巡迴監察；第 4 條規定，監察院及監察委員得收受人民書狀。另外，依《監試法》第 1 條規定，政府舉行考試時，除檢核外，均由考試院或考選機關，分請監察院或監察委員行署派員監試。

此外，依照陽光四法（《公職人員財產申報法》、《遊說法》、《利益衝突迴避法》、《政治獻金法》）的規定，監察院增加了「防貪肅貪權」，此係因監察院在相關立法完成後，已成為四法的執行機關。據此，防肅權具有幾項特色：其一，是對公職人員的監察，從事後糾彈，發展到事先防制，以及早遏阻弊端的發生；其二，事後究責可直接施以行政處罰，立即產生除

弊的功效；其三，對立法機關的民意代表及司法體系的法官、檢察官，皆可進行「對人」的監督及制衡，以充實五權相互制約的功能。因之，防肅權之賦與，使得監察院在政府廉政防肅之職能上，扮演著關鍵的角色，可說是近年來監察職權的一項重要的新發展。

歸納以上所述，監察院具有下列各項職權：行使彈劾、糾舉、審計權，並得提出糾正案，收受人民書狀、巡迴監察，以及行使調查、監試、受理陽光四法等職權。

以上各項職權之行使，始於調查，終於提出糾正案或提案彈劾、糾舉。監察委員行使調查權，除自動調查外，其主要來源即是人民書狀。監察院收受人民書狀後，由監察業務處簽注意見，送陳值日委員核批。其經核批調查者，由監察院依院會簽定席次，輪派監察委員調查並提出調查報告。調查報告屬於糾正案性質者，由各有關委員會處理；屬於彈劾案或糾舉案性質者，應交付審查，由全體監察委員按序輪流擔任審查委員，經審查成立者（至少九位委員參與，過半數通過），移付司法院公務員懲戒委員會審議（至於法官及檢察官則改由司法院職務法庭審理），或送交被糾舉人員之主管長官或上級長官處理。

第四節　修憲對監察權行使之影響

從 1990 年到 2005 年，臺灣前後進行了七次修憲。1997 年在李登輝總統主導下，進行關鍵性的第四次修憲，採用半總統制 (semi-presidentialism) 取代原先以行政院長為核心的議會內閣制 (parliamentaism)。這樣的政治架構，造成內閣和政局的不穩定。總統當選後有充分的權力卻必不承擔施政的責任；而由總統任命的行政院長雖然名義上是最高行政首長，但實際權力有限，而且不得不承擔主要的政治責任。若行政當局的政策面臨反對黨的巨大壓力時，聽命於總統的行政院長不但沒有充分的自主權，還必須背負責任，結果在行政、立法兩權極端對立的情況下，行政院長不得不被迫辭職，或是被總統主動替換掉，以便總統轉嫁其政治責任給行政團隊。

　　自 2000 年起陳水扁當選總統、民進黨執政以來，八年內一共換掉六位行政院長。接著馬英九總統執政八年，也換掉了六位行政院長。蔡英文總統就任四年內，則更換了三位行政院長。換言之，二十年來已更替了十五位行政院長，平均一人任期不足一年半。對政府施政績效，形成了嚴重的負面影響。

　　在中東歐和前蘇聯地區，採取半總統制的國家情況與臺灣類似，總理職位也是頻繁的換人，造成政策推動不連貫，內閣施政不穩定，民意高度不滿。其結果，倒楣的當然還是普通老百姓。

　　半總統制為新興民主國家帶來了一系列負面的後果。首先，為總統候選人了當選而走偏鋒，以民粹訴求爭取民意、為贏得選票不擇手段，選舉花招無所不用其極，而且激化社會矛盾與族群對立，在所不惜。而部分狂熱選民對總統個人產生一種「奇理斯馬式」（charisma，指涉一種特殊神魅能力）的認同感，幾近盲目崇拜。而總統候選人往往故意把社會失序、經濟困境和階級不平等當作選戰手段運用，在內部尋找敵人，製造紛爭，以期從火中取栗、掌握政權。在東歐實行半總統制的民主化國家裡，過去三十年裡，民粹主義現象甚囂塵上，諸如波蘭的瓦文薩、俄羅斯的葉爾欽、羅馬尼亞的伊列斯庫、南斯拉夫的米羅舍維齊等人，都是此一現象的惡例。

　　在許多前共產黨國家，經常出現的情況是，在民主改革的初期，共產黨或接緒其繼起的執政集團，會選擇一種對自己最有利的選舉體制和憲政架構，從而在短期內快速地掌握政權、壟斷政治資源，威行專政。只有到了民主化的中後期階段，在反對勢力的凝聚和公民社會的挑戰下，才逐步透過修法和憲改，使前述憲政架構與選舉體制的偏頗現象有所調整，朝向民主制衡、權責相符的方向改革。基於此，研究半總統制的重要學者埃基（Robert Elgie）認為，如果新興民主國家採取半總統制（semi-presidentialism），實應選擇以議會與總理為權力核心的「總理－總統制」（premier-presidential form of semi-presidentialism），而不是鞏固總統權力為中心的「總統－國會制」。

　　當然，也有個別國家的政治精英在民主化進程中注意到了這樣的憲政

困境，並採取了相應的修憲行動，以彌補政治制度與權力架構的缺陷。例如在 1995 年波蘭總統選舉中，候選人之一，前左翼社會民主黨領導人卡許涅夫斯基 (Aleksander Kwaśniewski) 在選舉時就宣布，一旦他當選將會推動修憲，縮小總統的權力。後來他打敗了瓦文薩總統（原團結工聯主席）而獲得勝利，波蘭也確實通過修憲，把半總統制修改成更接近議會內閣制，而今已成為東歐民主化的重要案例。

可惜的是，在許多經歷民主化變革的國家裡，總統在其任內卻積極推動憲政改造工程，設法擴權，甚至延長自己的任期，量身打造對己有利的憲政體制。也有人透過修憲把選舉制度改成對自身奪權有利，並藉此分化反對陣營，以便在任的總統或執政黨得連選連任。1990 年代以來臺灣的多次修憲，即為其中顯例。臺灣現行的「單一選區兩票制」，對第一大政黨維持優勢最為有利，而小黨卻因席次分配的不公正而失利，甚至因此而一蹶不振。這正是透過憲改而建立起不公平的選舉機制。

綜而言之，在以鞏固總統權力為中心的修憲過程中，監察權面臨著嚴重的挑戰，基於上述分析，若要真正的提振監察權，並配合當前監察權發展的國際新潮流，發揮自由民主體制下監察使和護民官的應有功能，則下列的制度改革措施實屬必要：

（一）強化監委的非黨派性與超然性，使其運作更趨專業化，也更接近民意。基於此，立法院的資格審查應著重專業能力和道德操守，而非監委提名人的黨派傾向和政治立場。

（二）應恢復監委的兩項特權（即「言論免責權」與「不受逮捕的特權」），使監察權運作趨於透明化，也使監察院本身的運作過程受到民意的充分監督。

（三）應將法務部廉政總署納入監察院（而非行政院），由監察院指揮並督導，一體承擔反貪肅貪任務，並落實《聯合國反貪腐公約》所規範的各項使命。

（四）應考慮將檢察體系由行政院改為納歸監察院指揮，檢察總長應由監察院長提名（而非總統提名），經立法院同意後產生。這是確保檢察體

系獨立性、強化司法公正，免於政治干擾的根本之圖。

（五）監察院應整合廉政總署、檢察總署與審計部等三機關所提供之資訊，提供為監委行使彈劾、糾舉、調查等權限之重要依據。唯有如此，監察委員才能充分發揮護民官、人權檢察官與國會監察使的多重功能，促進善治理想的落實。

【第五章】
監察權的細節

第一節　監察委員的任務

　　在監察實務的運作上，監委的主要任務，包括下列各項：

（一）調查違法失職、違背官箴、行政命令和公務員倫理的案件。這些案件有的來自民眾的陳情，有的是由主管官署主動提交給監察院，有的則是由審計部發現問題，請監委進行調查。經由監察院幕僚單位初步分析、篩選後，送交監委依照輪序依次進行調查。此外，監察院和監察院各委員會也可以主動根據各部會的狀況，選擇議題決議派查，監委個人也可以主動調查。調查時監委有權調閱所有相關的政府文檔，相關單位不得拒絕，並可在簽收後帶回監察院進行詳查。此外，查案監委得要求與案件有關的政府官員（包括已退休或離職者）接受約詢，以便瞭解實情。依據第四屆監委的調查經驗，平均每位監委一年內要完成 30 至 50 件調查案。六年任期共完成 200 至 300 件調查案。監委可以獨自進行調查，也可以與其他監委合作進行（通常不超過三位），調查時由專業的調查官配合協助，掌握細節，並撰寫調查報告。依據案情複雜程度，有的調查案一兩個月即可完成，有的則長達一至二年。全院 29 委員每年一共可完成 600 到 800 件調查案。

（二）調查案完成後須送經監察院各委員會審議，經討論、修正後決定通過與否，以及如何進行後續處理。依據案情性質和情節輕重而有不同處理方式。如發現涉案之主管機關首長和負責業務之官員應負重大責任，則提出彈劾。彈劾案須經調查委員以外超過九位委員參與，與會委員中超過半數的通過。如未通過，在兩週內可由其他未參與

　　　　第一輪會議的另外九位以上委員，進行第二輪審查，若過半數委員
　　　　同意，則通過彈劾，立即送交司法院公務員懲戒委員會審議，決定
　　　　如何對被彈劾人進行處分。若仍未通過，則彈劾案即告失敗，而且
　　　　不得再提。另外，對於位階較低的公務員，或須急速處分的案件，
　　　　則可提出糾舉。其通過方式較彈劾案簡易，只需要五位監委參與審
　　　　議，過半數通過即可，且不限制提出審議之次數。一旦糾舉案成立，
　　　　主管機關必須立即將被糾舉人調整職務，不得繼續擔任原職。否則，
　　　　監委可對該機關首長提出彈劾。由於第五屆監委在前三年四個月中
　　　　只有十八人就任，因此在彈劾案審查時，扣除原提案監委後，總額
　　　　已不足兩輪彈劾所需的法定人數。因此，如果第一輪彈劾審查會未
　　　　通過，將無法進行第二輪的審查。換言之，如果第一輪未通過，彈
　　　　劾案即告失敗。

（三）若查案監委認為被調查機關有嚴重疏失，則對其提出糾正案，並要
　　　　求其限期改善（通常為一至三個月）。若屆時仍未改善，則可要求該
　　　　機關首長到監察院接受質問，瞭解其未能改善之原因，並由全院監
　　　　委即席提問，請其進一步說明。若監委對質問結果不滿意，則可對
　　　　該機關首長直接提出彈劾或糾舉。

（四）若被調查機關經糾正後仍未能改善，則監委可在對該中央各機關進
　　　　行年度巡查時要求其改善，並可在年度巡查行政院（通常在每年十
　　　　二月底進行）時直接要求行政院長和該機關首長督責改進。換言之，
　　　　對於行政機關的糾正案，監察院具備不斷要求其改善、並且究責到
　　　　底的強制性權限。

（五）對於調查案件中情節較為輕微的部分，通常只要透過首長的督責即
　　　　可改善相關之措施與作為，監察院通常只會提出改進建議，供其參
　　　　考，並不具強制力。若涉及行政法規修定和預算編制等問題，因事
　　　　涉立法院職權，為尊重五權之間的分工，監委通常將其列為參考意
　　　　見或改進建議，不會強求其改善。但若涉及人權保障與五院間權力
　　　　分工的憲政與法治問題，查案監委可經由監察院院會的討論，在院

會通過之後聲請大法官會議解釋。

（六）對於地方政府及各地政府機關（包括中央及地方），每一位監委每年都要分配到以縣市為單元的管轄區，進行地方巡查，每年三至四次，每次為期一至二天。監委先聽取地方政府的施政報告，就當地的一般性施政和專案問題（如桃園航空城計劃、金門小三通執行狀況等）進行瞭解，並且就地接受民眾陳情，聽取民意。有些陳情案可以透過地方政府相關負責人的溝通說明，當場就地予以解決；此時監委扮演著協調、仲裁的角色，有如一位法國式的「調解使」(mediator)，一旦掌握到問題細節，就可立即化解紛爭，解除民怨。有些則因事涉法規解釋與政策執行，必須瞭解更多的細節，經由監察院幕僚人員進一步分析、整理後，列為派查案，由監委自動調查或依照輪序由其他監委進行調查。

（七）監察院掌握審計權，審計長參與監察院院會，提出政府審計報告，並對審計工作表達專業意見。若審計人員發現某一政府機關在財務運作上涉及違法失職，經由審計長批准，得請監察院派委員進行調查。這是先藉由審計人員的財務監督，發現疑點，再結合監委的調查權運用，深入瞭解真相，以確保政府財務運用符合法制與效益原則。這也是監察權結合審計權，促進政府善治與監督廉政的有效機制。近年來，此類結合審計與監察功能的調查案，日益增加，對節省公帑、促進績效、澄清吏治、增進政府財務效益，居功甚偉。

（八）近年來，立法院制定了「陽光四法」，規定由監察院負責執行。依照陽光四法規定，監察院增加了「防貪肅貪權」，防肅權具有幾項特色：其一，是對公職人員的監察，從事後糾彈，發展到事先防制，以及早遏阻弊端發生；其二，事後究責可直接施以行政處罰，立即產生除弊的功效；其三，對立法機構的民意代表及司法體系的法官、檢察官，皆可透過防貪肅貪的行政處罰而落實「對人」的監督及制約，以強化五權間相互牽制的功能。監察院特別為此設置廉政委員會，由幕僚單位「公務人員財產申報處」專門負責相關業務。監察

院透過陽光四法的執行，可使國會及民意機關運作逐漸透明化，尤其是透過《公職人員財產申報法》和《利益衝突迴避法》的實施，監察院得以監督立法委員及高層官員的財產收入和關說行為，並對立法委員及各級民意代表落實防貪肅貪的任務。藉由高額的罰款，對民意代表的利益輸送行為進行裁罰，以遏止民意代表的貪污腐敗。但是由於立法院目前在相關立法時對於利益衝突迴避係採取模糊的界定，而且罰則尚嫌不足，迄今並未充分發揮積極防肅的功能。

（九）為了維護考試制度的公平性與公正性，政府特別訂定《監試法》，規定考試院舉辦之各項考試，監察院應派員監試。監試時如發現有潛通關節、改換試卷或其他舞弊情事者，應由監試人員報請監察院依法處理。目前考試院一年舉辦近二十次的國家考試，監委必須在試卷之彌封；試卷之點封；應考人考試成績之審查；及格人員之榜示及公布等程序進行時，在現場進行監視。平均每一位監委一年內要參加四到六次監試任務。由於考試多在週末舉行，且全臺各地及離島普設考場，監委必須在週末分赴全國各地，進行監試工作。許多立法委員認為這是監委「週末加班，多收外快」，力主廢除此法，但由於考試院堅持必須由監委進行監試，以昭公信，此法始終未廢，迄今仍維持不變。

依據前述分析，監察院的職權行使，其重點在直接接受民眾陳情，掌握民怨之所在；並藉由調查權的運作，以及對中央、地方機關的巡查，深入瞭解政府機關的內部運行，掌握行政運作之細節，以督促機關首長調整政策執行方向，使其符合法制規範，藉此提振政府官員的執行績效，並落實民主監督。至於不適任的官員經由彈劾、糾舉、懲戒等過程，得以淘汰出官僚體系。

第二節　五權之間的互動

在五權憲法的具體實踐經驗中，中華民國政府無論是在大陸（1911—

1949 年）或臺灣（1945 年抗戰勝利以後），始終是由行政權掌握著最多的
人事和資源。若以當前政府的年度預算規模與人事編制為例，行政體系所
占比例高達 96%，其他四院合計不足 4%。儘管如此懸殊，如果五院之間
確能分工合作、有機整合，仍有可能形成有效的政府治理體系。尤其是立
法、監察兩院之間若能相輔相成，切實監督行政權運作，對促進善治，強
化民主監督，確有其實效。但若因監察院彈劾到某些黨派人物，或因陽光
四法的執行而妨礙到立法委員和民意代表的自身利益，那就犯下政治不正
確的大忌，而且還可能會被民意機關大加撻伐。

　　具體來說，以監察權為核心探討五權之間的互動關係，表現在下列各
層面：

（一）監察權與立法權

　　雖然監察院與立法院均接受民眾陳情，但兩者的性質與作法迥異。立
法委員在立法院及其選區設立服務處，直接接受選民陳情，並且儘可能的
滿足選區選民的訴求，以博取令譽，強化續任立委的民意基礎。此外，立
法院也設有陳情室，由各黨團推派立委接見陳情人，這些陳情案多與個別
選區無關，或屬一般通案的性質；陳情案多半會由立法院幕僚單位負責後
續的處理工作。至於監察院所處理的陳情案，則有三種不同類型：

　　第一，民眾親赴監察院陳情室，由每天輪值的監委負責接見，瞭解案
情，並決定如何進一步處置。若決定派員調查，則由輪值的監委或其他依
序輪派的監委，負責調查。

　　第二，由監委親赴全國各地進行地方巡察，在地方政府所在地接受當
地民眾的陳情，每年平均三至四次。監察院事先透過當地媒體傳播告知在
地民眾，並協調地方政府相關部門，協助就地協調解決。此時監委要在地
方政府與民眾之間進行協調，掌握細節，以利問題的解決。若無法立刻就
地解決，或需進一步瞭解其中細節，則由監察院幕僚單位進行研析，再決
定後續的處置方案。

　　第三，由民眾透過信函、網路、電話等不同管道，向監察院陳情，陳
情人必須具真實姓名，由監察院各委員會或幕僚單位（監察業務處）分析

案情，決定如何後續處理。

　　根據以上的分工原則，立法院的陳情案多由各選區立委及各政黨黨團擔綱，並據此轉化陳情案而為立委質詢或立法修法之參考依據。至於偏遠地區，因交通不便且選民人數較少，民眾的陳情案多由監委負責。至於案情特別複雜或延宕多時的特殊陳情案（如桃園航空城、二次金改、美河市等大案），多係由監察院負責深入調查。另外，性質特殊、場所隔絕的特殊陳情案（如軍中人權、監獄受刑人權益、精神醫院病患照顧等），亦多由監委負責。

（二）監察權與司法權

　　基於司法獨立原則，司法官（包括法官與檢察官）的獨立自主地位必須受到特別保障，其內部自律機制的運作，亦特別審慎。對於司法官違法失職的調查與彈劾，係由具獨立地位的監察院負責。是類案件過去多由監委主動進行調查，發現司法官違法或失職後，經由彈劾，再送交公務員懲戒委員會進行懲戒。第四屆監委任職期間，監察院一共彈劾法官及檢察官49人。就此而論，監察權的獨立運作，影響十分深遠，而且其特徵是必須對司法運作充分掌握細節，進行有效督責。這確實可彌補立法院著重質詢官員、審查法案和監督預算等權限之不足。由此觀之，監察權確實是三權之外的一種重要的補充性權力。這也是目前許多國家和地區紛紛設立獨立監察機制的原因。

　　但是在《法官法》通過後，改由司法院先主動對個案進行評鑑，再送請監察院派監委進行調查。當調查完成後，若監察院決定予以彈劾，再送交司法院職務法庭進行議處。換言之，淘汰不適任司法官之主要發動權，已轉由司法院掌握。由於法官、檢察官素質往往參差不齊，不適任者甚夥，且民眾對司法不公的積怨甚深，是類案件甚多；但自從《法官法》實施後，監察委員雖然仍可主動揭發，但案例甚少。一般而言，多係由司法機關主動提出，才會進行調查；這無疑是司法改革任務上的實質倒退。

　　至於司法實務本身的爭議，包括罪證的認定、法條的應用、司法程序的正當性等問題，監察權究竟可否介入調查，則有諸多不同見解。

　　第一種看法認為，司法獨立必須被充分尊重，因此除司法機關本身的救濟途徑（如三審）外，監察權決不應主動介入個案。

　　第二種觀點則認為，監察權並非「第四審」，因此對於民眾有關司法陳情案件的處理，必須十分審慎，既不可經常為之，亦不可讓民眾誤以為監委擁有推翻司法判決的終審權。但是監委若對某一案件的司法過程和罪證認定確有不同意見，仍可敘明理由，請司法機關參考辦理，再由司法機關（高等法院和檢察總長）決定是否提出再審之訴或非常上訴，但最後決定權仍在於司法機關。

　　第三種看法則認為，由於司法官本身參差不齊，且民怨甚深，而司法機關並未成功推動有效的改革，因此監察院對於各類司法冤案實應積極介入，並深入調查，藉此伸張正義、保護民眾權益。

　　但此一看法勢必引起司法人員的不滿和反彈。而在實務運作上，由於監察院的預算和編制受制於行政院主計總處，目前僅有調查官員約 80 餘名；而司法預算依憲法增修條文規定，必須受到充分尊重。目前法官人數約 2020 人，檢察官總數則為 1161 人，司法官總額已逾 3,000 人，與監察院調查人力相較，兩者差距懸殊。因此監察權對司法爭議案件的調查只能偶一為之，不可能經常介入。

　　尤其重要的是，基於對司法獨立的尊重，一般而言，對司法官的違法失職調查都採取十分審慎的態度。而監察院的彈劾尤具關鍵意義。唯有監察院先通過彈劾，司法機關才會予以懲戒，進一步將其淘汰出局。

　　另外，監察院與司法院之間，還有一項重要的權力關係，即聲請釋憲。從 1952 年迄今，已有 60 次申請釋憲的案例。（見頁 185）近來司法院大法官第 743 號關於美河市案的解釋，為行政司法與監察權之間重新界定了關係，令人矚目。根據第四屆監委李復甸之分析，監察院透過釋憲功能對憲政制度之健全與人權的保護，曾做出極重要的貢獻。1960 年，監察院曾對「高等法院以下之各級法院隸屬司法行政部」之一事，提出質疑。釋字第 86 號表明「高等法院以下各級法院既分掌民事、刑事訴訟之審判，自亦應隸屬於司法院」，基於此，審檢分隸符合憲政體制，審判權終於復歸司法

院，這是司法獨立的根本，卻植基於監察院之釋憲聲請。

在 1950 年代，大法官做成解釋者以監察院提出者最多。但自 1994 年修憲以來，大法官的任命不再經由監察院同意，監察院提請解釋以及被接受之數量自此銳減，在最近二十多年中，僅剩下個位數字。

（三）監察權與考試權

考試權獨立行使的精蘊，首在建立國家考試的公平性與公信力，選賢與能，淘汰不肖與無能。其次，則係防止行政機關濫權，避免人事權被民選官員和政治人物所濫用，藉此援引私人，形成腐化的分贓制，妨害績效制 (merit system) 的落實。近年來，考試院為了保障文官權益，增設公務人員保障暨培訓委員會，進一步落實公平、公正的文官考核機制，避免行政首長的濫權。而依據憲法增修條文第七條規定，監察院對考試委員和考試院人員，得行使彈劾權。

考試院執行國家考試，受監察院之監督，監察委員必須親自到場，執行監試權。由於考試院辦理試務經驗十分豐富，近年來在監委進行監試時發現舞弊情事甚為罕見，立委曾多次提議廢除《監試法》；但考試院為維護國家考試的公正性與權威性，堅持必須維持由監察委員負責監視的法定機制，絕不輕言取消。此一監督機制，沿襲自中國古代舉辦科舉考試的公正性原則，具備了歷史傳承的正當性與法治的權威性。

（四）監察權與行政權

近年來，有關人權保障、廉政肅貪、酷刑防治、轉型正義等職權的歸屬，在制度規劃中都普遍呈現一種特殊的思維邏輯：為了強調這些職權的重要性，必須提高其主管位階，且應由總統府主導。但依據憲政體制之規定，行政院長為最高行政首長，總統府並無具體據以執行的法定權限、人事編制及經費預算；因此，「由總統府主導」之議最後卻因不符法制，難以運作，而未見成效。這些職權不得不轉交由行政部門主導，委由行政院與法務部負責執行。但卻因行政主管機關顧及自身利害與部門利益，深恐負面案件會影響整體形象，往往以息事寧人、大事化小、小事化無的心態處理，導致實施成效不彰。最後，又不得不將是類職權轉交由外控機制，且

具備獨立調查權的監察院負責。

　　目前，人權保障及酷刑防治二項任務已確定交由監察院掌理，廉政肅貪則仍由法務部負責，至於轉型正義則由行政院擔綱。但究實而論，若行政機關不肯放手，執行部門又缺乏獨立性與客觀性，其執行績效勢必因政黨政治的介入而受到限制，甚至造成扭曲。這正是獨立的外部監督通常較行政體系的內部監控為佳的關鍵意義。換言之，此四項任務均應委由監察院掌握。

　　除此之外，國防、警政、外交及安全部門的內部督查任務，由於其機構屬性機敏，對外一向不透明，頗難見其成效。近年來，監察院逐漸透過審計部門的舉報及相關案件的調查，擴大監察權執行的力度，並加強對這些機關內部的督察部門（如國防部的總督察長）的究責與監督，但因目前尚在起步的階段，其成效並未彰顯。

　　在監察權行使中最具爭議的一點，是對行政機關的糾正權限究竟有多大？是僅限於「防弊」，還是應及於「興利」？監察院可否要求行政機關「改善績效」與「促進善治」？換言之，若行政機關及行政人員以不作為的消極態度應付，監察機關可否以「尸位素餐」為由，逕行究責？

　　對此，存在兩種迥異的見解。第一種看法認為，監察權行使的對象是行政官員有無違法和失職行為，若無上述過失，則不應主動介入。尤其切忌動輒以究責為由對行政機關下指導棋，形成「行政指導」、「越俎代庖」的現象。

　　另一種見解則是，行政機關有其法定職權，且有固定的人事、待遇與預算編制，如果行政機關不作為、無績效，當然即屬失職，理應予以究責；這才符合責任政治之本旨，亦無違五權分工合作、落實善治之本意。更何況，當代民主國家的審計工作，特別強調重視績效管理，而西方各國的監察機關對於行政違失工作也十分重視，監察院何獨不然？

　　基於此，監察和審計機關理應通力合作，對行政機關的預算執行、行政績效和決策責任，進行通盤檢討，這才符合監察權獨立行使、改善行政績效之本意。基於此，行政機關必須盡心盡力促進善治避免「懶政」，並強

化政府績效，而監察機關則應盡其本分，落實究責的任務。若行政機關認為監察機關管的太多，監察機關亦應主動溝通，依據法理而力爭，這才是行政權與監察權有機互動之真諦。

（五）監察權與審計權

　　為了落實善治，強化究責與績效，各國審計機關近年來不斷強化績效審計 (performance audit) 任務，審計部亦然。由於監察院掌握審計權，審計長每月均參與監察院院會，每年提出政府審計報告，並對審計工作表達專業意見。若審計人員發現某一政府機關在財務運作上涉及違法失職，經由審計長批准，得請監察院派委員進行調查。這是先藉由審計人員的財務監督，發現疑點，再結合監委的調查權，深入瞭解真相，以確保政府財務運用符合法制與效益。監察權結合審計權，不但可監督廉政，而且進一步落實問責，追究相關公務員責任，這是促進政府善治的關鍵因素。

　　目前監察院與審計部通力合作，對政府預算之執行進行監督，以減少公帑浪費，並對決策官員進行究責任務，輔之以彈劾權與糾正權之運作，已逐漸收其成效。其中犖犖大者，如南科減振案、江國慶案、美河市案、國科會研究案、二次金改案等，彈劾與究責的層次高，糾正的範圍與幅度廣泛而深刻，引起了國人的高度關注。這些案件均藉助詳細而細緻的調查，使決策責任得以釐清，也強化了政治透明度。近年來，此類結合審計與監察的究責調查案，日益增加，對節省公帑、促進績效、整飭官箴、改善績效，居功甚偉。

　　綜而言之，五權之間的關係有如手上的五指，分工合作、各司其職，而監察權的特色，是在五權之間起到一種輔助、補充和督促性的有機體功能，發揮一種良性的鞭策和激勵作用。這也正是五權有機論的深蘊所在。

【第六章】
五權有機論：五權憲法的實踐

第一節　五權憲法的傳統文化根源

在討論憲政民主機制時，許多學者多半都知道，無論是正當程序 (due process) 還是憲政主義 (constitutionalism)，都是從西方引進的概念，而不是東亞本土文化的產物。在西方文化中，對正當程序的理解是法治與憲政優位性；但在中國文化中，對法制權威性的理解卻是依法而治 (rule by law)，而不是憲政主義與程序正義。基於此，當監察院根據憲政與法治原則彈劾違背此一原則的官員時，就會招致官員批判其越權，他們認為，監察權不應涉足行政－立法之間的政爭。換言之，在這一觀點下，監察院只能處理一般文官（不包括民選官員）的官箴與責任問題，扮演行政監督與法制 (legality) 監控的角色，卻不宜處理更高層次的法治與憲政議題。但這顯然不符五權憲法的基本原理。

孫中山在一百餘年前對西方的議會民主運作深表不滿，提出五權憲法、權能區分和萬能政府的具體改革方案，以為補正。孫中山重視民主的實質 (essence)，也就是萬能政府與實施善治；而西方民主著重的則是民主的形式 (formality)，強調分權－制衡 (checks and balances) 與有限政府 (limited governance)，這也正是西方民主的主要限制所在。

但是，透過參與和選舉，建立起行政權與立法權這兩項主要的制衡機制，只是民主運行機制的一部分，嚴格說來，這是一種「選舉民主」 (electoral democracy)。至於「自由民主」(liberal democracy)，則是在選舉民主之外，進一步建立自由秩序 (liberty) 與法制權威 (legal authority)。諸如司法體系的公正獨立、財富分配機制的公平有效，以及執法體系的廉正無私，都是其中的關鍵因素。但是，除了法制權威、法治秩序和司法公正之

外，自由民主還建立在另一項重要基礎之上，那就是「公民社會的認同取向」。如果社會中的認同取向南轅北轍，缺乏中心價值，始終不能經由折衝、斡旋，形成民主共識的話，善治是絕無可能實現的。這也正是近年來美國民主面臨的困境所在。

當前臺灣社會雖然已建立持續而有效的「選舉民主」，卻未能進一步發展出「自由民主」，這是因為法制權威和司法公正迄今還未齊備，而公民社會的共識危機與認同紛歧，導致臺灣社會內部持續的紛爭與內耗，始終未能形成一致性的憲政共識與國家總體發展目標。換言之，臺灣是一個充滿異見，社會多元而共識紛歧的「多元社會」(plural society)，卻不是一個建立在憲政自由主義基礎上的「多元主義社會」(pluralist society)。這不但引發臺灣社會持久的認同紛爭，也不斷出現「制憲」、「修憲」、「正名」、「歷史詮釋」與「文化認同」的對抗性訴求，呈現認同分裂的危機。

中國傳統的民本思想強調的是為政以德，要體察民瘼民隱，為人民多做好事，替民眾積極謀福利；因此有實踐德治、建立大有為政府，做父母官、為民請命這一類說法。中國歷史上一直有設置刺史的傳統，「刺」是檢核問事的意思，即監察之職。「史」為御史之意，而此職位最初的使命就是負責對官僚體系的督察。換言之，自古以來，中國人十分重視對皇權統治的監督及糾正，藉以促進統治績效、擴大政府功能，為民眾造福。

在另一方面，西方的自由民主強調要限制政府權力，最好是有限政府或最小政府，避免掌握權力者為惡，侵犯到人民權利。政府官員被視為公僕，而不是所謂的父母官，監察委員也絕不是御史大夫或欽差大人，而是受理民眾陳情、處理冤抑、為民請命的公僕。簡言之，西方國家的一般民眾並不贊成政府和官員掌握的權力過大。

早在 1990 年代初，著名的美國學者福山 (Francis Fukuyama) 針對當時蘇聯東歐的民主化和自由化變革，提出了「歷史的終結」(The End of History) 的說法。他天真而樂觀地認為，西方的自由民主終將全面勝利，而抱持「大歷史觀」的意識型態，諸如共產主義、馬列主義、法西斯主義等都將面臨終結。但在最近的新著《政治秩序和政治衰落：從工業革命到

民主全球化》一書中 ❺ ，福山卻修正了以往對西方自由民主全面肯定的觀點，並指出：自由民主政體或許必須被某種更好的制度所取代；民主制度只不過是政治穩定的一個組成部分。在錯誤的情況下，民主制度也可能引發不穩定的因素。因為民主使政府面臨了太多相互衝突的要求，從而侵蝕政府施展權威的能力。

　　福山的核心論點是：一個政治秩序良好的社會需要具備三個構成要素——強而有力的國家 (strong state)、法治 (rule of law) 和民主問責 (democratic accountability)；三者缺一不可。最重要的是把三者的順序擺對。民主並不是第一位，強而有力的國家才是。這與五權憲法所強調的善治與強勢政府，不謀而合。

　　西方的自由民主觀一向強調要限制政府權力，不贊成政府和官員掌握的權力過大。福山強調，強政府不一定非得是大政府。穩定的社會可以在一個精簡的福利體系（如新加坡）下運行，也可以在一個規模大得多的體系（如荷蘭）下運作。相較之下，中國因帝國歷史傳統而擁有強大的中央政府，但在法治和民主問責這兩方面卻比較欠缺。

　　針對此一問題，孫中山的觀點是，自古以來中國即有科舉取士、布衣卿相的傳統，這一傳統既有利於吸納民間社會中的傑出人才、促進社會階層的向上流動；藉此吸收知識精英為國家所用，並奠立文官體制，而且可節制皇室與貴族過度濫權，免於朝政不舉、政權腐化，進而衍生為民不聊生、抗爭四起。清朝末年的民間抗議運動和革命起義中（如太平天國），領導階層（如洪秀全等）即多出自社會底層的知識精英和異議分子。

　　因此，在西方的三權分立之外，應增加中國傳統的考試和監察二權，形成五權憲法體制，一方面透過公平公開的考試吸收傑出人才，另一方面則透過彈劾與究責，將不適任的官員淘汰出去，藉以促進善治，整肅官箴。

　　孫中山特別強調，他的五權憲法結合了中國傳統制度的精華與西方的共和民主的精髓，特別增加考試和監察二權，使五權之間能進行充分的分

❺　Francis Fukuyama, *Political Order and Political Decay: From the Industrial Revolution to the Globalization of Democracy*, (New York: Farrar, Stuaus and Giroux, 2014).

工與合作，形成強而有力的萬能政府。一方面，人民透過民主選舉、直接民權和地方自治，直接掌握政權，形成有效的民主問責。但同時也要讓政府擁有充分的能力，落實法治、實施善治。這是建立國家統治正當性的泉源。換言之，五權憲法體制應是結合強而有力的國家、法治和民主問責的憲政制度，也是中國傳統政治結構與西方憲政體制的有機整合，可視為一種憲政制度上的「創造性轉化」(creative transformation)。它不但可以提供新興民主國家民主建構的社會與文化基礎，而且是建立穩定的政治秩序和促進民主鞏固的重要支柱。在落實民主究責之外，並可結合傳統中國實踐德治、落實賢能政治的理想。換言之，傳統文化因素對制度建立的影響雖然只是局部性的，但卻是重要的。因之，儘管有一些西方學者批評儒家文化圈無法建立民主。而延續中國傳統制度的考試權與監察權，也就饒富制度傳承與創造性轉化的深意了。

第二節　五權憲法下的監察權定位

在〈中華民國建設之基礎〉一文中（1922 年為上海《新聞報》三十周年紀念而作），孫中山先生指出：「三權分立，為立憲政體之精義。蓋機關分立，相待而行，不致流於專制，一也。分立之中，仍相聯屬，不致孤立，無傷於統一，二也。凡立憲政體莫不由之。吾於立法、司法、行政三權之外，更令監察、考試二權亦得獨立，合為五權。」

根據孫中山的主張，五權憲法的實際運作是在「事權」與「人事」的二元分工機制下，一方面係按照「多數民主」與「分權制衡」的憲政主義原理，自中央至地方，層層節制，形成完備的分權制衡體系，以確保民主制衡機制的有效運作；另一方面，則賡續中國傳統獨特的考試與監察體制，在中央設立考試與監察兩院，奠定文官中立與廉政督責機制，以遏止民主國家常見的流弊，諸如議會專制、兩極對抗、分贓政治 (spoils system) 及裙帶關係，以收擇優汰劣之效，確保善治理想的落實。

基於上述的二元化分權結構，五權間制度設計的特性是，一方面在行

政、立法、司法三權之間形成有效的「事權」監督機制：依據「多數民主」
原則組成責任政府，依法行政；並依據「國會主治」原則進行立法監督，
落實民意政治；依據「法治」原則建立司法權威，監督政府，保護人權，
伸張正義。這三者之關係採取全盤性的「分權制」規劃。

　　另一方面，行政、考試與監察這三者間，則主要是針對政府機關的「用
人」體系，進行「引入」（包括考試、晉用、升遷、獎懲等）與「汰出」
（包括彈劾、糾舉、糾正等）雙管齊下的管制與考核，藉以確保政府公職
人員的品質與政府機關的績效。換言之，五院之間的互動關係，具體表現
為如下的分權結構：

　　一、行政、立法、司法三院，採納西方民主體制下三權之間的分權模
式，以「制衡」(checks and balances) 關係為其運作主軸。

　　二、行政、監察、考試三院，沿襲中國政治傳統，並進行創造性的制
度轉化，超越黨派政治，對政府的「用人」進行選拔、考核與監督。其中，
考試權負責公務人員的考選與銓敘，管控政府公務人員晉用與進階的「引
入」管道。監察權則職司風憲，摘奸發伏，負責彈劾、糾舉不適任的政府
官員，糾正其政策錯誤，懲戒其違法失職，管控對公務人員的「汰出」管
道。換言之，行政、監察、考試三院之間，係以分工合作、促進善治為其
運作主軸。其運作關係如圖 6-1 ❻。

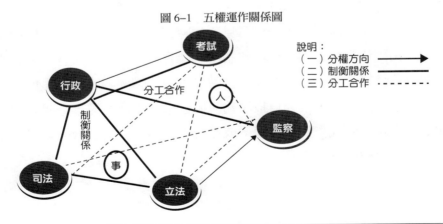

圖 6-1　五權運作關係圖

❻ 周陽山，〈孫中山的思想體系與「中國模式」〉，臺北，《展望與探索雜誌》，第 11 卷第 12 期，頁 17。

第三節　監察院職權行使的現況分析

　　依照憲法增修條文第 7 條第 1 項規定，監察院為國家最高監察機關，行使彈劾、糾舉及審計權。依憲法第 97 條規定，監察院經各該委員會之審查及決議，得提出糾正案，移送行政院及其有關部會，促其注意改善。又憲法第 95 條規定，監察院為行使監察權，得向行政院及其各部會，調閱其所發布之命令及各種有關文件。《監察法》第 26 條規定，監察院為行使監察職權，得由監察委員持監察證或派員持調查證，赴各機關部隊公私團體，調查檔案冊籍及其他有關文件，各該機關部隊或團體主管人員及其他關係人員不得拒絕。依《監察法》第 3 條規定，監察委員得分區巡迴監察；第 4 條規定，監察院及監察委員得收受人民書狀。依《監試法》第 1 條規定，政府舉行考試時，除檢核外，均由考試院或考選機關，分請監察院或監察委員行署派員監試。又依規定，監察院依法為公職人員財產申報、公職人員利益衝突回避、政治獻金及遊說等陽光法案之執行單位。

　　依上所述，監察院具有行使彈劾、糾舉及審計權，並得提出糾正案，以及收受人民書狀、巡迴監察、調查、監試、受理陽光四法等職權。以上各項職權之行使，始於調查，終於提出糾正案或彈劾、糾舉。監察委員行使調查權，除自動調查外，其主要來源即是人民書狀。監察院收受人民書狀後，由監察業務處第二組簽注意見，送陳值日委員核批。其經核批調查者，由監察院依簽定席次，輪派監察委員調查並提出調查報告。調查報告屬於糾正案性質者，由各有關委員會處理；屬於彈劾案或糾舉案性質者，應交付審查，由全體監察委員按序輪流擔任審查委員，經審查成立者，移付司法院公務員懲戒委員會審理，或送交被糾舉人員之主管長官或上級長官處理。其流程如圖 6–2。

圖 6-2　監察權行使流程圖

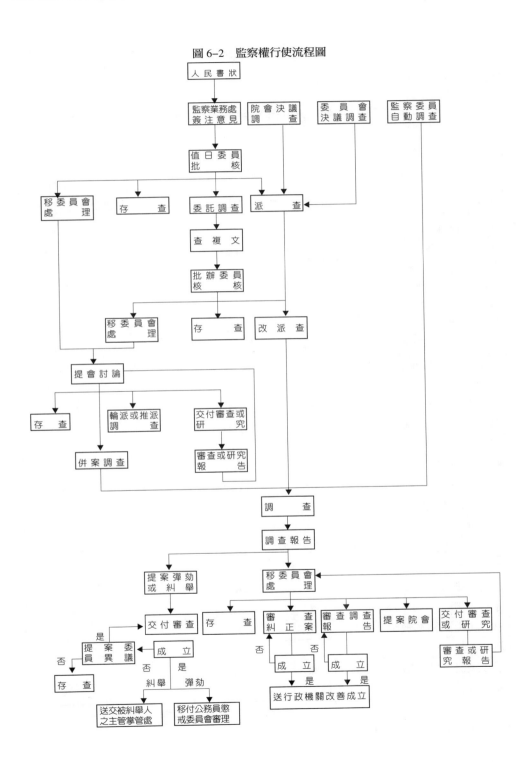

　　自 2008 年 8 月 1 日監察院第四屆監察委員就職以來 ， 其具體實施狀況，可以由下的統計表中看出。

表 6–1 ❼　第四屆監察委員職權行使統計表

監察、廉政職權行使統計				
項目	單位	第 4 屆（2008 年 8 月至 2014 年 7 月）	2014 年	
			1 月至 7 月	7 月
收受人民書狀	件	133,760	8,739	1,190
審計部函報	件	1,554	143	14
處理人民書狀	件	134,535	8,994	1,442
其他非陳訴性質書狀（不屬監察院職權等）	件	19,390	1,430	244
陳訴性質書狀	件	115,145	7,564	1,198
併案處理	件	46,753	3,115	448
進入司法、行政救濟程序	件	30,051	2,610	448
送請行政機關參處	件	25,571	1,128	187
認無違失	件	116	10	2
函請機關查處	件	9,854	601	112
機關查處即獲紓解或解決	件	1,288	60	14
據以派查	件	2,800	100	1
核派調查案件	案	3,077	110	–
提出調查報告	案	3,050	366	79
調查委員人次	人次	5,311	193	1
提出彈劾案	案	164	15	2
成立彈劾案	案	146	12	2
彈劾人數	人	282	18	2
彈劾案結案數（第 1 至 4 屆）	案	167	15	4
彈劾人數	人	370	24	6
第 1 屆提案結案數	案	1	–	–
彈劾人數	人	10	–	–
第 2 屆提案結案數	案	12	–	–
彈劾人數	人	42	–	–

❼　監察院公開信息，網址：http://www.cy.gov.tw。

第 3 屆提案結案數	案	36	4	1
彈劾人數	人	123	13	3
第 4 屆提案結案數	案	118	11	3
彈劾人數	人	195	11	3
提出糾舉案	案	8	–	–
成立糾舉案	案	6	–	–
糾舉人數	人	8	–	–
糾舉案結案	案	6	–	–
糾舉人數	人	8	–	–
提出糾正案	案	1,158	112	31
成立糾正案	案	1,158	112	31
糾正案結案	案	1,077	213	83
第 2 屆提案之結案數	案	4	–	–
第 3 屆提案之結案數	案	228	3	1
第 4 屆提案之結案數	案	845	210	82
函請各機關改善案	案	2,486	317	90
函請各機關改善案結案	案	2,397	487	193
第 2 屆提案之結案數	案	4	–	–
第 3 屆提案之結案數	案	591	5	1
第 4 屆提案之結案數	案	1,802	482	192
糾正案及函請改善案各機關處理結果				
行政機關自行議處人員	人	4,034	314	151
機關移付懲戒結果	人	17	–	–
監試案件	案	125	5	1
監試人次	人次	531	34	4
廉政職權行使情形				
公職人員財產申報				
受理申報	件	62,326	2,478	106
提出查核（調查）報告	件	2,842	317	68
審議件數	件	4,353	278	55
予以處罰	件	457	23	7
公職人員利益衝突迴避				
自行迴避報備	件	89	15	–

申請迴避	件	–	–	–
提出調查報告	件	106	12	1
審議件數	件	130	15	5
予以處罰	件	63	3	1
政治獻金				
擬參選人政治獻金專戶許可	戶	3,570	601	98
受理申報政治獻金會計報告書	件	3,421	71	1
提出查核（調查）報告	件	1,434	13	–
審議件數	件	1,434	102	2
予以處罰	件	569	70	2

・資料來源：監察院監察業務處、監察調查處、常設委員會、公職人員財產申報處
　製表單位：監察院統計室
　製表日期：2014 年 8 月 1 日

　　上文所列，係監察權行使現況之相關資料，茲就案件性質、派查比例、處理方式等項，進一步析論。

　　一、就陳情案件性質分析：在上列人民書狀中，以 2013 年為例，所有陳情案中以司法案件居首，約占總數 31.4%；內政案件居次，約占 27.8%；財政經濟類排第三，占 17.4%；第四則為教育類，占 6.1%。其他國防、外交等類比例甚低。從以上資料觀之，在當前政府施政中，人民對司法不公的抱怨最多，但是基於司法獨立原則，且涉及法律專業和法官自由心證，為避免監察權變為司法三審制度之外的「第四審」，監察院對於此類案件之處理非常謹慎，能著力之處也十分有限。就監察績效而言，收效亦甚微。這自然也影響到民眾對監察權運作成效的觀感。近年來監察院曾就一些受到國人矚目的司法案件，如江國慶案、後豐大橋命案等進行詳細調查，並要求檢察總長考慮是否研提「非常上訴」，或由司法機關「再審」；但基於司法專業和審判獨立，這些建議未必會為前述主管機關所接納。由於司法權和監察權之間，並無完整的制衡運作機制（參見圖 6–1），若司法案件未涉及司法人員本身之官箴與操守，在絕大多數情況下，監察權通常都會尊重司法判決，否則恐將干擾司法專業審判，並影響五權分工機制，這也正是民怨主要的來源。

　　至於案件居次的內政類中，則以「地政類」為其中最大宗，其中牽涉到複雜的土地行政法規，且與民眾財產、居住權益息息相關，近年來尤以外島金門、馬祖等地涉及軍管解編和土地登記等法制條件不足與行政管理落實問題，情況最為複雜，解決也頗為棘手，這是另一項主要民怨的根源。

　　總之，監察院所處理的人民陳情案，正是當前政府各項施政成敗的客觀反映。民怨越多的政府部門，也正是監察權業務處理最多的項目。這也印證了前述五權分工合作、共同解決困境的迫切性與必要性。

　　二、就派查比例分析，在總數 130,054 件的陳情案中，派查數為 3,050 件，僅占 2.35%，比例偏低。其中主要原因是「併案處理」一項即占去 35%（共 45,466 件），這反映「重複陳情」或「多人陳訴同一案件」之比例甚高。此外，進入「司法程序」和「行政救濟程序」者占 22%（共 28,881 件）。依據「五權分工合作」原則，監察院必須等到相關司法審判和行政救濟告一段落後才可介入，決定是否立案調查。但是在有關「函請機關查處」的案件中（共 9,575 件，占 7.4%），函查結果中確有不少案件應由監察院據以派查，而不是聽任行政機關的一面之詞和本位解釋，或據此逕行復知陳情人。如果在這方面監察院能多所致力，提高整體案件派查比例，並加強監察院的專業調查人員規模（2014 年 4 月底為止，僅有調查人員 66 人），以提高辦案績效（目前一年約有五百件調查案），則監察權的提振和民怨的紓解，將有立竿見影之效。不過，長期以來，監察院的預算（新臺幣 7.2 億元左右）和人事規模（全院共 295 人），在整體政府預算（約 1.8 兆元）和公務員正式員額（約二十七萬人）中不過是滄海一粟，實難以符合民眾陳情的要求。但是，如何能說服立法、行政兩機關強化監察院的預算編制和人事規模，恐怕是另一項待解的難題。

　　三、就監察權處理結果分析，至 2014 年 4 月底為止，彈劾案成立者有 140 件，彈劾人數為 274 人，糾舉案成立者有 6 件，共糾舉 8 人，兩者合計為 146 件，糾彈人數共為 282 人。這是針對「人事汰出」而進行的整飭作為。就已彈劾、糾舉的對象而論，所涉層級包括部長、總統府副祕書長、行政院祕書長、檢察總長、三星上將和其他高階政務官、文官與武官，其

成效甚為明顯。但若與對機關之糾正案（共 1,099 案）相比，則數額比例遠遜。這是因為彈劾權行使之要件，必須十分明確。若究責之對象太過寬泛（譬如一體彈劾某部過去十年間歷任之部長），則彈劾審查會最後若只通過甲、乙、丙等少數幾位，卻放過了其他相關人士，勢將引發「彈劾不公」或「選擇性彈劾」的物議，反而治絲益棼。故糾正行政機關的案件數額（共 1,099 案）遠多於彈劾、糾舉官員個人，這也是當前監察權行使的一大限制。

若就監察權的整體運作進行分析，其成果堪稱豐碩。以第四屆（2009 年 8 月 1 日至 2014 年 7 月 31 日）監察權行使績效為例：

（一）行政機關參考或依據監察院糾正案、調查意見函請改善案，因而節省公帑達約新臺幣 53 億 5,716 萬元，主要為國防採購規劃不當經改善調降總經費、臺灣自來水公司改善漏水率與管線汰新計畫預算高估、臺電公司減發不休假加班費與職工福利金等。另間接促成歲入（含稅收）增加達約 15 億 3,329 萬元，主要為財政部國有財產署收回被佔用國有非公用不動產及向佔用者收取使用補償金、財政部督促地方稅捐稽徵機關加強稽查使用牌照稅身心障礙者免稅條件等。

（二）各機關因監察院糾正案、調查意見函請改善案，而提出具體改善措施約計 1,028 項，另促使各機關增修法令約計 170 項，廢止法令 3 項。

（三）第四屆和第五屆監察院（從 2009 年 8 月 1 日至 2015 年 7 月 31 日）一共提出彈劾案 159 案、彈劾 309 人，其中將官有 14 人、法官及檢察官 49 人、政務人員 32 人，以及民選縣市長 4 人。

但是，即使有這樣的成績，許多臺灣的政黨人物依然質疑監察院成效不彰，並否定它對行政體系的監督作用，而且主張必須透過修憲廢除它。這與當前國際上肯定獨立監察機制的快速發展趨勢，是背道而馳的。

至於第 5 屆監察院的行使績效，也展現了一定的成績。第五屆監察及廉政職權行使統計情形，資料統計至 2019 年 12 月底止。

表 6-2　第五屆監察職權統計表

項目	單位	第 5 屆 （103 年 8 月至 108 年 12 月）
收受人民書狀	件	79,304
審計部函報	件	959
處理人民書狀	件	79,046
其他非陳訴性質書狀（不屬監察院職權等）	件	12,497
陳訴性質書狀	件	66,549
併案處理	件	29,290
進入司法、行政救濟程序	件	14,222
送請行政機關參處	件	16,272
認無違失，函復陳訴人	件	41
函請機關查處	件	4,810
機關查處即獲紓解或解決	件	280
據以派查	件	1,914
核派調查案件	案	1,806
提出調查報告	案	1,550
調查委員人次	人次	3,841
提出彈劾案	案	152
成立彈劾案	案	138
彈劾人數	人	200
彈劾案結案數（第 2 至 5 屆）	案	150
彈劾人數	人	238
第 2 屆提案結案數	案	3
彈劾人數	人	11
第 3 屆提案結案數	案	3
彈劾人數	人	5
第 4 屆提案結案數	案	25
彈劾人數	人	61
第 5 屆提案結案數	案	119
彈劾人數	人	161
提出糾舉案	案	2
成立糾舉案	案	1

糾舉人數	人	1
糾舉案結案	案	1
糾舉人數	人	1
提出糾正案	案	485
成立糾正案	案	485
糾正案結案	案	526
第 3 屆提案之結案數	案	5
第 4 屆提案之結案數	案	268
第 5 屆提案之結案數	案	253
函請各機關改善案	案	1,267
函請各機關改善案結案	案	1,230
第 3 屆提案之結案數	案	6
第 4 屆提案之結案數	案	609
第 5 屆提案之結案數	案	615
糾正案及函請改善案各機關處理結果		
行政機關自行議處人員	人	1,414
機關移付懲戒結果	人	19
監試案件	案	107
監試人次	人次	613

・製表單位：監察院統計室
　製表日期：民國 2020 年 1 月 2 日

【第七章】
監察權的困境

第一節　「不自由民主」在臺灣的挑戰

2015 年 8 月，臺南市長賴清德因為拒絕赴市議會報告和備詢，接受監督，被監察院以違背地方制度法精神，背離民主制衡原則，通過彈劾，送交司法院公務員懲戒委員會進行審議。公務員懲戒委員會接受彈劾案，並予申誡處分。

賴清德對監察院的彈劾表示強烈抗議，指責監察委員違憲越權，同時他還要求推動修憲，廢除監察院。這凸顯了當前臺灣民主化面臨的新挑戰：一些民選的政治人物不但拒絕接受議會和監察院的監督，而且還訴諸直接民主行動，他們認為選票才代表一切，並且拒絕憲政制衡機制與法治規範的束縛。

更重要的是，其中一部分的臺獨信仰者，完全不認同《中華民國憲法》，也不認為自己是中國人，而且拒絕憲法所揭櫫的政治認同標誌——三民主義與五權憲法。在他們的眼中，參與選舉的目的不僅是為了選出一個新政府，而且還要選出一個「新而獨立的國家」，並制定一部新憲法，構建完全不同的國族認同 ❽。他們一方面反對自由民主 ❾ 和代議制度，同時也不願接受既成的憲政規範和議會監督，他們真正嚮往的是「公投式的民主」(plebiscitary democracy)，對「不自由的民主」(illiberal democracy) ❿ 也情有

---

❽ 對於憲政認同問題，蔡英文總統的立場與這些政治人物不同，是堅決遵守《中華民國憲法》的規範。

❾ 自由民主的基本內涵包括：有限政府、分權制衡、政治自由、人權保障、法治、代議制度、自由市場、公民社會等。

❿ 「不自由的民主」所指的是雖然開始實行民主選舉，但國家整體上並未呈現充分的政治自由、人權保障、法治、分權制衡和經濟自由化；市民社會的自主性也不充分。俄羅斯總統普京在國內享有很高的聲望，而且在選舉中一再勝選連任，但西方輿論卻指責他獨攬大權，威行專政，是一位民選的獨裁者 (electoral

獨鍾。他們一心一意追求的是獨立建國，推翻《中華民國憲法》和當前的民主機制。他們的目標是：經由選舉動員和激烈的公民抗爭，動員反體制的政治異議人士，推進民主內戰，訴諸族群對抗，建立以臺灣民族主義為軸心的新國家。

臺灣社會雖然已建立持續而有效的選舉民主，卻未能進一步發展出自由民主，這是因為在民族主義層面的國家認同發生了動搖，對基本價值體系（包含家庭，婚姻，兩性關係，歷史解釋等）也出現嚴重的分歧，而法制權威和司法公正迄今還未齊備。換言之，公民社會的共識危機與認同紛歧，已經導致臺灣社會內部持續的紛爭與內耗，但始終未能形成一致性的憲政共識與國家總體發展目標。

長年以來，臺灣政治惡鬥的結果引發了各種脫序的社會運動，從 2014 年 318 反服貿學運佔領立法院、「路過」警察局行動、暴民佔據了臺北市的交通要衝、阻止公車和市民通行；進一步，反對桃園航空城計畫、也反對自由經濟示範區，2015 年再由高中生佔領教育部，反對課綱修正。真可說是無一不反，無役不與。其結果是，從政治對立擴及文化衝突和社會對抗，為臺灣的民主化發展，蒙上了沉重的陰影。

無獨有偶，另一位具備超人氣支持的臺北市長柯文哲，先前在擔任臺大醫院醫師時，也曾因輸血錯誤導致病患感染愛滋病，因而被監察院彈劾。2015 年 9 月，他又因選舉時的政治捐款問題違反了《政治獻金法》規範而面臨監察院的裁罰。他在面對媒體詢問時表示：就當作這個機關不存在好了。

為什麼這兩位被監察院彈劾的民選政治人物，會這樣仇視憲法所規範的最高監察機關？是不是這些擁有強勢民意基礎的政治人物，不願面對自由民主體制下法治規範與分權機制的約束呢？究竟這只是臺灣在推動民主化改革後的特殊現象，還是反映了新興民主國家民選政治人物的普遍趨向？這無疑是一個值得深思的課題。

autocrat）。這也充分說明選舉式民主 (electoral democracy) 的確迥異於自由民主。參見：Fareed Zakaria, *The Future of Freedom: Illiberal Democracy at Home and Abroad*, (New York: W. W. Norton, 2007).

第二節　東歐民主化經驗的教訓與借鑑

2014 年 9 月，在中東歐各地紛紛舉辦「後共產主義二十五周年紀念」之際，自由民主體制也正面臨著嚴峻的挑戰，甚至出現了民主逆退的危機。匈牙利著名經濟學家科爾奈 (Janos Kornai) 指出，1980 年代後期以來開啟的民主化與自由化改革路徑，並不必然是一條單行道；那些具有重要歷史意義的民主化變革並非不可逆轉。而逆轉之後的形勢也許在很長一段時間內是不可再逆轉的。民主可能根本無法保護它自己，特別是在民主尚未深深紮根的國家。

目前所有後共產主義國家都呈現出重大的經濟問題。困難的症狀和問題的嚴重程度因國家而異。然而，有些問題是相當普遍的：大量的民眾失去了工作，失業成為長期問題。很多國家的收入和財富分配不均逐步拉大。成千上萬人生活困苦，而發橫財的人卻窮奢極侈。這就解釋了為什麼那麼多人對資本主義非惱即恨。相當多的人都轉向了極右派。那些失望者、失敗者和貧困者，最能迅速接受民粹派的煽動，反對追求利潤、反金融機構和跨國公司。對民主的失望、反民主治理的嘗試以及對經濟的不滿，演化出一個自我煽動的惡性循環。這凸顯了新興民主國家普遍面臨的民粹主義挑戰和國家治理危機。

在 1990 年代民主化風潮過後的 25 年前後，中東歐後共產主義國家都呈現出重大的經濟問題。匈牙利總理歐爾班 (Viktor Mihály Orbán) 在 2014 年 7、8 月分的紀念活動中表示，在 1980 年代後半期，東歐人民普遍接受這樣的觀念：衰敗的東歐應該接受運轉良好的西方模式。但直到今天才知道，原來西歐的經濟也是脆弱的。匈牙利不能參加不斷耗盡儲蓄的西方福利主義潮流。他批判西方的自由民主體制，強調匈牙利要發展另一種特別的、民族主義的民主型態，而不是強調言論、信仰自由的自由民主 ❶。

---

❶ 美國《外交事務》雙月刊在 2014 年三／四月號刊載穆勒 (Jan-Werner Muller) 專文〈東歐向南走——歐盟新成員國家中消失的民主〉，2015 年九月刊出科勒文 (Daniei Kelemen) 專文〈歐洲的匈牙利問題——歐爾

　　匈牙利的反對黨聯盟於 8 月 20 日發表公報，批判歐爾班的講話，指責他拋棄了「構成歐洲靈魂的自由與民主」，企圖以俄羅斯總統普京式的「不自由民主」(Illiberal Democracy) 綱領取而代之。在 2010 年國會大選中，歐爾班成功領導右翼政黨匈牙利青年民主聯盟 (Hungarian Youth Democrat) 獲得五成三的選票及三分之二的席次，掌握政府後在次年 4 月推動修憲，將基督教價值觀和保守意識型態載入新憲法——匈牙利基本法。匈牙利將國名從匈牙利共和國改為匈牙利。國會通過改革選舉制度，國會議員數目由 386 名減至 199 名，新憲法削弱憲法法院的權力，在競選運動，教育，無家可歸者以及家庭權利等方面施以嚴格法律規定，具體內容包括：家庭的定義為一對夫妻和兒童；以及政黨的政治傳播在正式競選期間內被限制在國家資助的媒體中。2014 年 4 月，歐爾班政府再度連任，青盟和另一保守黨派在新國會 199 席次中掌握 133 席。這反映出匈牙利政局整體向右轉的趨勢。

　　2015 年 8 月間，中東難民群聚匈牙利首都布達佩斯，要求越過匈牙利與奧地利邊界，形成難民危機。歐爾班政府因其以強硬武力制止難民越界，遭到國際輿論指責，但歐爾班卻反向斥責願意接納更多難民的德國政府，並強調此舉將危及一個「基督教歐洲」的完整與安全，進一步他並透過國會立法方式，對非法越界的難民處以監禁，以期制止難民借道過境。但他卻忘記了，二十六年前，在 1989 年 9 月，正是因為當時的匈牙利的決定，與西德政府達成協議，讓東德居民借道捷克、匈牙利，經由奧地利進入德國，結果促成了東德的瓦解和兩德的統一，導致包括匈牙利在內東歐各國共黨政權的覆亡。今昔對比，正反映出民主化時代民粹領袖的獨斷和偏執。

　　歐盟的新成員國，包括希臘、匈牙利、克羅埃西亞、捷克、斯洛伐克，乃至波蘭等國，儘管已告別了威權專制，走向民主體制，但仍然面臨民主化與自由化的考驗，也就是國家能力的不足與文化認同的分歧，承受著三大現實問題的考驗：

───────────────────────────

　班蔑視歐盟〉。倫敦的《經濟學人》對於當前東歐新興國家中自由民主制度所面臨的危機，也刊出專輯提出了警訊。

第一，排外民族主義的勃興與文化認同的分歧。

　　以匈、捷、斯、波四國為例，他們均堅持文化民族主義，強調自己是基督教國家，不願接納中東和北非難民中的伊斯蘭教信徒。這些國家的政治領袖已公開表示，只願接納難民中少數的基督徒，而非絕大多數不同宗教信仰的非我族類。這是文化認同上的分歧。相對的，自二次大戰結束以來就不斷接納土耳其、南斯拉夫客工和中東難民的德國、奧地利和北歐瑞典、芬蘭各國，卻願意基於人道主義精神，開放難民入境，而且敞開心胸，真正歡迎他們的到來。在此一問題上，東歐這些「新歐洲」國家的立場比較接近美國和英國的主流價值觀，強調必須以基督新教和天主教文化為核心，拒絕多元文化主義，對伊斯蘭教和中東、北非人士採取敵視態度。換言之，這是從各國的國族認同的角度出發，就根源上拒斥一個多元族群和文化包容的新歐盟。

第二，經濟發展條件的不足與國家能力的下頹。

　　在此次難民危機中，東歐各國確實力不從心，實在無力處理人數眾多的難民潮。匈牙利政府根本沒有危機處理的應變能力，連調派公車、舒解滯留車站和鐵路的人流，或是提前預擬應變方案，讓不涉及難民路線的國內班車準時開動，都束手無策。大家卻只有無言默然以對，連抗議都不可能。因為多年來經濟不景氣、交通狀況不可能改善，而經歷二十五年的民主化改革，政府資源不斷被政客侵奪、貪污、浪費，國家能力也逐年下頹。

第三，民粹主義與「不自由的民主」在東歐持續的滋長。

　　當然，這不但是東歐民主化和自由化的困境，同時也是對歐盟的一大試煉。歐盟能否統合各國的異見，超越文化認同與族群對立的分歧，讓難民問題迎刃而解，使自由民主體制能繼續發展而非中輟，這也將是歐盟能否持續下去的關鍵。

　　儘管歐盟東擴在過去十多年中已有具足的發展成績，但下列的兩項教訓卻必須正視：

一、民主化的發展並不是不可逆轉的。

二、族群紛爭是民主鞏固的重大挑戰。

　　從匈牙利到烏克蘭，中東歐新興民主國家民粹主義的抬頭，以及「不自由民主」的挑戰，已造成全球第三波民主化的嚴重逆退。這和臺灣近期民粹化的發展趨勢十分相似。

第三節　監察權的新挑戰

　　臺灣曾經被視為亞洲民主化的成功案例，目前正面臨「不自由民主」和民粹主義的全面挑戰。而負責監督政府績效、接受民眾陳情、彈劾不適任官員、推動防貪肅貪，以及保障基本人權的監察院，尤其成為眾矢之的。在《聯合國反貪腐公約》中，明定公約之宗旨為：

（一）促進和加強各項措施，更加有效率且有力地預防及打擊貪腐；

（二）促進、便利及支援預防與打擊貪腐方面之國際合作和技術援助，包括在追繳資產方面；

（三）提倡廉正、課責及對公共事務和公共財產之妥善管理。

　　監察院的主要功能涵蓋了上列各項任務，但是除監察院以外，法務部的廉政署和調查局，亦負責執行廉政與肅貪的任務。但被監察院調查和彈劾的官員，以及立法委員和其他各級民代，都十分討厭這個扮演啄木鳥角色的監督機制，也都希望儘早修憲，廢除這個權力廣泛卻又惹人爭議的合議制機關。但由於修憲程序十分複雜，而且民眾投票通過的門檻太高，始終不能如願。過去，新聞媒體經常指責監察院「只拍蒼蠅，不打老虎」，不過一旦它真正打到了大老虎，老虎必將全力反撲，此時媒體又會幫助大老虎，指責監察院執法過當，未能充分掌握政治情勢；也就是所謂的「政治不正確」。

　　多年以來，民進黨一直要求廢除監察院，在 2014 年 7 月審查新任監察委員時（共 29 位），卻要求執政的國民黨不應提滿足額，理由是監委一任任期六年，而總統的任期只有四年，民進黨在 2016 年初的總統大選中有機會勝出，應該留一些名額給未來新任的總統來提名。因此，他們希望國民黨立委能幫他們淘汰一些總統提名的監委人選，好讓未來的民進黨籍的總

統能補提一些「自己人」。最後，國民黨立委真的也願意配合民進黨的訴求，只通過了其中十八位監委。在這些被淘汰的監委提名人中，有的聲望、政績與專業能力十分傑出，卻因政治不正確因素而被國民黨立委否決。而空下來的十一位名額，雖然總統馬英九立即完成了補提名，但卻因立法院長王金平與馬英九之間持續的政爭，立法院拒絕再行審查，結果導致第五屆監察委員缺員多達十一位，超過總額的三分之一。而支持王金平的國民黨立委，堅持拒絕繼續審查和投票。這種因政治鬥爭因素造成的特殊境遇，為舉世所罕見。這也正是臺灣民主化面臨的新挑戰。

第四節　民主鞏固和民主深化的困境

對於第三波民主化的發展和「民主鞏固」(democratic consolidation) 問題，杭廷頓 (Samuel P. Huntington) 曾提出一個衡量的標準，那就是：如果在民主轉型時掌權的政黨或政治集團在接下來的選舉中失敗，並且將權力移交給選舉的獲勝者，而這次選舉的獲勝者又能和平的將權力再移交給下一次選舉的獲勝者，就被視為民主鞏固，也就是通過了所謂的「雙反軌檢驗」(two turnover test)。

按照此一標準，在臺灣 2000 年總統大選後，國民黨敗選，將政權和平轉移給獲勝的民進黨；到了 2008 年，敗選的民進黨又將政權和平轉移給國民黨。2016 年，國民黨再一次將政權和平轉移給新獲勝的民進黨，這就通過了雙反軌的檢驗，也就是民主基本上得到了鞏固。

但是，杭廷頓的衡量標準顯然失之粗率，只重視民主鞏固的形式卻忽視自由民主的基本內涵（包括分權制衡、政治自由、人權保障、法治、代議民主、自由市場及公民社會等），其實兩者還差得很遠。基於此，進一步探討「民主深化」實有其必要。

「民主深化」包括了四個層面的內涵：

（一）政府權力的分散化，也就是政府分權制衡的設計能否落實。國會和民意機關能否有效監控政府權力的運作；司法機關能否維護憲政法治

的權威，並限制總統和行政首長的權力運作；審計機關能否獨立監督政府
預算的運用等。就此而論，臺灣的民主運作目前顯然還不能達到此一要求。
其中最明顯的是：立法院效率出奇低落，不但因政爭因素阻礙行政權的有
效運作，導致許多重大政策幾乎停擺，諸如政府組織改造方案、兩岸經貿
的法制化、自由經貿區的推動、高鐵財務的改革計畫，乃至高等教育的振
興等。至於獨立運作的監察權和審計權，又面臨立法院動輒要求刪減經費，
甚至威脅要透過修憲手段予以廢除。換言之，政府權力分工制衡的機制已
因選舉式民主的干擾而面臨效率低下、問責功能嚴重不足的危機。

　　（二）代表的有效性及國會的透明化。民主機關和政黨是代表民意的
關鍵性機制，但在臺灣卻是民主運作中最為薄弱的一環。民意機關的貪腐，
失職和無能，以及政黨政治的朋黨化和親私化，導致臺灣選舉式民主的腐
朽和質變。其中，諸如公共工程因政治人物介入而不斷追加預算，導致完
工期的延宕；地方政府建設經費也受到層層的剝削，造成預算的虛擲。這
正是臺灣無法建立起健全的自由民主體制的關鍵因素。而由於監察院彈劾
對象不及於立法委員和其他民意代表，除非選民透過罷免權的行使，迫其
去職，否則仍無法有效監督民意代表，落實廉政與善治。

　　（三）公民自由權利的保護。隨著 1980 年代以來政治自由化的發展，
臺灣的公民權利和基本人權的保障，頗見成長，尤其是對言論自由與新聞
自由的維護，最為積極。但在社會、經濟人權與文化自主權等方面，卻仍
有待精進，尤其是貧富差距的不斷擴大，日益嚴重。除此之外，包括不受
政黨政治操控的公民社會自主性的強化、自由經濟和法治秩序的保障，以
及免於恐懼與匱乏的社會福利機制，都還有待補強。近年來，監察院對於
人權保障工作特別重視，對原住民、外籍勞工、外籍和陸籍配偶、精神障
礙人士、監獄犯人乃至育幼院童等弱勢群體，均曾立案調查，並糾正政府
施政，要求改善相關待遇和設施。另外，總統府人權諮詢委員會也十分重
視監察院在人權維護上的角色。根據人權維護的巴黎原則，監察院目前的
功能與職掌，的確最能符應人權保護機關的基本要件。

　　（四）國家能力的強化。臺灣從 1990 年代中期以來，國家能力與政府

治理成效不斷下滑，導致施政績效嚴重弱化。1970 年代，中華民國曾經以「大有為政府」而自豪，現在卻因行政體系功能的弱化而久不復聞。近年來，情況日益惡化，導致國家能力嚴重不足。其中關鍵因素之一，是在 1996 年第四次修憲後採取半總統制（亦稱雙首長制），自此之後，行政院長更替頻仍，20 年來已先後換了 16 位行政院長，導致政隨人轉、人去政息，政府效能嚴重滑落。

監察院對政府施政效能不佳，有權促其改善，若糾正或建議無效，依法可請政府相關部門負責人到院約詢、問責，情況嚴重時可逕予彈劾，迫其去職。另外，審計部門若發現政府機關財務執行有績效不彰情形，或與原政策規劃不符之情事，則可送請監察院派委員負責調查。近年來，許多被稱為「蚊子館」的閒置設施被監察院調查後列管追蹤，要求各主管機關訂定改善措施，限期活化利用，以強化績效。再者，針對行政院的政府改造方案，監察院也提出了具體的修正建議，對於目前政府的會計制度的缺失，也提出了具體的改革建議。根據上述分析，臺灣的「民主鞏固」雖已初步成形，但離自由民主還差得很遠，換言之，「民主深化」的任務還未竟其功。

迄今為止，在臺灣民主化的發展經驗中，孫中山所規劃的監察制度和理念，尚未充分發揮促進善治、整飭官箴，與激勵賢能政治的積極目的。質言之，監察權仍面臨若干制度性困境，亟待解決，茲分述如次：

一、無論是西方國家的監察使、拉丁美洲的護民官或中華民國的監察委員，均肩負著為民請命、保障人權、澄清吏治等重責大任，他們必須有為有守，饒富風骨，才能承擔起疏解民怨、摘奸發伏等諸多使命。在新興民主國家，監察權若能有效運作，當可發揮起民主鞏固、激濁揚清的重要角色，使國家發展趨於穩定。在穩定民主國家，政府運作包括「善治」的各項層面（如法治、透明、廉正、績效、究責等），俱與監察權之行使密切相關，且影響政府整體的治績。但由於臺灣選舉式民主與政黨政治的影響，卻嚴重圍限了監察權的有效發揮。近年來，立法院行使監委同意權的高度黨派化傾向，只認政治立場，不論專業能

力與道德操守，已實質威脅到監察權獨立行使的先決條件——監委之職乃是「風霜之任」，必須擁有清廉的社會聲望、高潔的道德形象、專業的法政素養與不畏強權的道德勇氣，而且還要忍謗忍辱，為民請命。因之，八面玲瓏，或具強烈政黨色彩的政治人物，並不適任監委之職。在第五屆監察委員前後三次的提名與審議過程中 ❷ ，黨派與政爭因素對監察權行使的獨立性和公正性，都造成了實質的戕害，對臺灣的民主鞏固與五權之間的分工合作，也帶來嚴重的負面影響。

二、修憲後取消了監察委員的「言論免責權」與「不受逮捕的特權」，對於監察權運作影響至深。由於擔負著保障人權、肅貪和整飭政風等任務的監委失去了這兩項特權的保障，隨時都可能因為執行監察權而被起訴或面臨濫告，監察院的各項會議也無法全程對外公開，許多案件因內容機敏而不得不以「密件」方式處理，導致監察權本身的運作無法透明化，也無法讓民眾充分瞭解與掌握其中細節。監察院不能透過媒介工具的直接披露，讓民眾有效監督，積極發揮保障人權、整飭官箴的任務，這對監察權運作的透明度 (transparency) 和究責性 (accountability)，形成了嚴重的限制。

三、由於監察院的預算規模及人事編制十分有限，與考試院合計僅占政府總預算的 0.55% 左右，導致目前陳情案件之派查率僅及 2%，實難符合眾多民眾的殷切期待。政府應考量五院之間的有機關係，讓監察院的預算比照司法院，獨立編列，適度改善監察調查人力和預算規模，增進派查案件之比例，方能提高辦案之效率，以紓解民怨，澄清吏治。這也是提振監察權，強化五權分工體制的關鍵性因素。

---

❷ 2014 與 2018 年監委提名與審議過程中，均因提名人選的爭議性，而造成嚴重的政治紛擾與社會物議。

【第八章】
審計制度之職掌與功能

第一節　中國審計制度之沿革

　　我國政府審計制度，創始於 1912 年（中華民國元年），迄今已有九十餘年歷史。茲將其沿革擇要說明如次：

　　1912 年 9 月北京政府設立審計處，隸屬於國務總理。旋於 1914 年 6 月改為審計院，直隸大總統。1915 年 7 月國民政府在廣州成立，同年 8 月設立監察院，賦予審核政府財務事項之職權。同年 11 月 28 日國民政府公布《審計法》。1928 年 4 月 19 日《審計法》重新修訂，明訂實行事前審計制度。同年 7 月 1 日成立審計院，直隸於國民政府，將監察院原有之審計職權，改歸於審計院行使。1929 年中央政府試行五權之治，公布《監察院組織法》，規定監察院設審計部，行使審計職權，但審計院延至 1931 年二月始改組為審計部，內設置一、二廳，分別掌理政府財務審計事務。

　　1933 年 4 月 24 日國民政府公布修正《審計部組織法》，部內設置三廳，第一廳掌理政府所屬全國各機關之事前審計事務；第二廳掌理政府所屬全國各機關之事後審計事務；第三廳掌理政府所屬全國各機關之財物稽察事務，此為機關營繕工程及採購財物事前稽察制度之始。1934 年起審計部在全國各省市及公營事業機關，開始設置審計處及審計辦事處。1938 年 5 月 3 日國民政府公布修正《審計法》，納財物稽察及駐在機關審計制度於法制。1947 年憲法頒行，規定監察院為國家最高監察機關，行使同意、彈劾、糾舉及審計權。又規定監察院設審計長，由總統提名，經立法院同意任命之。審計長應於行政院提出決算後三個月內，依法完成其審核，並提出審核報告於立法院。

　　1950 年 10 月 30 日總統公布修正《審計法》60 條；同年 10 月 31 日總

統公布《機關營繕工程及購置定制變賣財物稽察條例》24 條。1972 年 5 月
1 日總統公布再修正《審計法》全文 7 章 82 條；同年 5 月 26 日總統公布
修正《機關營繕工程及購置定制變賣財物稽察條例》37 條。1975 年 5 月 1
日總統令修正公布《審計部組織法》全文 18 條，部內設置五廳分別掌理普
通公務、國防經費、特種公務、公有營事業及財物稽察等審計事務。1998
年 5 月 27 日《政府採購法》制定公布，規定政府採購審計機關得隨時稽察
之；為配合該法之實施，1998 年 11 月 11 日總統公布修正《審計法》第 59
條及第 82 條條文；1999 年 6 月 2 日總統公布廢止《機關營繕工程及購置
定制變賣財物稽察條例》，將事前財物稽察改為隨時稽察。2002 年間為因
應審計部及所屬預算員額及經費預算之刪減，經修正《審計部處務規程》
第 8 條條文，自 2003 年 1 月起，按各主管機關業務功能性質劃分，調整各
審計單位職掌分工，劃一審核權責，節省人力，提高效率。

表 8–1　審計建制簡史

民國年別	要　志
元年	中央設置審計處，隸屬國務總理，於各省設審計分處。頒布審計條例。
三年	審計處改為審計院，直隸大總統並公布《審計法》。
十四年	國民政府公布《審計法》十七條。
十七年	國民政府設審計院，公布修正《審計法》二十三條。
十八年	國民政府公布《審計部組織法》十七條。
二十年	審計院改為審計部，設一、二兩廳分別掌理事前事後審計事務，直隸於監察院。
二十二年	審計部設第三廳，掌理稽察事務。
二十三年	該年起，在各省市及公營事業機構，設審計處及審計辦事處。
二十七年	公布修正《審計法》五十六條。
三十六年	憲法頒行，審計權明定為監察權之一，監察院設審計長，由總統提名，經立法院同意任命之。
三十九年	總統公布修正《審計法》六十條，《各機關營繕工程及購置定制變賣財物稽察程式條例》二十四條；審計部臺灣省審計處業務併入審計部兼辦；審計部國庫審計室業務暫予停辦。
四十二年	恢復審計部駐國庫總庫審計室業務。

四十五年	恢復審計部臺灣省審計處業務。
四十八年	審計部增設國防經費審計臨時辦公廳。
五十七年	設審計部臺北市審計處。
五十九年	設審計部駐財政部臺北區支付處審計室。
六十一年	總統公布修正《審計法》八十二條，《機關營繕工程及購置定制變賣財物稽察條例》三十七條。設審計部臺灣省審計處駐臺灣省政府財政廳地區支付處審計室。
六十四年	總統公布修正《審計部組織法》及《審計處室組織通則》，審計部設第一、二、三、四、五廳及覆審室。
六十五年	設審計部臺灣省高雄市及臺北縣審計室。
六十六年	設審計部臺灣省新竹縣及臺南市審計室。
六十七年	審計部駐財政部臺北區支付處審計室、駐國庫總庫審計室合併改為審計部國庫審計處。審計部臺灣省審計處駐臺灣省政府財政廳地區支付處審計室改為審計部臺灣省審計處省庫審計室。 設審計部臺灣省臺中市及花蓮縣審計室。
六十九年	審計部臺灣省高雄市審計室改設審計部高雄市審計處。
七十年	總統公布修正《審計處室組織通則》。 設審計部臺灣省屏東縣審計室。
七十一年	設審計部臺灣省彰化縣審計室。
七十九年	設審計部臺灣省嘉義市審計室。
八十二年	設審計部福建省審計處，裁撤審計部國庫審計處。
八十三年	設審計部臺灣省桃園縣審計室，裁撤臺灣省審計處省庫審計室。
八十四年	設審計部臺灣省基隆市及雲林縣審計室。
八十五年	訂定《審計機關辦理鄉鎮縣轄市財務審計辦法》，將鄉鎮縣轄市之財務，納入審計範圍。 設審計部臺灣省苗栗縣、南投縣、高雄縣、臺東縣審計室。
八十七年	設審計部臺灣省宜蘭縣、臺中縣、臺南縣審計室。總統公布修正《審計法》第五十九條及第八十二條。
八十八年	總統公布廢止《機關營繕工程及購置定制變賣財物稽察條例》。 設審計部臺灣省新竹市、嘉義縣審計室。
九十年	設審計部教育農林審計處，裁撤審計部臺灣省審計處。 設審計部交通建設審計處，裁撤審計部福建省審計處。
九十二年	審計部按中央政府各主管機關業務功能性質，調整各審計單位職掌分工。
九十九年	總統公布修正《審計部組織法》第 10 條及第 11 條條文。

一百年	審計部臺灣省臺北縣審計室改設審計部新北市審計處。 審計部臺灣省臺中市審計室改設審計部臺中市審計處，裁撤審計部臺灣省臺中縣審計室。 審計部臺灣省臺南市審計室改設審計部臺南市審計處，裁撤審計部臺灣省臺南縣審計室。 裁撤審計部臺灣省高雄縣審計室。 設審計部臺灣省澎湖縣審計室、福建省金門縣審計室。
一百零四年	審計部臺灣省桃園縣審計室改設審計部桃園市審計處。 總統公布修正《審計法》第 36 條、第 37 條、第 41 條及第 69 條條文，並刪除第 38 條、第 39 條及第 44 條條文。

第二節　現行審計制度之特質

現行政府審計制度，係根據憲法、《審計法》及有關法律之規定而建立，具有下列五大特質：

一、審計權為監察權之一，由審計機關行使

我國中央政府採五權分立制度，依憲法第九十條及憲法增修條文第七條之規定，審計權為監察權（彈劾、糾舉及審計權）之一，依《審計法》第三條規定由審計機關行使之（有關審計權之歸屬，部分人士認為應歸屬立法院，但修憲結果仍維持不變）。審計機關依《監察院組織法》第四條及《審計部組織法》之規定，掌理政府所屬全國各機關下列事項：監督預算之執行。核定收支命令。審核財務收支，審定決算。稽察財物及財政上之不法或不忠於職務之行為。考核財務效能。核定財務責任。其他依法律應行辦理之審計事項。

二、審計長設於監察院，審計人員依法獨立行使審計權

審計長依憲法第一百零四條規定設於監察院，由總統提名，經立法院全體立法委員二分之一以上之同意任命；審計長依《監察院組織法》第五條規定，秉承監察院院長，綜理審計部全部事務，並監督所屬職員及機關。

　　審計長依《審計部組織法》第二條規定，應具有左列資格之一：曾任審計長，成績卓著者。曾任副審計長五年以上，或審計官九年以上，成績優良者。曾任專科以上學校會計、審計課程教授十年以上，聲譽卓著，或具有會計、審計學科之權威著作者。曾任高級簡任官六年以上，聲譽卓著，並富有會計、審計學識經驗者。曾任監察委員六年以上，富有會計、審計學識經驗，聲譽卓著者。又依《審計部組織法》第三條規定，審計長之任期為六年（部分立法委員雖對審計長任期有不同看法，惟仍維持原法定任期）。

表 8-2　歷任最高審計首長

最高審計機關首長	任期	備註
于審計院長右任	民國 17 年 2 月至 20 年 2 月	
茹審計部長欲立	民國 20 年 2 月至 22 年 4 月	
李審計部長元鼎	民國 22 年 4 月至 24 年 2 月	民國二十四年二月至二十五年九月期間由政務次長陳之碩代理部長職務。
林審計部長雲陔	民國 25 年 9 月至 37 年 6 月	
林審計長雲陔	民國 37 年 6 月至 37 年 10 月	民國三十七年十月至三十八年五月期間由政務次長劉紀文代理審計長職務。
張審計長承樞	民國 38 年 5 月至 45 年 9 月	民國四十五年九月至十一月期間由副審計長蔡屏藩代理審計長職務。
蔡審計長屏藩	民國 45 年 11 至 51 年 12 月	由副審計長升任
汪審計長康培	民國 52 年 1 至 57 年 12 月	由副審計長升任
張審計長導民	民國 58 年 1 月至 76 年 1 月	
鐘審計長時益	民國 76 年 1 月至 78 年 1 月	
蘇審計長振平	民國 78 年 10 月至 96 年 10 月	由副審計長升任
林審計長慶隆	民國 96 年 10 月 2 日任審計長職務。民國 102 年 9 月再奉總統提名，經立法院同意，於民國 102 年 10 月 2 日續任審計長職務。	由副審計長升任

三、審計長應依法完成決算之審核，並提出審核報告於立法院

　　審計長依憲法第 105 條之規定，應於行政院提出決算後三個月內，依法完成其審核，並提出審核報告於立法院。又依《審計法》第 68 條規定，審計機關審核中央政府總決算，應注意下列事項：
1.歲入、歲出是否與預算相符；如不相符，其不符之原因。
2.歲入、歲出是否平衡；如不平衡，其不平衡之原因。
3.歲入、歲出是否與國民經濟能力及其發展相適應。
4.歲入、歲出是否與國家施政方針相適應。
5.各方所擬關於歲入、歲出應行改善之意見。

　　前項所列應行注意事項，於審核地方政府總決算准用之。立法院依《決算法》第 27 條規定，對審核報告中有關預算之執行、政策之實施及特別事件之審核、救濟等事項，予以審議。立法院審議時，審計長應答覆諮詢，並提供資料。直轄市、縣市政府年度總決算之審核報告，准用上述各項規定，由審計部設於各該地方之審計官兼機關首長提出於各該地方民意機關審議。

　　又依《決算法》第 28 條規定，立法院應於審核報告送達後一年內完成其審議，如未完成，視同審議通過。總決算最終審定數額表，由立法院審議通過後，送交監察院，由監察院諮請總統公告。監察院依《決算法》第二十九條規定，對總決算及附屬單位決算綜計表審核報告所列應行處分之事項，為左列之處理：一、應賠償之收支尚未執行者，送國庫主管機關或附屬單位決算之主管機關執行之；二、應懲處之事件，依法移送該機關懲處之；三、未盡職責或效能過低應予告誡者，通知其上級機關之長官。

四、審計權之行使對象為政府所屬全國各機關及人員

　　審計權之行使對象，與監察院之行使彈劾、糾舉權相同，為中央至地

方政府所屬全國各機關及有關人員。審計範圍為中央至地方政府所屬全國各機關、基金及公有營（事）業。臺灣省309個鄉（鎮、縣轄市）及福建省金門縣、連江縣所轄十個鄉、鎮，自1997年起納入審計權之行使範圍。2003年各級審計機關應行審核之中央及省（市）、縣（市）政府、鄉（鎮、縣轄市）公所、基金及公有營（事）業機關及所屬機關共計8,771個單位。

五、審計機關之組織採一條鞭制，由中央直貫地方

我國審計機關之組織，於中央設審計部，並由審計部於各直轄市設審計處，於各縣（市）酌設審計室，各審計機關均隸屬審計部，由審計部監督之。2003年12月之審計機關計有審計部及所屬教育農林、交通建設審計處，暨於臺北市、高雄市設置審計處，於臺灣省設基隆市、臺北縣、桃園縣、新竹縣、新竹市、苗栗縣、臺中縣、臺中市、彰化縣、南投縣、雲林縣、嘉義縣、嘉義市、臺南縣、臺南市、高雄縣、屏東縣、花蓮縣、宜蘭縣及臺東縣等二十個審計室，分別掌理各該級政府及其所屬機關之審計事務；基隆市審計室另兼辦福建省金門、連江縣政府及其所屬機關之審計事務；臺南市審計室另兼辦澎湖縣政府及其所屬機關之審計事務。臺灣省各縣（市）審計室並辦理各該轄鄉、鎮、縣轄市財務之審計。

當前我國之審計制度，已如前述，應屬「獨立型」。審計部獨立於行政、立法、司法等權之外，屬監察權之一部分，但獨立運作。

審計之職權，依《審計法》第二條之規定，包括下列各項：

一、財務審計權：監督預算之執行、審核財務收支及審定決算。

二、績效審計權：考核財務效能，核定財務責任及提出建議改善意見。

三、財務稽察權：稽察各機關人員財務上不法或不忠於職務之行為。

四、其他審計權：其他依法律應行辦理之審計事項。

審計機關計分三級，在中央政府設審計部，辦理中央政府及其所屬各機關之審計事務：由審計部設於各省（市）之審計處，辦理各省（市）政府及其所屬機關之審計事務；由酌設於各縣（市）之審計室，辦理各縣（市）政府及其所屬機關之審計事務。目前審計機關除審計部外，設有臺

灣省、福建省、臺北市及高雄市四個審計處，另在臺灣省各縣（市）中設有二十個審計室，2000年起，臺灣省審計處及福建省審計處將分別改設為教育農林審計處及交通建設審計處。審計部及所屬教育農林審計處暨交通建設審計處，掌理中央政府及其所屬機關之審計事務；另審計部於直轄市，設有臺北市、新北市、桃園市、臺中市、臺南市、高雄市6個審計處，並於臺灣省各縣市及福建省金門縣，設有15個審計室，分別掌理各該地方審計事務。

在審計部設有五個廳、覆審室、參事辦公室、審計業務研究委員會、法規委員會、審計人員訓練委員會及總務、會計、人事等行政部門。其中承辦審計業務單位之五個廳、覆審室，其職掌如次：

第一廳：掌理總統府、五院、各部會及其所屬普通公務機關之審計事項。

第二廳：掌理國防部及其所屬軍事機關、學校、部隊之審計事項。

第三廳：掌理非營業基金，賦稅捐費、國有財產、國庫、公債等特種公務之審計事項。

第四廳：掌理國有營（事）業之審計事項。

第五廳：掌理稽察各機關辦理、採購案件之審計事項。

覆審室：掌理覆核聲複、聲請覆議、再審查、重要審計案件及不屬各廳之審計事項。

《中華民國憲法》規定「監察院設審計長，由總統提名，經立法院同意任命之。」（憲法第一〇四條）「審計長應於行政院提出決算後三個月內，依法完成其審核，並提出審核報告於立法院。」（憲法第一〇五條）以憲法條文規定其產生方式與職掌，此為一般中央政府部會所無之特殊地位。由此可見審計長與審計部在憲政上的重要性。在審計長的任用資格方面，《審計部組織法》第二條規定「審計長應具有左列資格之一」：

一、曾任審計長，成績卓著者。

二、曾任副審計長五年以上，或審計官九年以上，成績優良者。

三、曾任專科以上學校會計、審計課程教授十年以上，聲譽卓著，或具有會計、審計學科之權威著作者。

四、曾任高級簡任官六年以上，聲譽卓著，並富有會計、審計學識經驗者。

五、曾任監察委員六年以上，富有會計、審計學識經驗，聲譽卓著者。

　　此一規定，著重其專業背景及聲譽卓著，顯示審計長不僅必須具備專業學養，而且人格操守也應兼具權威性，這充分顯示審計長與審計部的專業、公正、獨立，備受重視。此與美國審計總署所強調的責任、正直與確實等原則，實有異曲同工之妙。

　　審計部在處理重要審計案件時，以審計會議之決議決之，依《審計部組織法》第十二條之規定，「審計會議以審計長、副審計長、審計官組織之」。另外第十三條亦規定，「審計人員與審計案件有利害關係者，對該案件應行回避，不得行使職權。」此一規範，與一般民主國家審計制度中的「利益回避原則」，均屬一致。由此更可證明我國審計制度在法制設計上的獨立性與公正性。

　　但是在實際的運作上，由於我國目前正值民主化 (Democratization) 初興階段，政黨競爭與政黨政治尚未定型化。因此，以選舉民主 (Electoral Democracy) 為核心的國會政治，尚未能充分掌握獨立的審計制度的積極功能。若與美國審計總署和國會間的密切關係作一比較，當可發現：不但立法院對審計部每年提出的審核報告注意不足，立法院各委員會及立法委員運用審計資料，以及邀請審計部赴立法院提供聽證資料或報告的頻率，也完全無法與美國的經驗相比。或許，當國會民主日趨正軌，政黨政治逐漸穩定化之後，立法院對於審計部的專業性、公正性與獨立性會日益重視，並引為重要之監督機制。

第三節　監察與審計

　　監察院與審計部間之關係，依據《審計部組織法》第四條之規定，審計長「秉承監察院院長，綜理全部事務，並監督所屬職員及機關」。基於此，審計長僅秉承監察院院長之領導，此點系為保障審計權之獨立運作而設的法制安排。為了釐清監察院與審計部之關係，1993 年 6 月 17 日與

1998 年 3 月 24 日分別修正了《監察院與審計部權責劃分原則》，其中規定下列幾項原則：

一、審計部廳處長、室主任等一級主管以上人員暨所屬機關簡任第十職等以上首長之任免、遷調、退撫、資遣等暨其他依法令規定應報請監察院核定之事項，應報經監察院核定。

二、審計部年度預（概）算、決算及預算執行情形之有關表報，應按期編送監察院。

三、審計部年度施政（工作）計畫及報告，應按時報送監察院。

四、審計法規除法律案應報院轉核外，有左列情形之一者，亦應報監察院訂定發布或由監察院核定後方能發布：

（一）依法律規定應由院訂定發布者。

（二）依法律規定應報院核定後方能發布者。

（三）依權責劃分應報院核定後方能發布者：

　　1.機關人事規章。

　　2.機關組織規程或設置辦法。

　　3.法律之施行細則。

（四）法規內容涉及權責劃分中明定應報院核定之政策者。

（五）法規內容涉及重要政策者。所謂重要政策由院部協商認定。

五、監察委員對審計部及其所屬機關，或審計人員，尚無行政監督權，但特定事務之處理經監察院院長授權（指派）者，於授權範圍內不在此限。

六、監察委員調查案件需審計專業人員協助時，報經院長同意，即由監察院監察調查處通知審計部指定人員，以院令派之。

七、監察委員調查案件如臨時需要審計專業人員協助時，得逕洽審計長或當地審計主管指派人員協助。

八、監察委員不得影響審計人員獨立行使審計權。

九、監察委員不論是否行使職權，如有干涉審計權行使之情事，審計人員應陳請審計長轉報院長處理。

十、監察委員對審計業務，如有提供參考或改進之意見，應陳請院長

核定或提請院會討論通過後以院函為之。

　　十一、審計部審計人員執行審計業務時，發現有依《審計法》規定應報監察院處理之案件，應即依規定辦理。

　　十二、審計部有關審計會議紀錄應按期密報監察院，年度業務檢討會議並應報院派員列席。

　　十三、審計人員參加各機關有關財務會議，對於違背審計法令之決議事項，應依法表示異議，如未獲採納，應即報院。

　　十四、各級審計機關應就發現之財務重大案件，隨時提供巡察組監察委員參辦。

　　根據上述之規定，監察委員對審計部及其所屬機關，或審計人員，並無行政監督權。但監察委員在處理調查案件需審計專業人員協助時，「得報經院長同意，由監察院監察調查處通知審計部指定人員，以院令派之。」今後若能進一步強化監察院與審計部之間的良性互動關係，對於監察權的提振與政府行政效能的改善，實有積極提攜之功。同時也可補足當前國會政治黨派化傾向過強所造成的缺憾。國防、警政、外交及安全部門的內部督查任務，由於機構屬性特殊，一向對外不透明，頗難見其成效。近年來，監察院逐漸透過審計部門的舉報及對相關案件的調查，擴大監察權執行的力度，並加強對其內部督察部門（如國防部總督察長）的究責任務，但因目前尚在起步階段，其成效仍未充分彰顯。

第四節　審計功能之檢討

　　民主政治制度之下，政府財務每分為財務行政、財務立法及財務司法三部分，而謂三權財政。其中財務行政系編制預決算、執行收支、保管公款等職權；財務立法系監督政府財務職權，如審議預算；財務司法系審核政府財務職權，一般指政府審計權。三權財政之運用，必須三個職權各盡其職、不相逾越、相輔而行、相制而成，才能收到完善效果。

　　我國憲法第五十九條規定，行政院於會計年度開始三個月前，應將下

年度預算案提出於立法院。第六十三條規定，立法院有議決……預算案……
之權。第六十條規定，行政院於會計年度結束後四個月內，應提出決算於
監察院。又第一百零五條規定，審計長應於行政院提出決算後三個月內，
依法完成其審核，並提出審核報告於立法院。預算之編制，係行政院之權
責，屬財務行政；預算案由立法院審議決定，屬財務立法；預算執行結果
之考核，即決算之審核，由監察院審計長司理，屬財務司法。財務行政、
財務立法與財務司法三權分立，各司其職，用以獲致分權制衡之效。

　　因應憲法之規定，我國制定有《預算法》及《決算法》（世界上多數國
家系將決算有關之法規納於《預算法》之內），規範預算之籌編、預算之審
議、預算之執行、決算之編制、決算之審核、決算審核報告之審議等等。
《決算法》「決算之審核」一章，明定審計機關審核各機關或基金決算及年
度總決算應行注意事項，審計機關修正及審定決算之程序，審計長提出決
算審核報告之期限，立、監兩院對決算審核報告之審議處理，總決算最終
審定數額表之公告等。從憲法、《預算法》、《決算法》之規定，可知審計為
我國政府財務管理制度之一環，依法依限完成決算之審核，並提出決算審
核報告於立法院，為其最重要之責任。由於決算係政府執行預算收支數額
之總結，並用以表達施政績效；即決算為預算執行結果及施政績效之聲明。
政府審計乃針對此項聲明之審核，通常分為財務審計及績效審計兩大類；
此外，稽察財務上之違失及核定財務責任之功能，應為我國政府審計之特
色。是故，我國政府審計功能概分為下列四項：

（一）審核財務收支，提高政府財務報表之公信力

　　我國《審計法》、《決算法》及相關法規，對於財務審計之規定頗為詳
細，其範圍包括事前審計及事後審計。事前審計主要為公庫支撥經費憑單
之核簽；事後審計包括分配預算之查核、財務收支之審核、採購之隨時稽
察、年度決算之審定。此類審計工作，目的在審核政府預算執行結果及財
務狀況，功能在提高財務報表之公信力。

（二）考核財務效能，提供財務管理顧問之服務

　　《決算法》及《審計法》對績效審計之規定亦頗為具體。審計機關審

核決算時，應注意：施政計畫、事業計畫或營業計畫已成與未成之程度，經濟與不經濟之程度，施政效能、事業效能或營業效能之程度等。審計機關考核各機關之績效，如認為有制度規章缺失或設施不良者，應提出建議改善意見於各該機關；有未盡職責或效能過低者，除通知其上級機關長官外，並應報告監察院。審計機關於政府編擬年度概算前，應提供審核以前年度預算執行之有關資料及財務上增進效能與減少不經濟支出之建議意見。此等功能，乃向行政部門提供管理顧問之服務。

（三）稽察機關人員財務上之違失，匡正財務紀律

《審計法》規定，審計人員發覺各機關人員有財務上不法或不忠於職務上之行為，應報告該管審計機關，通知各該機關長官處分之，並得由審計機關報請監察院依法處理；其涉及刑事者，應移送法院辦理，並報告於監察院。受通知處分之機關長官，不為緊急處分時，應連帶負責。如應負責者為機關長官時，審計機關應通知其上級機關執行處分。此一工作具有政府財務員警之性質，也是審計機關對監察部門及司法檢察部門提供之服務。

（四）審核機關經管財物之損失，核定財務賠償責任

政府審計另一項功能，在於審核各機關經管現金、票據、證券、財物之遺失、毀損或其他資產之損失，並決定損失責任，以及決定各機關違背預算或有關法令之不當支出之剔除、繳還、賠償責任。此為《審計法》授予之准司法權，一般亦稱為政府財務司法，乃對於主管人員未盡善良管理財物之責任、會計人員簽證支出有故意或過失或紀錄不實、出納人員誤付款項等，而使公款或公有財物受到損失者，審計機關查明決定剔除、繳還、賠償責任後，各該機關長官應限期追繳，並通知公庫、公有營業或公有事業主管機關；逾期，該負責機關長官應即移送執行機關強制執行。

【第九章】
監察委與監察院：兩岸監察機制的比較

2017 年 10 月，中共中央召開十九大會議，決定正式成立國家監察委員會，並組建國家、省市、地市、縣等四級監察機制，與共黨的紀律檢查委員會合署辦公。十九大並確定由中央組織部長趙樂際接續王岐山擔任新職（國家監察委員會主任與中央紀律檢查委員會書記），這是一項重要的政治改革和人事交接，頗受中外矚目。

近年來，中共中央積極推動打貪防腐工作，一大批「老虎」、「蒼蠅」被拿下，到 2016 年底為止，中共中央紀律檢查委員會已查辦逾一百萬官員涉及違法失職，不但肅清了政治氛圍，並導致周永康、徐才厚、郭伯雄、令計劃等現任和前任高層領導人被查處和判刑。隨著反腐敗工作的深入，中央紀檢委的權力也不斷強化，但是，中紀委本身是黨的紀律維護機關，行使是類職權卻缺乏法律制度的支持，備受各界物議。因此中共中央決定，採取頂層設計的政治改革措施，透過修憲，在全國人大之下設立國家監察委員會。這是近年來中國大陸最重要的一項政治體制改革任務。

第一節　大陸監察委員會設置的背景

從 2017 年 1 月分開始，中共中央決定推動一連串監察體制的改革措施。先前，中共總書記習近平在中央紀檢委第六次全會上要求健全黨內監督制度，把修訂《黨內監督條例》列入重要議題。中央紀檢委為此召開了七次專題會議，把改革重心放在堅持黨的集中統一領導上，強化黨委和黨組的主體責任，以及黨的工作部門的監督任務。會議中確定紀檢委是負責黨內監督的專責機關，為完善黨內監督體系、全面從嚴治黨提供重要的制度保障。監督對象包括所有國家公務員、國有企事業單位人員、群眾自治組織的負責人等在內的一切行使國家公權力的公職人員。

　　此外，中共也提出了制定深化國家監察體制的改革方案，將深化國家監察體制的改革當作重大政治體制改革，構建由黨統一領導的國家反腐敗機構，並加強黨和國家的自我監督。經由中央政治局、中央政治局常委會和中央全面深化改革領導小組六次專題研究，審議通過了改革和試點方案，決定整合反腐敗力量，設立國家監察委員會，實現對所有行使公權力的公職人員監察的全覆蓋。並由全國人大常委會作出相關決定，在北京市、山西省、浙江省部署開展改革試點。

　　試點地區的黨委和紀委必須加強組織領導，並推動檢察機關反貪污賄賂等部門的轉隸任務，以確保思想不亂、工作不斷、隊伍不散。根據新的職能設計，監察委整合了原屬檢察機關的三大局及其職能，包括反貪污賄賂局、反瀆職侵權局和職務犯罪預防局，統一行使各項反腐敗職權。目前從中央、省市、地市到縣市四級檢察院的反貪、反瀆和預防部門職能、機構，共 44,151 名檢察幹警已全部完成轉隸，歸監察委指揮領導，也就是擴大與調整監察機關的法定職權，並將檢察權與監察權的職能進行梳理和重組，同時也將檢察機關的偵查權和監察機關的調查權之間的分際重新理順，釐清相關的法制規範。

　　經過此一整合與改革任務後，十三屆人大推動完成修憲程序，在全國人民代表大會的統攝下，形成一府（國務院，即政府）、一委（國家監察委員會）、兩院（最高人民法院與最高人民檢察院）的新格局，這不但是一項重大的政治改革，也是強化監察機制，重要的頂層設計。

　　新成立的監察委整合了執紀（黨紀）和執法（國法）的雙重功能，除落實廉政監督職能外，還具有勤政監督和效能監督功能，以避免懶政與懈怠。這將形成一種新型態的監察權，既要打貪反腐、整飭官箴；又要激勵勤政，促進執政績效；可說是一種兼具積極興利與消極防弊的全方位監察機制。

　　簡言之，此次推動監察體制改革的主要意義有四：

　　首先，它啟動了機構改革，將原屬檢察機關的反貪污賄賂總局等部門轉隸歸監察委領導，由監察委統一行使各項反腐敗職權，成為反貪防腐的

強力部門。

其二，將依規治黨和依法治國兩項任務結合，推動黨內監督和國家監察。這也就意味著新成立的國家監察委，將發揮遠遠超過原先國務院之下監察部的職能，實施各級官員、黨員幹部全覆蓋，落實制度化、全方位的反腐任務。

其三，中紀委會同全國人大，將《行政監察法》修改為《國家監察法》。監察委作為監察工作的執法機關，將履行監督、調查、處置等職責，賦予談話、詢問、留置等調查權限，藉此體現依法治國的精神。

其四，中共中央頒布《問責條例》，將問責機制發展成為常態性的監督手段，今後監察委對高層官員的問責，將趨於常態化與制度化。

在立法與修法任務上，過去由紀檢委職掌、頗受詬病的「雙規」機制（是指涉案官員必須在「規定」的時間到「規定」的地點報到，接受調查），在新的《國家監察法》中調整為具備法定效力的「留置」和「詢問」，藉此體現全面深化改革、依法治國和從嚴治黨任務的有機統一。另外，監察委還掌握對公務人員行政處分的「處置」權，這與監察院彈劾與糾舉公務員違失、公懲會掌握的懲戒權，有異曲同工之效。

再者，中共頒布問責條例，堅持失責必問；把權力和義務、責任和擔當統一起來，明確問責的對象、內容和方式方法。為了強化問責、提供制度改革，中央紀檢委高層領導人分別、分梯次的約談各省區市、中央部門和中央企業、中央金融機構黨委（黨組）的主要負責人，督促落實管黨治黨的責任。各級黨委和紀檢委為貫徹執行問責條例，將推動失責必問、問責必嚴，將其發展成為常態性的監督手段。

在落實機關改制和推動試點方面，2017 年 1 月 18 日，山西省第十二屆人民代表大會第七次會議選出該省監察委員會主任，這是中國大陸第一位省級監察委員會主任。接下來，1 月 20 日北京市第十四屆人民代表大會第五次會議選出北京市監察委員會主任。同日，浙江省第十二屆人大第五次會議選出資深紀委書記擔任監察委員會主任。

在短短三天之間，山西、北京、浙江相繼成立了監察委員會，成為監

察體制的改革試點。在這些試點地區的監察廳（局）、預防腐敗局及檢察院
查處貪污賄賂、失職瀆職以及預防職務犯罪等部門的相關職能，均已整合
至新成立的監察委員會。

經過改革試點後，中共十九大確定，今後監察委將成為反貪腐中心，
並對全國人大負責，定期向人大提出報告工作。紀檢委原書記王岐山，先
前在十八屆中央紀律檢查委員會工作報告中提到，將「依規治黨」和「依
法治國」任務相統一，並推動黨內監督和國家監察的全覆蓋。監察部的職
能原先定位為「行政監察」，而國家監察委隸屬於最高權力機關——全國人
大後，則統合了官員、黨員和所有國企人員，其監察對象自上而下，無所
不包，真正落實頂層設計的「全覆蓋」。

第二節　兩岸監察機制與職能的比較

根據上文的分析，將臺灣監察院與大陸監察委的職能作一比較，前者
重在糾正違失、強化問責與促進績效，後者則以整飭官箴，防弊肅貪為主。
監察院的調查程序細膩而複雜、十分重視行政流程及決策細節，目的在激
勵善治、改善政府績效、澄清吏治並促進行政改革；而監察委則是重要的
反貪防腐機構，啟動廉政肅貪，雷厲風行，殺一儆百，遏制腐敗，對黨員、
官員發揮積極的警示作用。

基於此，新成立的國家監察委不但要整合「執紀」（黨紀）和「執法」
（國法）兩大任務，此外，除落實廉政監督，還要發揮勤政監督和效能監
督功能，以避免官員的懶政與懈怠。這將形成一種新型態的監察權，一方
面既要打貪反腐、整飭官箴；另一方面又要激勵勤政，促進績效；可說是
兼具積極興利與消極防弊的雙重功能。與目前監察院的功能相較，更為廣
泛而深入；而其法定職權、人員編制、預算規模和控管幅度，則遠非臺灣
的監察院所可比擬。

質言之，大陸監察委啟動了反貪腐的調查任務，也掌握對涉案人員的
違紀處分；至於刑事偵查與起訴則由檢察機關負責，而司法審判委由人民

法院擔綱，三者之間形成「一條龍」的分工關係。至於臺灣的監察院則主要是職司風憲，摘奸發伏，管控著公務人員的「汰出」管道，並糾正政府機關執行的違失，藉此強化問責的績效。但是，由於五權之間的有機分工，司法審判與監察調查之間是平行而非上下、前後的關係，即使懲戒機關（即公務員懲戒委員會和司法院職務法庭）決定不對被彈劾或糾舉的公務員進行懲戒，司法審判機關（即各級法院）仍然可以對涉案公務員科以刑責。反之，司法判決無罪的官員，也還是有可能被懲戒機關課責處分。換言之，彈劾的發動權是在監察院，而決定權則是在司法院，此一分工機制體現了五權憲法體制之下權力分立、保障人權的基本特色。這也是監察院和監察委之間的重要分野。

除此之外，監察院與監察委之間，還有如下的異同。

首先，監察院是五院之一，是獨立的、高階的憲政機關，以整飭官箴、改善績效為其主要任務，並掌握著審計權。而反腐肅貪任務主要是由法務部調查局和廉政署負責，這兩個機關均隸屬於行政體系，受行政院指揮，而非獨立的廉政調查機關。但是，這兩個機關的人員編制和預算規模，卻遠遠超過監察院（監察院有委員 29 人，調查人員約 80 人）❸。這兩個機關依法均要接受到監察院的監督。

其次，監察院是超黨派的獨立機關，監察委員依法必須退出政黨活動，獨立行使職權，也不可兼任任何黨職。至於大陸監察委則與共產黨紀檢委合署辦公，聽黨指揮，受黨領導，是黨國體制的一部分。

此次大陸監察委改制，重點是將監察機關的位階提昇，成為受全國人大監督的四大機構之一，而不再是國務院之下的部級機關，亦即從行政監察提高為國家監察。但是，與監察部的性質相近、關係密切的審計署，仍然留在國務院之內，而未隨之改隸於監察委。這是與臺灣監察委院迥異之處。

---

❸ 監察院總員額約 400 人（不含審計部），年度預算約為新臺幣 7 億元。法務部調查局員額約 2,900 人，年度預算約為新臺幣 55 億元；法務部廉政署員額約 230 人（不含各機關內部的政風人員共約 3,000 人）年度預算約為新臺幣 4.2 億元。

　　再者，監察院具備獨立的調查權，監察委員可以指揮調查人員，憑監察調查證進入政府機關，取得相關檔案與文件，而不受任何干預，並可要求被調查之公務人員親自到監察院接受調查和詢問。但是，監察院並無對被調查人員「留置」的權力（此一留置權目前在大陸法學界已有許多討論與爭議）。就此而論，大陸監察委的法定調查權限較為完備，與檢察機關偵察權的區隔也已日漸清晰。

　　至於問責任務，監察院與監察委都十分重視，但執行方式卻有所不同。監察院是中央政府機關，並無地方執行機制（但審計部有派駐在各地的審計室），監察委員是透過定期的中央及地方機關巡查，以及具體的案件調查，藉此糾正各級政府機關的違失，並對相關的機關首長行使質問權與彈劾權，藉此督促其改善違失，強化民主問責的效能。至於大陸的國家監察委則是以中央層級、高階機關首長及官員為對象，進行定期問責。至於對地方政府層級的問責，則由各地的監察委分層負責，並受上級監察委員會的領導。由於政制改革才剛啟動，其實施效果尚不明朗。

　　在具體成效方面，從 2009 年 8 月 1 日至 2015 年 7 月 31 日，六年期間，監察院一共提出彈劾案 159 案、彈劾官員 309 人，其中將官有 14 人、法官及檢察官 49 人、政務人員 32 人，民選縣市長 4 人。換言之，被彈劾的高級官員一共有 99 人，約佔彈劾對象總額的三分之一。從此一數字可知，外界所謂的監察院「只打蒼蠅、不打老虎」，恐與事實嚴重不符。即以高人氣的政治人物為例，行政院長賴清德在擔任臺南市長時曾被監察院彈劾，臺北市長柯文哲在擔任臺大醫院醫師期間亦曾因案被彈劾；由此可見，監察院可說是「既拍蒼蠅又打老虎」。

　　至於大陸方面，根據十三屆全國人大一次會議中，最高人民法院和最高人民檢察院的工作報告，目前已審結審結貪污賄賂等案件 19.5 萬件共 26.3 萬人。其中，被告人原為省部級以上幹部 101 人，廳局級幹部 810 人。依法審理周永康、薄熙來、郭伯雄、令計劃、蘇榮等重大職務犯罪案件，在白恩培案中也首次依法適用終身監禁。依法懲治行賄犯罪，判處罪犯 1.3 萬人。

　　針對執法人員的違法失職，五年來，各級法院查處違反中央八項規定精神的幹警 1,011 人，對 1,762 名履職不力的法院領導幹部嚴肅問責。持續改進司法作風，加強警示教育，最高人民法院查處本院違紀違法幹警 53 人，各級法院查處利用審判執行權違紀違法的幹警 3,338 人，其中移送司法機關處理 531 人。

　　在最高人民檢察院的工作報告中指出，最高檢突出查辦大案要案。立案偵查職務犯罪 254,419 人，較前五年上升 16.4%；嚴肅查辦國家工作人員索賄受賄犯罪 59,593 人，為國家挽回經濟損失 553 億餘元。其中，對 120 名原省部級以上幹部立案偵查，對 105 名原省部級以上幹部提起公訴。涉嫌職務犯罪的縣處級國家工作人員共有 15,234 人、廳局級 2,405 人。

　　此外，最高檢也堅決懲治「小官大貪」和「微腐敗」。持續開展查辦和預防發生在群眾身邊、損害群眾利益職務犯罪專項工作，在涉農資金管理、徵地拆遷、社會保障、扶貧等民生領域查辦「蠅貪」62,715 人。最高檢會同國務院扶貧辦公室部署為期五年的集中整治和加強預防扶貧領域職務犯罪專項工作，對「易地扶貧」搬遷重點工程也開展預防監督。

　　最高檢也堅持不懈開展職務犯罪國際追逃追贓。在中央紀檢委的統一領導下，2014 年 10 月起持續開展專項行動，與相關部門密切協作，加強與有關國家、地區司法合作，已從 42 個國家和地區勸返、遣返、引渡外逃職務犯罪嫌疑人 222 人。

　　由此可見，大陸目前也是「既拍蒼蠅又打老虎」。

【第十章】
監察權：辯疑與檢討

1.監察權在五權憲法體制中，究竟扮演著何種角色？

　　監察權是一種特殊的權力設計。根據 1947 年通過的《中華民國憲法》，監察權負責對政府機關及公務人員進行全面的監督，包括：運用調查權進行相關案件的調查；對政府的官員提出糾舉和彈劾。經過仔細的調查，對違法失職的官員提出糾彈，然後送交司法院的公務人員懲戒委員會及職務法庭進行懲戒。其中，凡是被彈劾的政務官將予以撤職或申誡的處分。對於一般的公務員，也就是常任文官，則有免除職務、撤職、剝奪或減少退休（職、伍）金、休職、降級、減俸、罰款、記過、申誡等九種不同的懲戒處分。

　　除了上述的調查、彈劾、糾舉這三種權力之外，監察權還可對政府行政機關提出糾正；政府必須對糾正處分予以改正，否則政府機關的首長將會面臨書面或口頭的質問，若仍不予改正，則政府首長將可能面對被彈劾的處分。換言之，機關首長將因怠惰或不作為而受懲戒。

　　除了以上各項職權之外，監察院還可運用審計權，對政府機關的財務運用進行全面的檢視。審計部每年要向監察院提出審計報告，如果發現政府機關或政府官員有不法不忠或違法失職行為，則會送請監察院進行調查。調查結果如確認有違法失職之情事，可進一步予以彈劾、糾舉或糾正。換言之，監察院可主動運用調查權，也可以透過審計部的財務調查，雙向的監督政府各級機關及官員，以確保政府績效、整飭官箴，並促進廉能政治。就此而論，監察權是促進善治 (good governance)、強化究責 (accountability)，落實監督、澄清吏治的重要職權。

　　近年來，監察權的範圍更進一步擴張，立法院通過陽光四法（包括：《公職人員利益衝突迴避法》、《政治獻金法》、《遊說法》和《公職人員財產申報法》），由監察院負責執行，以強化對政府各級官員、民意代表和選

舉候選人的監督。這些法定職權若能充分落實，將可大幅度改善選舉風氣，改變政治文化，使政黨政治告別黑金，民意代表日趨清廉，對防貪肅貪、改善政治風氣，將有積極的效果。

除了以上各項職權外，監察委員每年還要對中央政府和各級地方政府進行巡察，到各縣市接見民眾，接受陳情，並協助民眾就地解決問題、爭取權益，以增進政府效率，並藉此紓解民怨。

依據前述分析，監察院的職權行使，重點在接受民眾陳情，瞭解民怨，並藉由深入的調查，瞭解政府機關內部的運行，掌握行政運作之細節，以督促機關首長遵循法制規範，提振執行績效，並落實民主監督。而不適任的官員經由彈劾、糾舉、懲戒，而被淘汰出局。

綜合上述，監察院各項職權，有澄清吏治、整飭官箴、紓解民怨、促進績效等重大功能。透過監察權的運作，將可對政府其他四權進行有效的分工互補，使五權成為有機互動的整體，落實分權制衡，分工合作，以促進善治。這可以說是將傳統監察制度與現代民主機制進行有效的整合，形成一種創造性的轉化。

2.從歷史發展經驗得知，是先有審計院後來才設置監察院，監察院是否應以審計為主、監察為輔？

北伐統一之後，國民政府先設立審計院，後來改設監察院，原先的審計院改為監察院之下的審計部，自此以後，審計權就成為監察權中的一個重要組成部分。

審計院權的運作牽涉到會計、法律、工程與財務等方面的專業知識，監察院依法不得干預審計權的運作。而審計部門在查獲政府相關機構有不法不忠行為時，將案件交由監察院進行調查，決定是否提出糾正或彈劾。據此，監察權與審計權之間形成密切的有機關係，在其他世界各國監察機關的運作上也頗常見此種有機互動關係（如美國和以色列），充分凸顯兩者之間必須密切合作，方能充分落實監察功能。茲進一步說明。

美國聯邦監察／問責機關─政府問責總署，原稱審計總署（舊稱為 General Accounting Office，2004 年起改名為 Government Accountability

Office），係 1921 年根據《預算和會計法》設立，並於同年撤銷原屬財政部的主計和審計機制，職權劃歸於該署。審計總署是國會之下的監察調查機關，它有義務應國會、各委員會和議員的要求，為他們提供各種問責性的服務，並提出調查報告。總署設審計長、副審計長各一位，經參議院提名和同意，由總統任命。審計長 (Comptroller General) 的任期是十五年一任，不得連任。美國審計總署（政府問責總署）目前共有 3150 位工作人員，年度預算為美金 5 億 6 千萬元。

審計總署的主要職責是：調查所有與公共資金的收入支出和運用有關的事項；提出更經濟、更有效地使用公共資金的立法建議；準備國會指定的各項調查和報告；事先決定所議決各項支出的法律根據；解決和調整政府提出的各項需求；並且制定各項政府會計格式、制度和程序。

審計總署本身所堅持的核心價值，包括下列三項：

（一）問責 (accountability)：協助國會監督聯邦政府的計劃與運作，確保其符合民眾的要求。美國係聯邦制國家，故其監察調查對象僅及於聯邦政府（而不及於州及地方政府）。

（二）正直 (integrity)：堅持以高標準執行任務，基於專業、客觀、以事實為基礎、非黨派性、非意識型態化、公正無私及平衡的立場，從事相關任務。

（三）確實可靠 (reliability)：審計總署的工作目標是讓美國國會與民眾充分瞭解，其任務表現十分確實、可靠，而且掌控時間、精確、清晰、公正，而且有用。

在過去四十年間，審計總署對國會所提供的服務有很大的變化。透過它的監督，為國庫省不少錢，據精算，其提供的財政收益，2009 年高達美金 430 億元。另外，它每年平均為美國國會所提供的聽證超過 300 場次，對政府機關提出的糾正意見，超過 1300 項，聯邦政府機關中有 80% 以上接受它提出的建議，幾乎在國會開議期間，每天該署都要派員到國會進行報告或作證。由此更可確認國會及政府對其倚重之深。

由以上發展經驗可知，美國聯邦監察調查機關就是從審計機關，以監

督政府公共資金運作為主要目的，逐步發展、擴張為全面性的監察與問責機關，這也就是為什麼在 2004 年以後，原先的「審計總署」要改為「政府問責總署」的主要原因。由此可知，從審計權擴大為全面監察／問責權，確實是民主制衡機制發展之所需。

　　類似的情況也發生在中東國家以色列，1949 年以色列國會制定了國家《審計長法》，國家審計長之職權與一般國家的審計長 (Auditor General) 職權相類。但在 1971 年，以色列國會在審計長的職權上，增加了另一項任務，即同時擔任「公共申訴督察長」(Public Complaints Commissioner) 之職，亦即一般西方國家「監察使」之角色。

　　「審計長」與「公共申訴督察長」此二角色的共同目標是：揭發行政部門在施政上的缺失，以達成立法機關監督之目的，並協助立法機關在必要時召集審計機關，提供改進行政部門的施政措施。

　　至於「審計長」與「公共申訴督察長」的相異之處則在於：審計長係監督行政單位之一般行政措施，而督察長則處理一般民眾之個別申訴。審計長的職責是改善行政效率和促進行政管理，而督察長的目標則是保護民眾權益，免於官僚的侵害。審計長每年要向以色列國會提出年度工作報告，並公諸於世。他和公共申訴督察長所做的建議只屬建議性質，均不具強制力。但是由於審計長的地位崇高，受到高度的信任，因此他所作的建議有舉足輕重的影響力，其建議未被採納者極為罕見。

　　目前在審計長兼督察長的監察機構中，共有職員約五百人，其中大約五分之一是在督察長辦公室工作。此外，若審計長兼督察長認為有必要時，亦可利用非幕僚人員，如各專門領域之專家，協助其工作。

　　除了美國與以色列的制度經驗外，東歐的波蘭也設立監察院，執行審計監察權，波蘭的「最高監察院」(Supreme Chamber of Control)，設於 1919 年，為審計監察機關，地位崇隆。該院設院長一人，副院長二至四人，一任俱為六年，並得連任一次，經參眾兩院多數決同意方式任命。最高監察院之下有 1,700 位員工，年度預算約為新臺幣 24 億元（2008 年），其主要職掌為審計監察業務，採首長制及合議制之混合體制。除最高監察

院外，1987 年起，受到「第三波民主化」潮流的影響，波蘭另設置了國會監察使性質的「民權監察使公署」(Commissioner for Civil Rights)。該公署設監察使一人，副監察使一至三人，任期五年，得連任兩次。該署編制員額為 267 人（2010 年），其人事規模與我國監察院相仿。由上可知，波蘭是以審計機制為監察權之主體，監督政府之審計監察業務；另輔以民權監察使，受理民眾陳情，以監督政府行政運作。

由以上經驗看來，監察與審計機制各有不同的發展歷程，有的國家是先設立審計機關，有的則是審計／監察兩者平行發展，互不隸屬；但若深究，兩者的關係十分密切。監察權行使經常依賴審計部門所提供的財務資訊，據此對政府機關提出糾正意見。而審計部門則需要藉監察權的深入調查，掌握行政細節與決策流程，才能落實肅貪與打擊不法的使命。但兩者重心各異、功能不同；而職司風憲，糾舉不法，摘奸發伏，糾正偏失的宗旨，卻是相同的。

3.在監察權的實踐中，彈劾權及糾舉權之間有何區別？

有關監察院行使彈劾權與糾舉權之差異，在過去幾十年裡，各方意見紛陳，呈現兩種基本不同的看法；第一種看法認為，彈劾權行使對象是高官，糾舉權行使對象則是一般文官。換句話說，彈劾權的對象層級比較高，而糾舉權行使的對象是一般公務員。

第二種看法則認為，彈劾權的對象是負責決策的官員，由於彈劾權行使的要件比較複雜，程序上比較審慎，而糾舉權係屬緊急糾偏的措施，程序簡易，追求速效，旨在鞭策相關機關首長及早更換負責執事的官員，並速謀救濟措施，屬於緊急救濟的性質。

若依法定程序而言，彈劾權需要由兩位監察委員提出，九位以上的出席與決定；糾舉權只需要一位監察委員負責提案，五位監察委員的出席與決定。就此而言，彈劾權的要件顯然比糾舉權更為慎重而複雜，在第四屆監察院的的具體案例中，確實是彈劾權的行使遠比糾舉權要多得多。

4.糾舉及彈劾有無救濟機制？

糾舉權的行使，係將違失官員的任免責任委由機關首長負責，如果違

失者未受到適當的處置，而違失情節又未能改善，監察院可進一步對該機關的首長提出彈劾。至於彈劾案通過後，依據權力分立原理，將由司法院公務員懲戒委員會進行審理，被彈劾的官員可向公懲會提出說明，公懲會據此決定是否予以懲戒。

根據《公務員懲戒法》第9條，公務員之懲戒處分如下：一、免除職務、二、撤職、三、剝奪、減少退休（職、伍）金、四、休職、五、降級、六、減俸、七、罰款、八、記過、九、申誡。

前項第三款之處分，以退休（職、伍）或其他原因離職之公務員為限。

第一項第七款得與第三款、第六款以外之其餘各款併為處分。

第一項第四款、第五款及第八款之處分於政務人員不適用之。

如果彈劾案通過後，公務員懲戒委員會的決定是不處分，那就形同平反，不予懲戒。換言之，最後的決定權是在司法機關而非監察院。監察院只掌握彈劾的提議權，懲戒權則歸司法院。

5. 監察院為何只打蒼蠅不打老虎？

從 2009 年 8 月 1 日至 2015 年 7 月 31 日，監察院共提出彈劾案 159 案、彈劾 309 人，其中將官有 14 人、法官及檢察官 49 人、政務人員 32 人，以及民選縣市長 4 人，高級官員一共有 99 人，約佔彈劾總額的三分之一。從此一數字可知，監察院對高層官員的彈劾是不遺餘力的。以高人氣的政治人物為例，行政院長賴清德在擔任臺南市長期間曾被彈劾，臺北市長柯文哲在擔任臺大醫院醫師時亦被彈劾。足證監察院可說是既拍蒼蠅又打老虎。

6. 中國大陸近年來積極推動打貪防腐的工作，成效卓著。相較之下，監察院的成績卻遠不如海峽對岸，這究竟是為什麼？

中國大陸實施的是黨國體制 (party-state system)，中共紀檢委可根據黨章規範，對黨員幹部進行紀律檢查，並實施「雙規」（「在規定的時間，到規定的地點進行調查」）。而監察院在五權憲法體制下，並無是類法定權限。

此外，目前肅貪防腐工作依法係由法務部廉政署和調查局負責，係內控機制運作；監察院則是獨立的外控機制，無權督導、指揮廉政署與調查

局辦案。監察院的主要職責，在於糾正政府行政違失，彈劾官員違法失職，整肅官箴、澄清吏治。監察院與中國大陸的紀檢監察部門固然有類似性與相關性，但兩者職能亦有重要區別。

最近幾年，中共中央紀檢委和國務院監察部積極推動打貪防腐，其具體成效十分驚人，影響層面也很廣泛。更重要的是，中共中央已經核定在全國人大之下設置專責的「國家監察委員會」，屬頂層設計。另外，從2018年開始將在全國範圍、各級政府中普遍設置專門的監察委員會，是近年來最重大的政治改革，足證監察權是大陸進一步改革開放、法治興國的重要關鍵。但是，在臺灣執政黨卻主張廢除監察院，這的確是鮮明的對映。

在2016年10月中共十八大六中全會後，中央決策高層通過《關於在北京市、山西省、浙江省開展國家監察體制改革試點方案》，在上述三省市設立各級監察委員會，試驗在統一領導下，如何實現對公職人員的全面監察，以建立集中統一、權威高效的監督機制。

從目前公開的文件解讀，未來國家監察委掌握的監督權，將成為與人民代表大會的立法權、國務院的行政權、最高人民法院和最高人民檢察院分掌的司法權，處於高階、平行的地位。

依據《中華人民共和國憲法》規定，全國人民代表大會是最高權力機關，職權十分廣泛，包括立法權、任免權、決定權和監督權。但長期以來，人大實際運作的權力卻局限在形式性的舉手表決，通過相關立法、同意人事任命，以及審議政府工作報告等十分有限的範圍內，因此常被外界稱為「橡皮圖章」。表面上，雖然被稱為最高權力機關，實際上卻是空有其名、虛有其表。

基於此，此次推動的政治改革方案，將會使人大的監督權真正落實，其主要職權係將黨中央的紀檢機關擴及全國人大，成為人大之下的國家監察機關。而國家監察委員會的監督對象也不再局限於中共黨員，亦將擴及所有政府官員和國有企業人員，人數將超過一億人以上。至於「紀檢委」與「監察委」二者之間的關係，仍是一體兩面，即同一套機制、但分別掛著黨和國家兩塊不同的招牌。

　　換言之，原先的監察機關——在國務院之下的「監察部」，將升格至頂層的人大，成為人大的「監察委」。原來監察部的職權僅限於行政監督，無法對更高層級的人員進行權力監督。但新設立的監察委員會卻將直接對國務院、最高法院及最高檢察院等國家權力機關，進行全方位的監察任務。基於此，監察委員會的設立，將使全國人大擁有實質意義上的監察機構，這無疑是一項重大的法治建設和政體改革工程，但其具體成效如何，尚未可知。

7.監察院監督政府百官，但究竟由誰來監督監察院呢？

　　第二次修憲後，憲法增修條文明定，監察權的行使對象包括監察委員和監察院人員，亦即監察及於自身；而且已有監委和監察院祕書長等受到彈劾，足見此一規範已具體實施、且有具體案例。

　　其次，彈劾案件是由監察院提出，但卻由司法院公懲會和職務法庭進行審理，由其決定是否對被彈劾人進行懲戒，這種將彈劾與懲戒分立的規定，充分體現了五權憲法分工合作、分權制衡的基本精神，而不是將決定權定於一尊。

　　再者，司法機關也針對違法的監委和監察院人員繩之以法，且已有具體的判例可稽。除此之外，媒體輿論對監察院的監督和批判也是不遺餘力，大部分的新聞報導都抱持批評的意見。因之，大多數民眾的看法是，監察院乃是「無牙的老虎」，制裁的工具和力道不足，而不是監委的權力過大。

8.監察委員行使職權為何需要豁免特權的保障？

　　監察院要取得民眾的充分信任，其職權行使必須公開透明、公正廉明，並接受輿論的監督。因此，監察院的內部會議和調查資料，應盡可能的對外公開，受到民眾的檢視，以昭公信。事實上，西方民主國家的監察使即普遍獲得此類保障。譬如說，1981年西班牙《國家護民官（監察使）組織法》規定：護民官不受任何強制性命令所支配，不接受任何機關的指示，在擔任此項職務期間，享有不可侵犯性及豁免權。另外，阿根廷國家護民官亦享有憲法賦與國會議員相同的豁免權。

　　基於此，監委應得到言論豁免權的保障，以確保決策過程的公開透明，

否則監委恐將面臨被調查者的濫訴，甚至因媒體的報導而被告上法庭。由此可知，恢復過去憲法保障的言論免責權，誠屬必要。

9.監察權是否係一種「事後權」？

監察權針對政府的行政違失（或稱不良行政）進行調查，針對官員的違法失職，提出事後補救措施；並督促政府機關進行改善，確實屬「事後救濟」的性質。但監察權亦經常針對政府設施，如會計制度、警政管理、行政管制等提出防範措施，藉此杜漸防違，這就具有「事前預警」的作用。

另外，在監委進行地方巡察時，往往會藉民眾陳情之機約請地方官員到場即席說明，並協調民眾與官員就地協商解決爭議，此一作法，常可及時解決紛爭，平息民怨。這又具有「事中防範」的效果。換言之，監察權在運作上確可依據不同的情境和場所，發揮事前預警、事中防範與事後補救的不同功能。

10.監察院對行政機關的糾正，究竟能否發揮真正的作用？

針對監察院的糾正，一般而言，行政機關都會接受糾正的意見，並據以改正。但行政機關若覺得窒礙難行，往往會陳覆理由，據理說明。監察院若認為確有必要進一步瞭解其中細節，則由相關委員會提出質問，由該機關首長親自到院說明；若仍拒絕改善，則可對相關人員提出彈劾，據以究責。另外，每年監察院進行各機關巡查及年底對行政院巡察時，亦可針對糾正案進行追責詢問，要求負責的首長即席回應，藉此強化究責的效果，落實究責的效用。據此，只要充分運用質問、究責、巡查、彈劾等不同手段，對機關的糾正自可發揮積極的鞭策作用。

11.臺灣地區地狹人稠，為什麼還需要監察委員到各地進行地方巡察？

臺灣推動民主化與自由化改革已逾三十年，對於人民的基本權利和社會福祉十分重視。但由於選舉制度與選舉風氣的影響，候選人多集中精力在人數較多的都會區，爭取選民的支持。對於離島、偏遠地區和鄉村的關注和照顧則明顯不足，導致民瘼民隱經常受到忽視。基於此，監委的地方巡查工作，以及在各縣市接受當地民眾的陳情，就顯得特別有其必要。

監委往往會在陳情的現場立即邀集當地官員和陳情民眾當面協調，溝

通歧見、化解隔閡,並尋求解決問題的具體途徑。監委在離島及偏遠地區進行巡查時,往往也可視實際需要,對中央政府派駐當地的機關及地方政府人員就相關業務及執掌,進行溝通與瞭解,並就中央與地方政府在職掌上的矛盾扞格,有所掌握。往往由於監委的督責及居中協調,改善不同層級政府之間的府際關係,強化行政效率,對地方政府的行政執行提供實質的助益。

舉例來說,監獄及看守所受刑人的國民教育任務是由法務部矯正署負責,包括矯正學校、感訓機構在內,都是由矯正專業人員負責,而監所之外的國民教育資源,包括特殊教育、職業教育等機構與設施,很少能進入矯正機關,提供給受刑人運用,以保障其權益。但近年來,由於監察委員的督責與居中協調,教育部國民教育署開始與法務部矯正署合作,整合在地政府的各種教育資源,使受刑人的教育權益得到很大的改善。這就是整合府際關係、強化機關間協調與合作的一項明證。

12.憲法規定彈劾屬監察權、懲戒屬司法權,兩者分立、互不隸屬,有無需要調整或補強?

彈劾權屬監察院、懲戒權屬司法院,係基於權力分立的原理,避免權力過於集中某一機關,這是符合憲政民主與分權制衡原理的制度安排。但由於目前懲戒權之行使,相關法制規範與執行實務,俱採書面審理方式,往往會因文字隔閡而造成誤解,今後宜改採書面審理及言辭辯論的並行方式,以保障當事人的權益,並促進審理過程的效率。

13.近年來,立法院賦予監察院「陽光四法」等新的職權,監察院如何行使是類職權?

目前陽光四法的主管機關分別為法務部(指《公職人員財產申報法》及《公職人員利益衝突迴避法》)與內政部(《政治獻金法》及《遊說法》),監察院僅係部分案件申報受理或裁罰的機關,並為政治獻金專戶設立許可與裁罰的權責機關。

若依據上述四法之立法性質及法律執行之妥適性分析,最適宜的主管機關應係審計部。審計部係憲法所規範的獨立機關,憲法第 104 條規定,

「監察院設審計長，由總統提名，經立法院同意任命之」。憲法第 105 條規定，「審計長應於行政院提出決算後三個月內，依法完成其審核，並提出審核報告於立法院」。由此可見，若由審計部主管陽光四法，一方面因其具備獨立性、專業性及客觀性，可確保陽光四法的執行績效，並可強化其公信力。

另一方面，則因審計部與立法院之間的互動機制業已制度化，由其負責，亦較為適切。相較之下，由監察院負責執行並負責裁罰工作，經常會出現立委不滿裁罰而要求刪減監察院預算，或主張廢除監察院的情事。因之，若將監察院公職人員財產申報處的職掌與人事一體轉入審計部，實係最簡易而能收實效的變革之道。

14.監察院是不是人權院？我國是否需要另設一個專責人權的機關？

《中華民國憲法》規定：「監察院為國家最高監察機關，行使同意、彈劾、糾舉及審計權」。監察院為行使監察權，得向行政院及其各部會調閱其所發布之命令及各種有關文件。另外，憲法第 96 條還規定，監察院得按行政院及其各部會之工作，分設若干委員會，調查一切設施，注意其是否違法或失職。據此，監察院負責接受民眾陳情，而且有權調閱政府命令及文件、調查行政院及各部會一切設施，這實係最適格的人權機關。

根據澳洲人權組織對我政府的建議，應將人權保障機制設立於監察院，同時還建議應將監察院的英文譯名從 Control Yuan 改為 Guardian Yuan，藉此彰顯人權保障之精神，這確實是值得肯定的一項改革建議。

15.監察院的職掌與保障人權究竟有什麼關係呢？

監察院依據五權憲法獨立行使職權，負責監督各級政府及其公務員，本質上即負有人權保障之使命，監察院向來將「保障人權」與「整飭官箴」、「澄清吏治」及「紓解民怨」列為四大工作目標。由於各界對人權工作日漸重視，監察院肩負保障人權的任務，也益發重要。這完全符合國際上監察機關角色與功能調整的大趨勢。

目前國際上認定之國家人權機關 (National Human Rights Institution) 主要包括二大類，一是國家人權委員會 (National Human Rights

Commission)，二是監察使 (Ombudsman)。監察院正是國際上認定之「國家人權機關」的第二種類型，實可發揮保障及促進人權的重大功能。在監察院實際調查案件中，目前有將近六成涉及人權議題。立法院於 2009 年 3 月 31 日批准《經濟、社會與文化權利國際公約》及《公民與政治權利國際公約》（以下簡稱《兩公約》）暨三讀通過《兩公約施行法》（2009 年 12 月 10 日起施行）；於 2011 年 5 月 20 日又三讀通過《消除對婦女一切形式歧視公約 (CEDAW) 施行法》（2012 年 1 月 1 日起施行）；2014 年 5 月 20 日及同年 8 月 1 日再分別通過《兒童權利公約施行法》（2014 年 11 月 20 日起施行）、《身心障礙者權利公約施行法》（2014 年 12 月 3 日起施行）。

由此可見，提升人權已成為各級政府機關當前之重要工作，為了配合國內人權發展的新情勢，監察委員行使職權、監督各級政府機關有無違法失職或政策作為有無失當，亦將國際人權公約所列舉之人權標準，作為衡量的基準。

16. 民權主義主張權能區分，但是究竟如何運作呢？

中國傳統的民本思想強調為政以德，為民請命，要體察民瘼民隱，為人民多做好事、實事，替民眾積極謀福利。因此，傳統中國一向有實踐德治 (meritocracy)、建立大有為政府的講法。

五權憲法是民權主義的核心內涵，繼承了中國傳統的民本思想，萬能政府；各種權力部門之間應分工合作，同心協力，有機互補，以落實善治。不同於西方國家強調自由民主的價值觀，主張權力分立、相互制衡；五權憲法卻特別重視權能區分，亦即「人民有權、政府有能」。所謂「權」，就是實施民權，推行民主，由人民掌握著各項政治權利 (political rights)，包括選舉、罷免、創制、複決，以有效控制政府的運作。至於「能」則是指政府與官員要具備充分的治理能力 (governing ability)，要以民為本，推行善治。「權」與「能」兩者分工合作，民主理念與民本思想相輔相成，形成一個整體的執政有機體。

基於此，權能區分是結合中國傳統的民本思想與西方的共和民主機制；一方面，強調人民要充分掌握政治權利，運用代議民主與直接民權等不同

的手段，落實民主問責與民意監督。另一方面，政府治理功能也必須充分發揮，吸引優秀人才進入政府，讓好人與能人出任公職人員，落實賢能政治的理想，並促進五權之間的分工合作，進而形成強而有力的政府治理體系，為人民爭取最大的權益與福祉。

17.既然權能區分是結合民主與民本這兩套理念與機制，那麼五權制度究竟如何運作呢？

　　五權憲法的特色是，透過獨立的考試權，讓優秀、專業、能力強的官員經過國家考試的選拔，進入政府體系，擔任公僕，構成行政機關執政的主體，奠立起穩定而可靠的官僚體系，避免議會民主國家常見的裙帶關係、朋黨政治與分贓制等積弊。進一步，則要透過獨立的監察委員深入民間、傾聽民意、彈劾不法、整飭官箴，以澄清吏治，改善政府績效，並促進民主問責能力。

　　基於此，五權之間有如手上的五隻指頭，緊密相扣，彼此分工合作、相互配合，形成有機互補的關係。相對的，目前許多西方國家在三權分立、政黨對立的局面下，出現階層分化、社會分裂、族群撕裂，零和博奕的民主困境，許多民粹型政治人物煽風點火，形成民主逆退、執政無能的危機。基於此，不同於西方自由民主的五權憲法體制，特別強調要以民為本，為民眾謀福祉，同時必須建立起強而有力的政府，落實善治。

　　但這卻不是將政府的權力極大化,建立一個權力完全不受節制的極權政體 (totalitarian regime)，後者是將公權力無限擴大，政治社會 (political society) 吞噬了民間社會與公民社會 (civil society) 的自主性，否定分權與制衡，人民受到政府的擺布與壓制。為了讓人民真正有效的掌控政府，民權主義特別在選舉權之外，增加了罷免、創制、複決等直接民權的手段，監督政府和政治領導人，同時也可有效的節制立法權的運作。

　　基於此，在於五權憲法體制下，民選的政治人物和代議機關必須面對直接民主機制的究責與監督；不適任的民選人物可能會被民眾罷免、提前出局。而議會若不能及時完成立法任務，人民也可透過創制權要求其符應民意，在期限內完成立法任務，藉此避免政府的腐化和議會的專斷和失能。

　　就此而論，五權憲法確實不同於三權分立，有一套不同的權力運作手段和政府治理體系。

18.你說了五權體制這麼多的好處，但是為什麼監察權的表現卻備受物議，而且還有這麼多人主張要廢除監察院呢？

　　的確，監察權的運作確實受到各方的批評，但其中有些因素是人為之過，而不是制度本身的問題。首先，是監察委員的人選，必須具備高度的法政涵養、專業知識及社會聲望，而且要超越黨派、公正廉明，不循私苟且，具備承擔「風霜之任」的道德使命與人格特質，才能擔當起監委的責任與任務。基於此，在《監察院組織法》第三條之一中規定：

　　「監察委員，須年滿三十五歲，並具有下列資格之一：

一、曾任中央民意代表一任以上或省（市）議員二任以上，聲譽卓著者。

二、任簡任司法官十年以上，並曾任高等法院、高等法院檢察署以上司法機關司法官，成績優異者。

三、曾任簡任職公務員十年以上，成績優異者。

四、曾任大學教授十年以上，聲譽卓著者。

五、國內專門職業及技術人員高等考試及格，執行業務十五年以上，聲譽卓著者。

六、清廉正直，富有政治經驗或主持新聞文化事業，聲譽卓著者。」

　　但是，如果總統提名的人選本身具備高度的爭議性，又缺乏足夠的社會聲望、專業知識與人格素養，而且作風不正，濫用職權，當然會嚴重影響到監察權實際執行的成效。只要是所託非人，不管是有意或無意這樣做，自然都會重創監察權的形象。

　　其次，是廢除監察院的主張，忽略了長期以來監察人力與預算資源嚴重不足的事實，監察院 2016 年度預算（含審計部）是新臺幣 23 億 4 百萬元，占中央政府總預算（歲出是新臺幣 1 兆 9758 億 6 千 6 佰餘萬元）的 0.11%，比例甚低。如果能適度增加監察院的調查人力和預算規模，從目前僅 80 人增至 200 人左右，將可大幅度提高民眾陳情案的派查比例（從 2.3% 提高至 10% 以上），民眾的滿意度自然也會提高。

附錄：監察院聲請大法官解釋案一覽表

編號	院會決議會次	聲請案由／解釋爭點	提案人／單位	大法官解釋	備註
1		公務員得兼新聞紙類等之發行人、編輯？		◎解釋字號：釋字第 6 號 ◎解釋公布日期：41 年 9 月 29 日	此三案係行憲前監察院函請司法院解釋，行憲後司法院大法官會議議決解釋案。
2		憲法第 103 條「公職」涵義？		◎解釋字號：釋字第 19 號 ◎解釋公布日期：42 年 6 月 3 日	
3		省黨部等團體之主任委員或理事，公立醫院院長、醫師為憲法第 103 條「公職」？		◎解釋字號：釋字第 20 號 ◎解釋公布日期：42 年 7 月 10 日	
4	38 年 3 月 24 日監察院第 1 屆第 45 次會議	監察院有無向立法院提案權。	孫委員玉琳、黃委員寶實、王委員向辰等 3 委員	◎解釋字號：釋字第 3 號 ◎解釋公布日期：41 年 5 月 21 日	1.此兩案係監察院先後二次函請司法院解釋，經其合併研議。 2.監察院在第一案提出之前，曾於民國 37 年 7 月 2 日監察院第 1 屆第 16 次會議中，由監察委員郭昌鶴等 50 人臨時動議提：依照憲法第 44 條之規定，咨請總統召集立法、司法、監察三院院長會商解決監察院提出法律案問題，當經決議通過，由院咨請總統辦理，經總統於同年 7 月 10 日召集三院院長會商結
	39 年 5 月 30 日監察院第 1 屆第 84 次會議	監察院得向立法院提案。	監察法令研究小組（原案為丘委員念臺等 3 委員提）		

					果，僉認本案仍以交大法官會議解釋為妥。
5	39 年 5 月 30 日監察院第 1 屆第 84 次會議	公務員之涵義及民意代表暨自治人員是否為監察權行使之對象。	監察法令研究小組	◎解釋字號：釋字第 14 號 ◎解釋公布日期：42 年 3 月 21 日	
6	41 年 10 月 15 日監察院第 1 屆第 228 次會議	關於憲法第 81 條所稱之法官是否包含法院組織法第 40 條第 2 項所規定之實任檢察官在內。	司法委員會	◎解釋字號：釋字第 13 號 ◎解釋公布日期：42 年 1 月 31 日	
7		為省縣議會議長是否為監察權行使之對象。	張委員一中、何委員濟周	◎解釋字號：釋字第 33 號 ◎解釋公布日期：43 年 4 月 2 日	本案係由監察委員函監察院祕書處，於 42 年 4 月 21 日轉函司法院解釋，未提監察院會議討論。
8		高等法院及地方法院之民刑訴訟，併由司法行政部主管，是否與憲法第 77 條之規定相違背。	鄺委員景福等 51 委員	◎解釋字號：釋字第 86 號 ◎解釋公布日期：49 年 8 月 15 日	本案係由監察委員函監察院，於 42 年 6 月 6 日轉函司法院解釋，未提監察院會議討論。
9	44 年 3 月 8 日監察院第 1 屆第 360 次會議	公營事業機關所得額，應以審計機關最終審定之盈餘為依據，抑應以稅捐徵收機關核定之所得額為依據。	審計部	◎解釋字號：釋字第 46 號 ◎解釋公布日期：44 年 5 月 9 日	
10		最高法院及臺灣高等法院推事與檢察官審理大信貿易公	趙委員季勳等 3 委員	◎解釋字號：釋字第 60 號 ◎解釋公布日期：45 年 4 月 2 日	本案係由監察委員函監察院，於 44 年 10 月 15 日轉函司法院解釋，

		司經理符逸冰涉嫌偽造文書及詐欺一案，關於法律見解適用問題發生異議。			未提監察院會議討論。
11	45 年 9 月 11日監察院第1 屆第 449次會議	懲治叛亂條例第 5 條所謂參加叛亂之組織，是否可不問其加入行為係在若干年以前，及現在之有無聯絡及活動事實，均應認為其行為具有繼續性質，可適用同條例第 5 條論處，所有刑法第 2條及罪犯赦免減刑令，均無適用餘地。	司法委員會	◎解釋字號：釋字第 68 號◎解釋公布日期：45 年 11 月 26 日	
12	45 年 11 月19 日監察院第 1 屆第456 次會議	關於憲法第 33條、第 74 條、第 102 條規定關於現行犯適用問題。	司法委員會（原案為王委員冠吾等 3 委員提）	◎解釋字號：釋字第 90 號◎解釋公布日期：50 年 4 月 26 日	
13	46 年 4 月 22日監察院第1 屆第 472次會議	關於大學法第11 條中之系主任，是否為公務員服務法第 13條所稱之公務員。	于院長右　任（原案為丁委員淑蓉提）		46 年 10 月 5 日監察院第 1 屆第 503 次會議決議：函復司法院本案暫緩解釋。
14	46 年 5 月 22日監察院第1 屆第 487次會議	關於憲法第 81條所稱之法官，是否包括大法官在內。	酆委員景福等50 委員		48 年 1 月 12 日監察院第 1 屆第561 次會議決議：本案由院撤回。
15	46 年 5 月 27	關於公務服務	法令小		48 年 3 月 9 日司

	日監察院第1屆第491次會議	法第14條之「法令」二字適用上疑義。	組（原案為財政委員會提）		法院函復：以行政院對本問題之見解與監察院尚無歧異，依法未便解釋。
16		（一）違警罰法所規定主罰中之拘留、罰役是否違反憲法第8條之規定。	內政、司法委員會	◎解釋字號：釋字第105號◎解釋公布日期：53年10月7日	內政、司法兩委員會前以違警罰法所規定主罰中之拘留罰役及出版法規定對出版品得定期停止其發行及撤銷登記是否違憲，不無疑義，提經院會決議函送司法院解釋。其有關出版法部分，經司法院先以釋字第105號解釋，違警罰法部分另以釋字第166號解釋。
17	50年6月8日監察院第1屆第686次會議	（二）現行出版法對於出版品定期停止其發行及撤銷其登記，是否應經司法機關決定方為適法。		◎解釋字號：釋字第166號◎解釋公布日期：69年11月7日	
18	50年10月12日監察院第1屆第695次會議	「行賄」及「幫助或教唆行賄」是否視同刑法瀆職章之罪。	內政、司法委員會	◎解釋字號：釋字第96號◎解釋公布日期：51年6月27日	
19	51年2月21日監察院第1屆第733次會議	行政院依據國家總動員法第16條、第18條所頒布之救濟令，其救濟令及處理辦法與國家總動員法是否適合。	經濟委員會	◎解釋字號：釋字第106號◎解釋公布日期：54年2月12日	
20	51年3月14日監察院第1屆第734次會議	（一）官署之處分書應否具備公文程式條例所規定之程式。（二）公文程式條例之規定，是否僅指機關內	司法委員會	◎解釋字號：釋字第97號◎解釋公布日期：51年9月7日	

		部文稿，而不及於正式對外發出之文件。			
21	54 年 7 月 13 日監察院第 1 屆 第 909 次會議	臺東縣議會陳培昌於該會第 6 屆第 3 次大會時，發言質詢引起訴訟涉及縣市議員在大會所為言論及表決對外責任疑問。	內政委員會	◎解釋字號：釋字第 122 號 ◎解釋公布日期：56 年 7 月 5 日	
22	54 年 8 月 10 日監察院第 1 屆 第 912 次會議	為調查劉 0 潭呈訴新竹縣政府及臺灣省政府非法徵收民地，內政部及行政法院枉法裁判一案時，發覺由於土地法及土地法施行法有關條文涵義欠明，互有不同之解釋，乃造成適用上之困難。	張委員秉智	◎解釋字號：釋字第 110 號 ◎解釋公布日期：54 年 12 月 29 日	
23	56 年 3 月 16 日監察院第 1 屆 第 1002 次會議	司法院所屬之行政法院院長等是否得認為憲法第 81 條規定之法官，擬聲請解釋案。	段委員克昌等 5 委員	◎解釋字號：釋字第 162 號 ◎解釋公布日期：69 年 4 月 25 日	
24	56 年 9 月 12 日監察院第 1 屆 第 1021 次會議	請再解釋司法院釋字第 122 號解釋關於縣議員在會議時發言責任案。	內政、司法委員會	◎解釋字號：釋字第 165 號 ◎解釋公布日期：69 年 9 月 12 日	釋字第 122 號解釋，係經 54 年 7 月 13 日監察院第 1 屆第 909 次會議決議聲請解釋。
25	57 年 1 月 11 日監察院第 1 屆 第 1051 次會議	關於耕地 375 減租條例第 15 條規定之土地優先承買權之	田委員欲樸、王委員冠吾	◎解釋字號：釋字第 124 號 ◎解釋公布日期：57 年 8 月 23 日	

		行使問題，本院所持見解與最高法院所已表示之見解有異，擬請依照司法院大法官會議法第 7 條規定，聲請統一解釋案。		
26	57 年 4 月 9 日監察院第 1 屆第 1057 次會議	為最高法院近年判決，對依照耕地 375 減租條例訂立租約之佃農，在租佃期限未屆滿前，如有該條例第 17 條規定以外之情形時，地主仍得終止租約。此項見解當與該條硬性限制之原意不符，惟事關法律見解，擬移送大法官會議解釋，以確保耕地承租人權益案。	陳委員大榕、李委員正樂	◎解釋字號：釋字第 125 號 ◎解釋公布日期：57 年 10 月 30 日
27	57 年 11 月 26 日監察院第 1 屆第 1087 次會議	為糾正牟紹恆等參加匪偽兒童團組織被判刑一案，本院與行政院之法律見解有異，擬送請司法院大法官會議解釋案。	司法委員會	◎解釋字號：釋字第 129 號 ◎解釋公布日期：59 年 10 月 30 日
28	58 年 1 月 18 日監察院第 1 屆第 1099 次會議	為縣市政府依耕地 375 減租條例第 19 條第 1 項所為之通知，係執行行政	康委員玉書等 6 委員	◎解釋字號：釋字第 128 號 ◎解釋公布日期：59 年 4 月 17 日

		法令之處分，對於承租人應有拘束力，最高法院之判例見解與行政院及本院均有歧異，擬請大法官解釋案。			
	58 年 12 月 16 日監察院第 1 屆第 1136 次會議	為耕地 375 減租條例第 19 條第 2 項所為之調處，對於當事人間亦有拘束力，應依行政救濟程序辦理，擬送請大法官會議併案解釋案。	鄺委員景福、張委員國柱、黃委員寶實等 3 委員		
29	61 年 6 月 17 日監察院第 1 屆第 1262 次會議	查各機關就其職掌所作有關法規之釋示或行政命令，法官是否得逕予排斥不用？此一問題，不但涉及人民之權利義務，法官之審判職權以及行政命令之效力，亦與本院職權之行使有密切關係。	陶委員百川、張委員一中、金委員越光、吳委員大宇、王委員文光、王委員澍霖、丁委員俊生等 7 委員	◎解釋字號：釋字第 137 號 ◎解釋公布日期：62 年 12 月 14 日	
30	63 年 3 月 12 日監察院第 1 屆第 1350 次會議	關於財政部對「營業稅法第 41 條 5 年期間之解釋」，認應自該法公布生效之日起算。本院所持之見解與行政院所已表	司法委員會	◎解釋字號：釋字第 142 號 ◎解釋公布日期：64 年 2 月 7 日	

		示之見解，既有不同，擬函請司法院大法官會議統一解釋，可否，請討論案。		
31	64 年 5 月 13 日監察院第 1 屆第 1400 次會議	關於黃委員光平對吳侯偓陳訴案所提，買賣房屋，其申報價格已達核定現值者，縱有短報、匿報，應不令負刑事責任。並請送司法院大法官會議作統一之解釋案。	司法委員會	65 年 2 月 12 日監察院第 1441 次會議決議：由院函司法院將原聲請解釋案撤回。
32	66 年 3 月 10 日監察院第 1 屆第 1487 次會議	政府機關對稅法未規定應繳付稅款之事項，是否得以比照類推方法，著使人民（包括法人）繳稅。	司法委員會（由財政委員會函送院會，經決議交司法委員會）	◎解釋字號：釋字第 151 號 ◎解釋公布日期：66 年 12 月 23 日
33	68 年 10 月 9 日監察院第 1 屆第 1589 次會議	請解釋實施都市計畫原出租農地由地主收回，依規定給與佃農申報地價三分之一之補償金應否課徵所得稅案。	財政委員會	◎解釋字號：釋字第 163 號 ◎解釋公布日期：69 年 6 月 20 日
34	69 年 1 月 17 日監察院第 1 屆第 1611 次會議	請解釋行政法院引用財稅主管機關，以行政命令變更法律之函令，作為裁判之依據，是否	司法委員會	◎解釋字號：釋字第 167 號 ◎解釋公布日期：70 年 3 月 13 日

		有違租稅法定主義，並牴觸憲法案。		
35	69 年 3 月 11 日監察院第 1 屆第 1614 次會議	請解釋司法院釋字第 107 號解釋之適用範圍是否包括民法第 767 條除去妨害請求權在內案。	司法委員會	◎解釋字號：釋字第 164 號 ◎解釋公布日期：69 年 7 月 18 日
36	70 年 10 月 13 日監察院第 1 屆第 1672 次會議	請解釋刑法第 5 條第 5 款所規定，第 216 條之適用，應否包括第 210 條、第 212 條、第 213 條及第 215 條之行使偽造私文書等在內案。	司法委員會	◎解釋字號：釋字第 176 號 ◎解釋公布日期：71 年 8 月 13 日
37	71 年 3 月 11 日監察院第 1 屆第 1701 次會議	請解釋司法院就所掌事項，有無向立法院提出法律案之權。	陳委員翰珍等 53 委員	◎解釋字號：釋字第 175 號 ◎解釋公布日期：71 年 5 月 25 日
38	71 年 4 月 15 日監察院第 1 屆第 1703 次會議	請解釋刑事訴訟法第 17 條第 8 款「推事參與前審之裁判者」，於該管案件應自行迴避，不得執行職務之規定，其所謂「前審」之疑議案。	司法委員會	◎解釋字號：釋字第 178 號 ◎解釋公布日期：71 年 12 月 31 日
39	71 年 9 月 16 日監察院第 1 屆第 1714 次會議	請解釋刑事訴訟法第 447 條第 1 項第 1 款所謂判決違背法令，不僅指違背實體法，即程序違法，而影響	司法委員會	◎解釋字號：釋字第 181 號 ◎解釋公布日期：72 年 7 月 1 日

		實體違法，自亦包括在內。惟司法院及最高法院認為僅係程序違法，而不予實體上之救濟，與本院所持見解有異案。			
40	72年9月13日監察院第1屆第1754次會議	關於司法院解釋之效力，如係就現有之法律文義或立法本旨予以闡明者，例如釋字第178號解釋，應自該法律施行之日起生效；如係變更原有之規定或變更原有之解釋者，則自解釋之翌日起生效，本院與行政院及最高法院判例所持意見相異，爰依司法院大法官會議法第7條及以往事例，再就釋字第178號解釋。	司法委員會	◎解釋字號：釋字第188號 ◎解釋公布日期：73年8月3日	釋字第178號解釋，係經71年4月15日監察院第1屆第1703次會議決議聲請解釋。
41	77年2月9日監察院第1屆第1904次會議	關於現行工廠法施行細則所稱工人定義之適用範圍，司法院已表示之見解，與本院所持見解有異。	內政、司法委員會	◎解釋字號：釋字第226號 ◎解釋公布日期：77年5月20日	
42	77年4月12日監察院第1屆第1907	動產擔保交易法第38條之罪，所稱動產擔	司法委員會	◎解釋字號：釋字第227號 ◎解釋公布日期：	

		保交易之債務人，係指動產抵押之動產所有人、附條件買賣之買受人、信託占有之受託人，始得為本罪之犯罪主體。債務人之法定代理人、保證人、連帶保證人或其他利害關係人除有刑法第31條共同實施或教唆、幫助之情形，應以共犯論外，不能單獨成立本罪。已確定臺灣高等法院臺南分院判決所持見解，不僅與罪刑法定主義之原則有所牴觸，且與本院之見解有異。		77年6月17日	
	次會議				
43	77年9月13日監察院第1屆第1914次會議	本院調查李0淵陳情一案，最高法院72年度台非字第135號刑事判決，依據該院29年2月22日刑庭總會決議，駁回上訴，其所持理由，與本院之見解有異，對於該一決議是否適法，適用範圍如何，均滋疑義，函請解釋，並就釋字第181號	司法委員會	◎解釋字號：釋字第238號 ◎解釋公布日期：78年3月31日	釋字第181號解釋，係經71年9月16日監察院第1屆第1714次會議決議聲請解釋。

		解釋併請補充解釋見復。			
44	78 年 7 月 11 日監察院第 1 屆 第 1942 次會議	關於本院對軍人之彈劾案，究應移送司法院公務員懲戒委員會懲戒，抑仍移送國防部自行議處，本院在適用法律上發生疑義。	法規研究委員會	◎解釋字號：釋字第 262 號 ◎解釋公布日期：79 年 7 月 6 日	
45	81 年 5 月 12 日監察院第 1 屆 第 2016 次會議	關於公職人員選舉罷免法第 69 條第 2 項規定「全國不分區、僑居國外國民選舉之當選人，不適用罷免之規定」有無與憲法之規定相牴觸。	司法委員會	◎解釋字號：釋字第 331 號 ◎解釋公布日期：82 年 12 月 30 日	
46	85 年 2 月 13 日監察院第 2 屆第 38 次會議	關於財政部處理彰化第四信用合作社案援引信用合作社法第 27 條及銀行法第 62 條之規定，命令臺灣省合作金庫概括承受，於法似有未符，且省縣自治法實施後，中央部會是否有權逕自命令省屬金融機構概括承受另一信用合作社案。	財政、司法委員會	◎解釋字號：釋字第 489 號 ◎解釋公布日期：88 年 7 月 30 日	
47	85 年 10 月 8 日監察院第 2 屆第 46 次	關於黃委員越欽自動調查，有關司法院及法	司法委員會	◎解釋字號：釋字第 530 號 ◎解釋公布日期：	87 年 2 月 10 日監察院第 2 屆第 75 次會議決議，

	會議	務部在無法律授權之下，發布「法院辦理刑事訴訟案件應行注意事項」、「檢察機關辦理刑事被告具保責付辦法」等，與人民訴訟權利或人權有關之行政命令或內規，嚴重違反憲法第23條法律保留原則及中央法規標準法案。		90年10月5日	以87年2月19日院台司字第872600051號函補正說明，請司法院惠予解釋憲法見復。
48	87年6月23日監察院第2屆第84次會議	康委員寧祥、趙委員榮耀、李委員伸一調查，有關都市計畫區內之非公共設施用地，行政院未經都市計畫變更程序，逕予辦理徵收，明顯違反土地法及都市計畫法規定等情案，因本院與行政院之見解不同而影響人民財產權益甚鉅，有適法上之疑義。	司法及獄政委員會	◎解釋字號：釋字第513號◎解釋公布日期：89年9月29日	依87年1月7日修訂之監察院各委員會組織法，本院各委員會名稱均作修正。
49	87年7月14日監察院第2屆第85次會議	已報廢原供營業用之貨車，究為一般物品，抑仍為供營業用之貨車，因本院調查人民陳訴案件，於適用法律所持之見解，	司法及獄政委員會		司法院88年6月15日院台大二字第15240號函：議決不受理。

		與最高法院適用同一法律所表示之見解有異。		
50	87 年 12 月 22 日監察院第 2 屆第 96 次會議	葉委員耀鵬、謝委員孟雄自動調查，有關臺灣省政府未依農田水利會組織通則第 19 條之規定，經縣主管機關同意，即率予遴派屏東農田水利會長，涉有違失等情乙案，關於行政院農業委員會之行政釋示與農田水利會組織通則等規定，有牴觸之疑惑，並造成省、縣間之爭議，影響農田水利會業務正常運作一節，本院所持見解與行政院農業委員會函之見解不同，有適法上之疑義。	財政及經濟委員會		司法院 88 年 9 月 16 日院台大二字第 01469 號函：議決不受理。
51	91 年 12 月 10 日監察院第 3 屆第 47 次會議	新竹科學工業園區第 3 期徵收用地，因未於法定期間內實施開發，致編定失其效力，又遲不徵收，致部分務農地主需負擔鉅額遺產稅案，與行政院所持見解有異。	財政及經濟、內政及少數民族、司法及獄政委員會	◎解釋字號：釋字第 566 號 ◎解釋公布日期：92 年 9 月 26 日	

52	93 年 9 月 14 日監察院第 3 屆第 68 次會議	本院為處理政務人員退職案件，適用新公布施行之「政務人員退職撫卹條例」，發生有牴觸憲法上之疑義，並與考試院（銓敘部）之見解發生歧異。	人事室	◎解釋字號：釋字第 589 號 ◎解釋公布日期：94 年 1 月 28 日	
53	93 年 11 月 9 日監察院第 3 屆第 70 次會議	有關義務人死亡之土地增值稅違章罰鍰之執行，雖無法律明文規定，惟財政部無視司法機關之解釋，逕以函釋之方式，認定該已確定之行政罰鍰為公法上之租稅債務，或依據行政執行法第 15 條之規定，或類推適用刑事訴訟法有關罰金執行之規定，而移送相關執行處強制執行，有違憲法第 19 條租稅法律主義之本旨，嚴重侵害人民之權益，核有違失案相關調查意見，與行政院所持見解有異。	財政及經濟、司法及獄政委員會	◎解釋字號：釋字第 621 號 ◎解釋公布日期：95 年 12 月 22 日	
54	99 年 6 月 8 日監察院第 4 屆第 24 次會議	李委員復甸、錢林委員慧君提「法院組織法第 66 條第 7 項是	司法及獄政委員會		司法院 99 年 8 月 3 日院台大二字第 0330014693 號函：議決不受理。

		否牴觸憲法第 53 條暨增修條文第 3 條第 2 項規定疑義等情」聲請司法院大法官解釋乙案。		
55	100 年 5 月 10 日監察院第 4 屆第 35 次會議	葛委員永光、趙委員榮耀、陳委員永祥、洪委員昭男、吳委員豐山提「憲法增修條文第 4 條第 7 項是否構成本院依憲法第 97 條第 2 項及第 95 條、第 96 條行使監察權之限制;另憲法第 52 條之總統刑事豁免權是否及於監察權行使之豁免」聲請司法院大法官解釋案。	交通及採購、內政及少數民族委員會	司法院尚未解釋。
56	103 年 7 月 8 日院會通過	馬委員以工、林委員鉅鋃、李委員復甸提:有關大眾捷運法第 6 條、第 7 條之適用,本院與行政院所持見解歧異,聲請司法院大法官統一解釋乙案。	內政及少數民族委員會	於 105 年 12 月 30 日作出釋字第 743 號解釋
57	103 年 7 月 8 日院會通過	葉委員耀鵬、李委員復甸提:國防部及法務部對於適用陸海空軍刑法第	司法及獄政委員會	經司法院大法官 103 年 10 月 24 日 1423 次會議議決不受理。

		二十四條第一項投敵罪,所持見解與本院職權上適用法律所持見解有異,爰依司法院大法官審理案件法第七條第一項第一款,聲請司法院大法官統一解釋乙案。			
58	106 年 3 月 14 日院會通過	仉委員桂美、劉委員德勳提:本院因行使調查權適用政黨及其附隨組織不當取得財產處理條例發生有牴觸憲法第 1 條、第 15 條、第 16 條、第 23 條、第 171 條第 1 項及憲法增修條文第 3 條第 3、4 項規定之情形,並與憲法所揭櫫之法治國原則下之法安定性原則、法律保留原則、法律明確性原則、比例原則及正當法律程序、權力分立與制衡原則有所扞格等疑義,爰依司法院大法官審理案件法第 5 條第 1 項規定聲請解釋乙案。	內政及少數民族委員會		經司法院大法官107 年 10 月 5 日1482 次會議議決不受理。(司法院107 年 10 月 9 日院 台 大 二 字 第1070027830 號函)
59	107 年 7 月	為調查民眾陳	國防及		經司法院大法官

	10 日院會通過	訴，行使調查權，發現戒嚴時期遭受無效矯正處分者，人身自由受非法剝奪卻無有效之救濟途徑，違反憲法第 16 條保障訴訟權之意旨；佑任現行刑事補償法第 1 條、戒嚴時期人民受損權利回復條例第 6 條所定補（賠）償範圍過狹，規範不足，違反憲法第 7 條平等原則及第 16 條保障訴訟權之意旨，爰依司法院大法官審理案件法第 5 條第 1 項規定聲請解釋乙案。	情報委員會		108 年 11 月 29 日 1499 次會議議決不受理。（司法院 108 年 12 月 3 日院台大二字第 1080032476 號函）
60	107 年 10 月 9 日院會通過	本院行使職權而適用公務人員退休資遣撫卹法及公立學校教職員退休資遣撫卹條例發生有牴觸憲法第 1 條、第 7 條、第 15 條、第 16 條、第 22 條與第 23 條規定之情形，與憲法所揭櫫之法治國原則下之法律不溯及既往原則、信賴保	教育及文化委員會		經司法院大法官 108 年 6 月 14 日 1493 次會議議決不受理。（司法院 108 年 6 月 17 日院台大二字第 1080016694 號函）

		護原則、比例原則、誠信原則、平等原則及正當法律程序有所扞格並架空憲法對於公務制度性保障等疑義，爰依司法院大法官審理案件法第 5 條第 1 項規定聲請解釋乙案。		

·資料統計至 2020 年 2 月 7 日

第三篇

各國監察制度

第十一章　瑞典監察使制度
　　　　　　——理念與實務的分析

第十二章　芬蘭監察使制度與瑞典
　　　　　　監察使制度之比較

第十三章　以色列審計長兼監察使

第十四章　美國政府督責總署

第十五章　匈牙利基本權利監察使

【第十一章】
瑞典監察使制度──理念與實務的分析

　　根據國際監察組織 (International Ombudsman Institute) 的統計，目前已
有超過一百個國家與地區建立了國會監察制度，其中以瑞典的國會監察使
制度最為古老，也最受世人重視。此一制度與我國的監察院有許多相似之
處，但也有一些基本分歧。近年來國人對此一制度已有一些分析與探討，
本文則根據瑞典監察使提供之最新資料，做一引介，並特別針對「專業監
察使」制度，做較為詳細之分析，期使國人對此一新興之監察制度，有較
為深刻之體會。

第一節　國會監察使的職掌與功能

　　瑞典是全球第一個設國會監察使 (Parliamentary Ombudsman) 的國家。
1809 年，根據國王與國會平權的原則制定了憲法，其中主要特徵之一，係
強化國會對行政權的控制，據此而設置了國會監察使一職。監察使對國會
負責，脫離國王指揮而獨立行使權力；其主要職權，係以國會代表的身分，
監督行政與司法機關，是否違背「人權保障」之原則，對人民之權益有所
侵犯。換言之，監察使的主要職責，是確保公共行政與司法的品質。與許
多其他國家的制度設計不同，瑞典的國會監察使兼具檢察官的角色，對於
未被移送法院的失職案件，如果經過監察使的介入與調查，可以移送法院
偵辦。但在實際的運作過程當中，監察使目前多係以對相關行政機關批評
或譴責的方式，予以鞭策，並公諸大眾，以期對政府機關或公務員形成壓
力，但卻甚少逕行移送法院的方式處理。

　　根據 1974 年瑞典憲法之新規定，國會監察使代表國會，完全獨立的行
使職權，負責監督法院、中央政府及地方政府，並瞭解這些機關運用法令
的狀況。

　　目前瑞典監察使共有四位，多具有法學背景，或係律師出身，其中一位係首席監察使，另外三位為監察使，任期均為四年一任；由國會選舉產生，且得連任。首席監察使同時負責監察公署的行政工作，但與其他三位監察使一樣，均係平等而獨立的行使其職權。在監察使公署中，有五十四位助理協助監察使的工作，至於四位監察使所負責的監察對象，則各有所區隔。根據 2001 年的資料 ❶，其職權劃分情況如次：

　　首席監察使：負責監督法院、檢察系統、警政。

　　第一位監察使：負責監督獄政、武裝部隊、稅務、海關、裁判執行業務、社會保險等。

　　第二位監察使：負責監督社會福利、公共健康、醫療、教育等業務。

　　第三位監察使：負責監督行政法院、房屋與建築、移民、外交事務、環境保護、農業與動物保護、勞動市場，以及其他各位監察使所未負責監督的業務。

　　國會監察使的監督對象，包括中央及地方政府，及其所屬員工，以及其他所有執行公共權威 (public authority) 的人士。但是，下列幾類人士，並不在國會監察使的監察範圍之內：（一）內閣閣員，各部部長、（二）國會議員、（三）地方政府中直接由民選產生的官員、（四）司法總監 (Chancellor of Justice)、（五）中央銀行理事及總裁、（六）其他監察使。

　　平均每年監察使會收到民眾近七千件的陳情投訴（以書面為主），其中有百分之四十左右會被駁回。其主要理由為：（一）陳情案本身不在國會監察使的監督範圍內、（二）陳情案發生已超過兩年以上時間、（三）陳情人希望國會監察使承擔超過他們責任範圍以外的事。例如改變法院的判決。此非監察使之職權所在。

表 11-1　瑞典監察使主動調查案件結案一覽表 (2011.7.1–2012.6.30)

	結案未予譴責	告誡或譴責	起訴	總計
法院	1	1	0	2

---

❶ 本文所引述之瑞典監察使資料，主要採自瑞典國會監察使網站，以及監察院國際事務小組編，《瑞典國會監察使》，（臺北：監察院，2000）。

行政法院	0	4	0	4
員警	7	1	0	8
獄政	12	7	0	19
保護管束	0	1	0	1
社會福利	3	9	0	12
醫療照顧	1	2	0	3
社會保險	1	3	0	4
計畫與建築	0	1	0	1
通訊	0	1	0	1
教育	1	0	0	1
移民	0	1	0	1
新聞自由、資訊公開	0	1	0	1
總計	26	32	0	58

　　其餘百分之三十五至百分之四十的陳情案，經初步的調查之後，即予駁回。剩下百分之二十至百分之二十五的案件，則會進行充分的調查。這也是國會監察使工作重心之所在。

　　另外，國會監察使也會主動進行調查，有的是基於新聞媒體報導，有的是在調查陳情案時發現的問題。

　　以 2011 年 7 月至 2012 年 6 月這一年期間為例，國會監察使共處理了6,908 份案件，其中 6,749 件是民眾陳情與投訴，58 件是監察使主動提出的，133 件與新法律的制定有關。表 11–1 和表 11–2 是這些案件的主要類型及處理情況。

　　在這 6,908 件結案的案件中，沒有任何一件採取起訴或懲戒的程序，足見監察使雖具備檢察官的職權，但卻甚少運用此一權限。但是採取警告或譴責的卻有 654 件，佔 9.5%。由於監察使多具法學專業知識，且具清譽與公信力，這些警告或譴責常能對政府當局發揮針砭的效果。監察使的結案裁決書非常用心細緻，通常和法院判決書的寫法如出一轍。其裁決書常能引起大眾媒體的關注，發揮輿論監督效果。

　　瑞典監察使每年都會出版年度報告書，送交國會。中央政府也會對各

級政府及官員發送相關的監察裁決書。此外，監察使也會向國會提出建議，包括當前法律或行政命令中的缺失、扞格，以及不一致之處，其結果常會引國會的重視，並據以作為修法之重要依據。

　　國會對監察使的職權運作則是充分尊重其自主性，國會無權對監察使交付指令。但是，對於監察使提交給國會的年度報告，國會將安排一個常設委員會，針對此一年度報告，提出意見書。（瑞典國會有十六個常設委員會，每一個委員會裡有十五名議員。）

第二節　瑞典國會監察使的法制規範

　　瑞典並無單一的憲法。所謂的瑞典憲法，是由《國會法》、《政府組織法》、《王位繼承法》、《資訊自由法》等四部法律所構成。瑞典國會監察使的憲法法源見於《國會法》第四章及《政府組織法》第十二章。其具體規範如次：

一、《國會法》第四章第十條，其中規定：

　　「國會應有四位國會監察使，其中一位為首席監察使，其他三位為監察使。首席監察使是監察使公署的行政領導人，負責決定其主要活動事項。

　　對首席監察使的選舉應單獨 (separately) 進行，其他監察使的選舉則係個別 (individually) 舉行。當監察使經由秘密投票產生時，應按照第一條第二項規定之程序辦理。

　　國會監察使的任期自當選之日起，至四年後的新選舉之日止，國會也可另行決定其任期。在國會憲法委員會的要求下，一旦監察使失去了國會對他的信任，國會即可提前解除其職務。如果國會監察使在他任期結束前提前退休，國會應盡早選出另一位任期四年的繼任者。如果國會監察使長期因生病或其他因素不能履行其職務，則在此一障礙持續期間，議會應選出其他人員替代其工作。」

　　根據以上之規範，我們可以瞭解，國會對每一位監察使的投票都是分

開進行的，而且每一位監察使任期的起始與終結各不相同。當國會對某一位監察使的表現不滿意時，還可將其提前解職。基於此，四位監察使不僅職掌範圍不同，而且任期參差交錯，各自獨立行使職權，互不干涉。

二、《政府組織法》第十二章第六條，其中規定：

「國會應選出一名或數名國會監察使，負責在國會指示下，對公務人員執法或執行其他法規，進行監督。在上述的指示範圍內，國會監察使可以提起法律訴訟。

國會監察使得出席法院或行政機關的審議，並有權查閱法院及行政機關的正式紀錄及其他檔。如果國會監察使要求，任何法院、行政機關，以及國家及地方政府官員都應向其提供他所要的情報或報告。其他在監察使監督範圍內的人員也有義務提供。在國會監察使的要求下，檢察官均應對其提供協助。」

表 11-2　瑞典國會監察使處理陳情案結案一覽表 (2011.7.1–2012.6.30)

	未經調查即予駁回	移交其他機關	調查後未批評	警告或批評	起訴或懲戒	初步犯罪調查未予起訴	給予行政單位建議	調查後未發現違失	單位總和
法院	109	2	237	24					372
行政法院	25		70	23					118
檢察機關	139	3	55	15					212
警政機關	489	18	229	36					772
海關服務	11		6	2					19
武裝部隊	8		6	2					16
獄政機關	524	1	416	145			3	1	1090
社會福利	475	1	496	53					1025
醫療照顧	192	1	76	15					284
社會保險	265		130	84					479
勞動市場	92		71	5					168
計劃／建築	104		79	22					205

強制執行	63		64	7					134
地方政府	65		19	6					90
通訊	129		76	13					218
稅務消費	81		39	4					124
教育	106	9	68	11					194
文化	20		3	2					25
監護	25		33	7					65
農業、環境、動物保護	128		94	19					241
移民	102		93	7					202
彩券	18	1	4	2					25
房事	2		1						3
公僕就業	81		6	3					90
新聞自由資訊公開	101		125	100					326
國會行政外交選擇	21		8	3					32
雜項	58		24	12					94
監察使職權之外	126								126
總計	3559	36	2528	622	0	0	3	1	6749

第三節　專業監察使的職掌與功能

　　除了四位國會監察使外，瑞典還設置了六位由政府任命的專業監察使，分別是：消費者監察使、公平機會監察使、反族群歧視監察使、反性傾向歧視監察使、兒童監察使、身心障礙者監察使；以及由民間媒體組織自行設置的媒體監察使。其職權行使在本書第一章已有分析，不再詳述。

　　根據以上分析，我們可以歸納出瑞典專業監察使的共同特徵如次 ❷：

　　（一）專業監察使係從人權保護角度出發，而且多以國際通行之人權

---

❷ 有關我國監察制度與瑞典監察使制度之異同與比較，詳見作者近著，《修憲後監察權行使之比較研究》，（臺北：監察院，2001），第二編〈國際監察制度的比較分析〉。

憲章（或公約，如「聯合國公約」）為監察權行使之標準。

（二）專業監察使所監督之對象，如消費者、男女平權、身心障礙、性傾向歧視、兒童保護、族群歧視等，均係當代先進民主國家中人權保障之新生領域。因之，監察使多由具專業背景的專家出任。此實與一般著重法律背景、清廉形象的國會監察使之「通才」特性，有著基本的不同。

（三）專業監察使雖係由政府所任命，但與政府行政組織的「執行部門」(executive branch) 不同，監察使的角色係屬監督、協助、保護人權的性質，必要時還具備檢察官之功能，可以向法院（普通法院或專門法院）提起訴訟。

（四）專業監察使具備「公共辯護人」與「輿論領航人」的雙重角色，對其相關領域之社會輿論及專業發展，有開導與倡議之義務。因之，專業監察使必須經常在大眾媒體前曝光，並與其保護、監督之對象經常接觸。此又與國會監察使另求穩重、審慎、低調之形象，迥然不同。

（五）專業監察使之監督任務單純而明確，成效立竿見影。國會監察使則以整體政府行政體系為監察對象，除非針對某些大案（或攸關大眾權益的典型案件）做出明顯成績外，否則不易讓一般民眾留下深刻印象。基於此，專業監察使之設置，實符合民意趨向與專業規範的新潮流，值得民主國家所傚效。

（六）媒體監察使雖然並非依據政府之立法而設置，但因對公眾權益影響甚鉅，且對新聞公正報導有鞭策之功，可說是「公共監察使」發展的另類典型。目前先進民主國家已開始普遍設置類似之「監察使」制度，包括新聞媒體內部之「監察使」，以及媒體協會之「媒體監察使」，其影響可說是日趨顯著。世界各國之公共媒體（如公共電視、公共廣播、通訊社等），也在其內部廣設「監察使」，進行自律監督，以保障民眾權益，並對媒體新聞工作者進行新聞道德與倫理之監督。這實係一般國會監察使所難以發揮之積極功能，值得吾人關注。

【第十二章】
芬蘭監察使制度與瑞典監察使制度之比較

第一節　前　言

　　本章針對第二個設置監察使制度的國家—芬蘭，提出理念與實務的探討，並與瑞典的監察制度作進一步的比較分析。同時，也特別就芬蘭的司法總監與監察使二者之間的關聯與區分，作一申論；以供國人瞭解此二機制間的異同，對於目前修憲中有關三權與五權的討論，也有一定的參酌之效。

第二節　芬蘭監察使制度

　　芬蘭是繼瑞典之後，全球第二個設立國會監察使的國家。芬蘭原係瑞典的一部分。1809 年，為俄羅斯所併吞，成為一個自治的大公國 (Grand Duchy)。1917 年，俄國爆發二月革命與十月革命，芬蘭趁機獨立，並在1919 年憲法中，設置了國會監察使制度。

　　根據芬蘭新憲法之規定，國會監察使一任四年，可連任，其選舉產生方式與國會議長相同。監察使共有一正二副，合計三人。國會監察使的職責是監督法院、政府機關、公務人員之執行公職任務，監督範圍並及於公共企業聘僱人員，以及其他依據法律、盡其義務而執行公共職能的人員。國會監察使也要監督基本權利與人權的履行情況。在國務會議 (Council of State) 的會議進行中，國會監察使與司法總監 (Chancellor of Justice) 擁有同樣的權利，亦即監督政府、部長與總統，以確保其決策之合法性 (lawfulness)。

　　綜而言之，芬蘭國會監察使的監督對象包括：

（一）政府、部長與總統。

（二）法院與法官，包括最高法院在內。

（三）政府官員與機構。

（四）地方政府與區域機關。

（五）市議會議員。

（六）政府、市政機關與其他公家機關之聘僱人員、包括軍人與員警。

（七）國營企業，只要是他們執行著公共權威的任務。

（八）失業基金和保險公司，只要是他們為法定利益和年金制度 (Pension Systems) 而負責。

（九）其他私人性質的法人機構及其職員，當其接受委託——不管是基於法律或是契約規定——從事著公共任務。

至於不屬國會監察使監督的對象則包括：

（一）國會及國會議員。

（二）司法總監。

（三）外國機構或國際組織。

（四）銀行、企業組織、房屋公司。

（五）辯護律師 (advocate) 或其他私有領域的專業人士。

（六）非營利組織。

（七）私人、個體。

　　芬蘭國會監察使獨立於政府之外，根據其個人判斷而採取行動。國會監察使雖然要將其觀察與活動定期向國會作報告，但國會卻不得就他們所處理之個案進行干預，也不可要求他們進行某種特定之任務。

　　根據芬蘭憲法之規定，監察使與副監察使必須要有「傑出的法律知識」(outstanding knowledge of law)。他們不可由國會議員兼任，也不可以同時兼任其他任何公職；或是管理、執行任何可能危害其公正性 (impartiality) 及執行任務之表現。如果在當選監察使時他們正在服其他公職，則必須停止是項職務。

　　監察使與副監察使在處理其任務時，具備相同之權威，而且可各自獨

立行使職權，彼此不相統屬。目前監察使與副監察使之間，係依照以下原
則進行業務分工：

（一）監察使：有關國家最高機關、特別重要之事務，以及社會福利、
社會安全、健康照顧及兒童人權等事項。

（二）第一位副監察使：警政、檢察事務，獄政、扣押 (distraint)、移
民及語言立法。

（三）第二位副監察使：法院、武裝部隊、邊境衛隊、交通運輸、市
政與環境當局，以及賦稅相關業務。

監察使與副監察使均獨立行使職權，且普受國會之尊重 ❸。但若有極
其特殊的理由，國會之憲法委員會 (Constitutional Law Committee) 可以提
議在他們的任期尚未結束之前解除其職。但是必須得到三分之二出席之國
會議員的同意。

若是監察使有任何違法之行為，則應在國會憲法委員會的提議之下，
由國會通過決議，送交最高彈劾法院 (High Court of Impeachment)。若監察
使、副監察使確實被證明有罪，最高彈劾法院得解除其職務。

第三節　監察使職權與申訴案之進行

民眾的申訴案應以書面方式為之，也可以經由傳真或電子郵件方式進
行。使用之語言則包括芬蘭語、瑞典語及其他語言。申訴內容應包括：申
訴之對象（個人或政府機關／機構）；爭議的事情或事件之簡要內容；申訴
人認為該項決策或行動之所以為「違法」(unlawful) 或侵犯其權益；申訴人
希望監察使採取那些措施；以及申訴人之姓名、簽字、街道住址或電腦傳
送之網路地址，以及電話號碼等。如果有相關決策或檔案之資料複本，申

---

❸ 芬蘭監察使公署設置祕書處，包括一位主要法律顧問、四位法律顧問、十八位法律官員、二位調查官員、
一位新聞官員和一位人事官員。共計有專職人員三十七人。其中有常任官也有短期性的幕僚，此外還有
一些兼職性的法律官員。以 2000 年的預算為例，監察使公署的總經費是二千五百餘萬歐元 (25,254,384
euros)，約合新臺幣十億元。它依附在國會預算之下，而且在國會大廈中辦公；免費使用其設施及後勤配
備。

訴人也可附上。

　　在調查程序方面，監察使對申訴人之姓名、提供之資料等，除非法律規定，否則均應予以保密 (confidential)。但是匿名的檢舉則不予調查。此外，監察使也可採取主動，只要他得到了相關的訊息，即使無人投訴，他還是可以主動進行調查。

　　經過調查之後，監察使可能會做出下列的選擇：(1)對涉案之政府官員提起控訴（但總統與政府閣員不得為起訴之對象）；(2)對其違法行為或輕忽職責的作法予以譴責；對如何正確解釋法律表達他的看法；(3)要求政府當局或官方注意到良好行政的必要性；(4)要求政府重視對憲法與人權的實踐及其相關條件的改善；(5)建議政府當局改善錯誤，重新更正；(6)要求政府與國會注意相關法令中的缺失，以及如何進行補正。

　　但是，監察使卻無權做出以下的決定：(1)對正在進行上訴的事情橫加干預；(2)對於正在法院或政府機關進行裁決或審判的事情發揮影響；(3)修正或推翻申訴者所反對的政府決策內容；(4)認為政府應對當事人的損失應做何種補償；(5)對申訴案提供法律協助或輔導；換言之，監察使不應越俎代刨，扮演不屬於其應有職分的任何角色。

　　根據《2011年芬蘭國會監察使年度報告》之統計，在2011年中，監察使一共處理了4,728件監督政府合法性的新案件。其中4,385件是民眾申訴或由其他書寫形式送達。而在2010年則係4,360件。另外，有許多不同的政府機關要求監察使進行仲裁，監察使則以專家的身分提供諮詢。例如，到國會的委員中參與公聽會，表達意見。這類進行仲裁或參與公聽會、提供諮詢的案件，一共有42件。另外還有64件是由監察使主動提出的。這些案件的總額，比過去一年多了7.8%。在表12-1、12-2、12-3中，分別列出了這些案件的基本資料。

表 12-1　芬蘭國會監察使處理案件一覽表 (2011)

2011 年處理案件			6,700
2011 年收受案件		4,543	

民眾向監察使提交之申訴案	4,147		
由法務總長轉交監察使之申訴案	38		
監察使主動調查案	82		
參與聽證會提供諮詢案	37		
其他案件	239		
2010 年收到之結案		1,692	
2009 年收到之結案		457	
2008 年收到之結案		8	
2011 年之結案			4,728
申訴案		4,385	
主動調查案		64	
諮詢案		42	
其他案件		237	
2012 年繼續調查案件			1,972
2011 年提交之案件		1,531	
2010 年提交之案件		432	
2009 年提交之案件		8	
2008		1	
其他進行考量之案件			234
正在進行調查		118	
監察使公署行政處理中		90	
國際事件		26	

表 12-2　芬蘭國會監察使被監督政府機關分類一覽表 (2011)

人民申訴案件			4,385
社會安全		873	
社會福利	578		
社會保險	304		
員警機構		728	
獄政機關		415	
健康照顧		472	
司法機關		256	
民事及刑事法院	220		

行政法院	36		
市政事務		149	
環保機關		135	
勞工機關		186	
教育機關		169	
稅務機關		98	
交通及通訊機關		100	
檢察機關		88	
強制執行機關		102	
農業及森林機關		79	
國家最高機關		59	
國防機關		54	
監護機關		100	
移民機關		81	
消費機關		29	
教會機構		29	
市政會議機構		50	
其他機關		124	
與失職無關之案件		9	
監察使主動調查案			64
獄政機關		8	
員警機關		14	
教育機關		6	
健康照顧		9	
社會安全		5	
社會福利	1		
社會保險	4		
國防機關		3	
司法機關		2	
民事及刑事法院	1		
行政法院	1		
監護機關		2	
檢察機關		1	

市政事務		3	
環境機關		1	
強制執行機關		1	
稅務機關		1	
移民機關		1	
消費機關		1	
其他		6	
總計			4,449

表 12-3　監察使採取之行動一覽表

人民申訴案			4,385
1.調查後採取之行動或解決途徑		780	
起訴		–	
譴責		37	
意見		604	
– 訓斥	340		
– 指導	264		
建議 (2011.1.1–5.31)		4	
建議 (2011.6.1–12.31)		28	
– 糾正缺失	1		
– 推動立法規章	17		
– 提供侵害補償	10		
在調查過程中予以解決		40	
其他		67	
2.無行動，原因		2,491	
調查發現無缺失		491	
無立場進行調查 (2011.1.1–5.31)		868	
無立場進行調查 (2011.6.1–12.31)		1,132	
3.未進行調查，原因		1,114	
不在監察使職權範圍內		121	
已由其他負責機關處理中		517	
未指明		200	
轉交法務總長		10	

轉交檢察總長		19	
轉交其他政府機構		65	
超過 5 年		27	
超過 2 年		56	
由於其他理由未被受理		99	
監察使主動調查案			64
1.調查後採取之行動或解決途徑		48	
起訴		1	
譴責		2	
意見		24	
－訓斥	11		
－指導	13		
建議 (2011.1.1–5.31)		3	
建議 (2011.6.1–12.31)		6	
－糾正缺失	1		
－推動立法規章	4		
－提供侵害補償	1		
在調查過程中予以解決		3	
其他		9	
2.無行動，原因		13	
未發現違失		2	
無立場進行調查 (2011.1.1–5.31)		4	
無立場進行調查 (2011.6.1–12.31)		7	
3.未調查，原因		3	
由負責機關處理中		1	
不許可調查		2	
諮詢案件			42
其他案件			237
結案總數			4728

第四節　芬蘭與瑞典監察使之比較

根據上述之年度報告，以及相關之法制規範，下文將以分項列舉分式，就芬蘭與瑞典兩國監察使之基本異同，作一初步之比較。

（一）芬蘭監察使為一正二副共三位，任期四年，得連任。瑞典為一位首席，三位監察使，共四位，任期亦為四年，並得連任。兩者之規範相近。

（二）芬蘭監察使監察對象包括總統、部長、法官、市議會議員、中央及地方政府官員、國營企業，以及接受政府委託的法人機構及其職員。但不包括國會議員、司法總監、非營利組織、專業人士等。而瑞典監察使之監督範圍則要更小一些，包括部長、中央銀行理事與總裁、地方政府民選產生之官員，均不在監督之列。

（三）近年來，芬蘭監察使每年處理之案件約為四千至五千之間，瑞典的情況類似。依照申訴之對象分析，在芬蘭主要是：1.警政。2.社會福利。3.醫療。4.獄政。5.社會保險。6.法院。7.勞工。8.教育文化。基本上兩國情況可說是大同小異。由於芬蘭與瑞典俱屬福利國家，文化與社會背景近似，儘管民族與語言背景迥異（芬蘭語屬「芬-烏語系」，而瑞典語則屬「日耳曼語系」，完全不同），但是監察使所處理的案件性質，則十分接近。

（四）在監察使處理案件的行動對策上，儘管兩國監察使均有起訴之權，但甚少運用。依據本書所引用之兩國年度報告資料做比較，起訴者在芬蘭僅有 1 件，在瑞典則無。但是調查後予以譴責者，在芬蘭為 39 件，而在瑞典卻多達 622 件。此外，芬蘭監察使之主動調查案有 82 件，而在瑞典則有 58 件。這究竟是兩國監察使的作風不同，還是反映出兩國政治文化與政治氛圍的差異，則有待繼續深入探討。

除了上述的差異之外，芬蘭與瑞典在國會的監察使之外，也都在政府中設置了「司法總監」(Chancellor of Justice) 一職。事實上，這也是源自於

瑞典的制度,而由芬蘭所繼承。當 1809 年芬蘭被俄羅斯兼併之際,司法總監的任務就委託給檢控官 (Procurator),檢控官的職責在協助總督 (Governor General) 監督法律的切實遵守。當 1917 年芬蘭獨立之後,檢控官的名義改回為司法總監,副檢控官則改稱為副司法總監。

　　根據芬蘭憲法第六十九條之規定,「司法總監與副司法總監由總統所任命,均應具備優秀的法律知識」。至於司法總監的任務,則在憲法一○八條作了進一步的規定:「司法總監應負責監督政府的正式行為與共和國總統的適法性 (lawfulness)。司法總監也應該確保法院、其他政府機關,以及文官、公務人員,和從事公務行為的其他人,確保其遵守法律,盡其義務。為盡其責,司法總監應監督基本權利、自由權與人權的貫徹實施。司法總監在被要求的情況下,應提供總統、政府和部長有關法律議題的訊息和意見。司法總監每年要向國會和政府提出有關他的活動的報告,以及他對於法律如何被遵行的觀察報告。」

　　由以上的規範可知,司法總監與監察使的任務的確是十分接近,甚至重疊的。基於此,芬蘭憲法第一一○條進一步規定:「有關司法總監與監察使職責分工的規定,得以法律 (Act) 定之;但不應對雙方中任何一方監督法制運作的根據,形成限制。」

　　如此,在法律實踐與實務工作上,司法總監與國會監察使之間,到底有何分工與區隔呢?

　　綜而言之,可分為以下三項:

　　(一)從溯源與角度分析,國會監察使(及副監察使)是由國會選出,一任四年,得連任。而司法總監則是由總統任命,係終身職,副司法總監之任期則係五年。換言之,總統及政府與國會監察使的提名及當選毫無關係,而國會則與司法總督的任命,無任何牽涉。

　　(二)司法總監的最重要任務,是監督政府正式行為與總統的適法性。基於此,司法總監必須出席政府的所有會議,並在事前檢視這些會議的文件。司法總監還有另一項任務,亦即提供總統、政府和部長有關法律課題的訊息及意見,換言之,司法總監扮演著政府中法制保護者 (guardian of legality) 的角色。

　　至於對國會監察使而言，監督政府與總統固然十分重要，但在日常實務上，卻都是次要的。國會監察使必須對一些特殊的政府部門特加關注，其中包括：武裝部隊與軍事單位，監獄和其他封閉性的機構，員警機關和其他剝奪自由的機構（如感化院、戒毒所等）。有關這些部門的申訴案幾乎毫無例外的會送交國會監察使。至於其他領域，則由監察使與司法總監依照個案之原則，作一分工與區隔。

　　（三）司法總監另外還扮演全國律師 (advocates) 最高總監的角色，他有權對芬蘭律師協會 (Finnish Bar Association) 紀律委員會的決定進行審查。相較之下，國會監察使並無是項權力。

　　芬蘭的專業監察使制度和瑞典的情況相類，近年來也在國會監察使之外，另外設置了專業的監察使制度，包括：

（一）消費者監察使

（二）保險監察使

（三）少數族群監察使

（四）兒童監察使

（五）兩性平等監察使

（六）資訊保護監察使

【第十三章】
以色列審計長兼監察使

第一節　前　言

從世界各國審計權的隸屬關係來區分，審計機關的基本類型一般可分為立法型、行政型、司法型、獨立型、特殊型等五種❹。我國審計部隸屬於監察院，屬獨立型；美國會計審計總署（即「政府問責總署」，Government Accountability Office）則隸屬於國會，為立法型。

再就世界各國監察權的隸屬關係來區分，監察制度大約也有五種基本類型：1.國會監察使制度 (Parliamentary Ombudsman)、2.獨立設置的監察機構（如我國監察院）、3.行政監察使制度、4.審計長兼監察使制度、5.混合型監察使制度❺。其中以色列的國家審計長兼公共申訴督察長 (State Comptroller & Public Complaints Commissioner)，是將負責審查政府決算的「審計長」(Auditor General)，和處理人民申訴案的「公共申訴督察長」（即一般國家所稱的「監察使」Ombudsman）委由同一人擔任（以下稱之「國家審計長兼監察使」），是一種獨特的審監合一制度。

以色列國家審計長公署 (State Comptroller's Office) 在 1949 年成立，這是以色列在 1948 年建國後最早成立的國家機關之一。審計長只對國會（以色列國會名稱為 Knesset）而不向政府負責，是一個重要的獨立機關。它的主要任務是促進政府行政的透明，公正與問責性 (accountability)。1971 年起，審計長兼負著另一項重要的任務，亦即兼任監察使之職。這是全球第

❹ 蕭英達、張繼勛、劉志遠，《國際比較審計》（上海：立信會計出版社，2000），頁 296–399；周陽山主持，盧瑞鍾、姚蘊慧協同主持，《修憲後監察權行使之比較研究》（臺北：監察院，2001），頁 109–126；李文郎，《修憲後我國監察制度與芬蘭國會監察使制度之比較分析》，國立政治大學中山人文社會科學研究所博士論文，2005，頁 107。

❺ 李文郎，前引文，頁 56–66。

一個將審計長與監察使兩項任務結合於一的制度。

中華民國的監察院，雖然亦掌有審計權，而審計部雖隸屬於監察院，卻是獨立運作，並對立法院負責（但同時也受監察院之指揮）。審計長任期六年，由總統提名，經立法院同意產生。其產生方式，與監察院院長、副院長、監察委員相同。由此可知，監察權與審計權的確有十分密切的相關性，但是監察委員所行使之監察權，與審計長所行使的審計權，卻是各自獨立運作，相輔相成。這與以色列將二者結合於同一機構，綜歸審計長掌理的制度設計，顯有不同。審計長兼監察使被賦予明確特殊地位，即國會職權之延伸。

本文主要在探討以色列國家審計長兼監察使的歷史發展、制度設計、權力範圍，以及實際案件處理情形，藉以深入瞭解其制度之特色。

第二節　以色列審監制度之發展

一、審計長與監察長任務合一

世界上很多國家都有一個獨立的國家審計機關❻，其職責主要是稽核政府行政和公共部門，以及評估他們的活動。1949 年 3 月 18 日以色列依據《國家審計長法》(State Comptroller Law) 首先創立「審計長」一職。

隨著現代福利國家的興起，以及官僚體系日益擴大，民眾受到政府行政的干擾日益增加，為了提供民眾在行政體制外的申訴管道，在 1971 年，以色列《國家審計長法》進行修正，提供審計長在國家審計的範圍和深度上一個更穩固的基礎，並賦予國家審計長更廣泛的職責和功能。亦即，由以色列國會賦予審計長另一項職務——「公共申訴督察長」（監察使），此係以色列所設置的特殊制度❼。

在 1971 年《國家審計長法》增修之前，審計長實際上已經執行監察使

---

❻ 有關世界各主要國家的審計制度介紹，請參閱蕭英達、張繼勛、劉志遠，前揭書。

❼ The Comptroller and Ombudsman Israel, <http://www.mevaker.gov.il/serve/site/english/eintro.asp> (2006/1/23).

受理人民訴狀之任務，當時民眾已向審計長提出許多申訴案。而審計長和監察使的共同目標都是監督行政部門在施政上的缺失，以落實立法機關監督行政權之目的，並因後者之必要而運用審計權，以改進行政部門的施政措施。兩者主要的相異處有二：一是審計長主要係監督行政單位之一般行政措施；而監察使主要處理的是民眾對於政府部門作為之不公正或不合法的個案申訴。二是審計長的目標在改善行政效率和行政管理；而監察使的目標在保護人民，不受行政官僚之侵害❽。

　　在以色列，監察使所執行之職務與審計工作是分開的，雖然這兩種職務都賦予同一人擔任。儘管有上述這些差異，但是這兩種職務之間還是有相當密切的關係，當民眾申訴指出有某種需要審計長進行督察之特殊情事時，他將以監察使的身分提供申訴者所尋求之救濟，並以審計長的身分調查行政作為之缺失❾。

二、審計原則的發展和憲政地位的確定

　　在審計原則的發展上，最初，1949 年《國家審計長法》建立的兩個基本原則，這是基於審計的傳統任務：一是規則性和合法性 (regularity and legality)；二是經濟、效率和效能 (economy, efficiency and effectiveness)；1952 年《國家審計長法》修正，又增加了審計的第三項原則：道德廉正性 (moral integrity)。之後，也進一步擴展對於被審計單位活動之效率評估。1980 年代，國家審計長公署在一些特殊的案例中，也處理關於政府執行和政策成效的評估。依循著這一發展路徑，後來審計的對象更逐漸擴展至政府企業、地方政府、被審計機構的附屬單位、高等教育機構、健康保險基金、公共運輸公司等。另外，1973 年，根據《政黨財務法》(Political Parties' Financing Law) 國會授權審計長負責稽核各政黨的往來帳戶，政黨的財務管理正式成為審計的對象。到了 1977 年又增加類似的規定，基於利

❽ Miriam Ben-Porat，〈以色列監察使之淵源〉，發表於：韓國第二屆亞洲區監察使會議論文集，（監察院編譯，1997），頁 103–104。

❾ Miriam Ben-Porat，前引文，頁 109。

益衝突的考量，內閣部長和副部長每年必須向審計長登錄其所得、財產、職業和職務等個人相關資料。

　　經過多年的運作，國家審計長逐漸在以色列建立起重要地位，顯示國家審計的實施成效受到政府和民眾的肯定。所以在 1988 年《國家審計長基本法》(Basic Law: The State Comptroller) 中正式賦予國家審計長憲政地位，特別保障其獨立性 ❿ 。

第三節　以色列審計長之制度設計

　　國家審計長的權利和義務，最初是規定在 1979 年的《國家審計長法》之中。現行的法律依據則是 1958 年的《國家審計長法》 ⓫，以及 1988 年 2 月制定的以色列《國家審計長基本法》，此基本法之規範未來將併入以色列《憲法》之中。這兩項法律規範了國家審計長的地位和主要職責，也包括選任程序、財政預算、幕僚組織、權力範圍、提出報告的程序，以及與國會的關係等 ⓬ 。茲分述之。

一、職　責

　　依據《國家審計長基本法》第二條和第三條之規定，審計長兼監察使的職責主要有三：

　　第一、審計長應依法審計國家與政府機關，國有企業、機構或公司，地方政府及其相關單位的經濟、財產、財政、債務和行政管理事務。

❿ The Comptroller and Ombudsman Israel, <http://www.mevaker.gov.il/serve/site/english/eintro.asp> (2006/1/23).

⓫ 1949 年 3 月 18 日通過的《國家審計長法》(State Comptroller Law, 5709–1949) 是最初規範國家審計長的法律，此一最初的法律條文版本經過 1952 年、1954 年、1958 年的修正後被合併整合成 1958 年的《國家審計長法》(State Comptroller Law [Consolidated Version], 5718–1958)，從 1958 年起到 2001 年 (2001.4.27) 最後一次修正，該法已經過 34 次的修正。

⓬ Israel Ministry of Foreign Affairs, <http://www.maf.gov.vi/MFAArchive/2000_2009/2000/9/State%20Comptroller%20and%20Ombudsman> (2006/1/23).

第二、審計長對於被審計機關應該檢視其合法性、道德上的廉正性、健全的管理、效率和經濟原則，以及任何被視為必要的項目。

第三、國家審計長應依法負責就民眾對政府或官員之申訴進行調查；在從事此一法定任務時，國家審計長應使用「監察使」(Ombudsman) 此一頭銜。

簡言之，審計長兼監察使負有雙重任務：在審計的任務上，審計長負責國家機關和相關部門的審計事務；在監察的任務上，監察使負責受理並調查人民對政府部門及官員的陳訴案。

二、定　位

《國家審計長基本法》第六條規定：「國家審計長在實踐其職能時，只對國會負責，而不應依賴政府。」

基於此原則，從以色列國家審計長兼監察使公署的定位來看，是獨立於政府行政部門之外，係行政權的外部監督機制，而非內部監督機關。國家審計長只向國會負責，故性質上乃是國會職權的延伸。依據《國家審計長基本法》第十二條之規定：「國家審計長依法應該與國會維持緊密的聯繫。」可見國家審計長與國會關係密切，其範圍包括選任和解任、宣誓、提出報告、資訊提供、財政預算等。

國家審計長在就任前必須簽署誓言並在國會宣誓，由國會議長監誓，其誓詞為：「我保證忠誠地承擔以色列國家法律之付託，忠實的履行作為審計長的職責。」（《國家審計長基本法》第九條、《國家審計長法》第四條）

審計長提供資訊給國會，使國會得據以監督行政機關進而履踐他們的職責。就民主國家權力分立原則的角度觀之，這是立法部門監督行政部門的一種立法型審計制度，審計長的作用，適可彌補國會功能之不足。

另外，國家審計長應定期向國會提出報告和意見，包括「國家審計長年度報告」(State Comptroller's Annual Report) 和「監察使年度報告」(Annual Report of the Ombudsman)，由「國會審計事務委員會」(State Audit Affairs Committee of the Knesset) 負責審查，並向國會大會提報其結

論及改進建議（《國家審計長基本法》第十二條），年度報告同時會向新聞媒體公布。審計長也可以針對特定事項向國會提出特別報告（《國家審計長法》第四十六條）。

　　年度審計報告除了向國會提出外，也必須送交政府內閣總理，內閣總理在收到報告的十週內，必須針對該報告的全部或部分內容，向審計長提出答覆（《國家審計長法》第十五、十六條）。

　　由上述的規範可知，審計長兼監察使係獨立於行政權之外，受國會之節制。不僅如此，《國家審計長基本法》還進一步規定，審計長公署的預算也是獨立於政府預算之外的，它是由審計長提出，經過「國會財政委員會」(Finance Committee of the Knesset) 通過，與國家預算書並列出版公布。而審計長個人的薪資，退休金及遺眷撫恤金都由國會或國會委員會決定（《國家審計長基本法》第十、十一條）。每年審計長也必須向「國會財政委員會」提出結算報告，並由該委員會審核認可。

三、資格和任免程序

（一）資格方面

　　形式上，審計長的資格規定很寬鬆，依據《國家審計長基本法》第八條之規定「除非法律有特別的規定限制，否則任何一位以色列的公民或居民都有資格成為國家審計長之候選人。」雖然以色列對於審計長並未要求具備法律會計或公共行政背景等專業領域之特定資格。但是實際上，審計長一職在過去幾十年之間，均由具有法學背景的人士擔任，包括法官和傑出的律師。以審計長 Eliezer Goldberg 為例，他曾擔任國會議員、律師和最高法院法官。而國家審計長公署的幕僚人員也大多具有法律專業背景。反映著審計長及其幕僚人員的法治專業性❸。

（二）任免程序

　　國家審計長的選任和解任程序，相關法制規範亦十分嚴格與慎重。

---

❸ Ben-Porat, Miriam，前引文，頁 110–111；The Comptroller and Ombudsman Israel, <http://www.mevak er.gov.il/serve/site/english/eintro.asp> (2006/1/23).

國家審計長係七年一任，不得連任。審計長兼監察使係由國會以祕密投票方式產生，必須由國會成員十人以上連署提名（每位國會議員只能提名一位侯選人），並得到國會投票議員中過半數 (majority) 的支持，才算當選。如果沒有任何一位候選人得到過半數，則繼續進行第二輪投票。如果還是沒有人勝出的話，從第三輪投票起，得票最少的一位候選人將失去繼續參選的機會，直到最後選出一位絕對多數的當選人為止（《國家審計長法》第一～第三條）。

國家審計長任期受保障，除非有特別理由，否則不得任意將其免職。依據現行法律規定，審計長的職務停止，只有三種情形：任期結束、逝世和解任。其中在解任的規範方面，必須至少有二十位國會議員書面連署，提交給「國會憲法、法律暨司法委員會」(the Constitution, Law and Justice Committee of the Knesset) 審議，該委員會在作成解任建議前，應該舉行聽證會，給予審計長答辯的機會。然後國會再召開大會投票作出決定。只有當國會議員投票人數超過三分之二同意的情況下，才會被解職。如果審計長不能履行其職務，則國會應選出一位代理審計長 (Acting Comptroller) 接任其工作，但是代理審計長的代理期間不得超過六個月（《國家審計長基本法》第十三、十四條、《國家審計長法》第八、八（A）、二十九條）。

四、組織架構及幕僚

審計長公署和五個主要的幕僚單位（包括法律顧問、經濟和工程顧問、計畫和監督部門、編輯和出版部門，以及行政服務部門）設在位於耶路撒冷的主要辦公室，另外還有兩個地區辦公室，分別位於台拉維夫和海法。

以 1999 年之資料為例，以色列國家審計長公署共有職員 526 人，這些幕僚人員和其他官員一樣擁有同等的地位（《國家審計長法》第二十二條）。其中 310 人負責審計部門之工作，均為大學畢業以上教育程度，專長背景則多元化，包括會計師、律師和其他專業人員。在監察使部門大約有五分之一（60 位）工作成員，多係法律專長的背景，這種堅實的法學素質不僅增進了工作的速度和績效，也使得研究調查結果較具深度和信賴度。除此

之外，還有大約 150 位行政與庶務人員。

　　監察使部門是國家審計長公署的一個特別和獨立的單位，內設八個行政單位，並設置一位主任 (Director)。係由監察使提議，經「國會審計事務委員會」 同意後任命。 這位主任的任用資格不受 《文官服務法》 (Civil Service Law) 之限制。 假如這位主任懸缺或有任何理由不能執行其職務，監察使可指派其他人代理，但不得超過三個月（《國家審計長法》第三十二條）。審計長對於其所屬（國家審計長公署）的工作人員有完全的指揮權與解僱權，並有權決定其薪資 ⓮ 。

五、利益迴避之規定

　　依據《國家審計長法》之規定，曾任部長、副部長、局處首長或副首長者，在卸任後兩年內不得出任國會「國家審計事務委員會」的主席。而國家審計長必須隨時向該委員會提出報告。曾任上述部局處署長或副首長的國會議員，不得參與「國家審計事務委員會」中有關其服務機關業務的討論。

　　《國家審計長法》第七條之規定，國家審計長在任職期間，嚴禁參與政治，而且不得兼任以下之職務，或從事以下之行為：

　　（一）成為國會議員或候選人，或是擔任地方議會的議員。

　　（二）擔任營利事業的管理成員。

　　（三）成為任何企業、貿易或職業的專任或間接成員。

　　（四）成為政府直接或間接控制、資助或投資的企業、機構、基金的參與者。而且不管係直接或間接，均不得從中獲利或得到任何形式的收入。

　　（五）購置、租賃、接受饋贈、使用或以任何形式擁有國家的動產或不動產。或從政府方面獲取任何契約、特許狀或其他任何利益。但是以清償或居住為目的之土地與房屋出借則不在此限。

　　（六）國家審計長在卸任後三年內，不得成為任何營利事業之管理成員，也不得成為任何審計長所審計對象之政府企業或接受政府資助的企業、

⓮　The Comptroller and Ombudsman Israel, <http://www.mevaker.gov.il/serve/site/english/eintro.asp> (2006/1/23).

機構、基金會等之管理成員。

對審計長的限制（如前述）也對其所屬職員，同樣適用。但卸任後之禁制期規範則為兩年。

從上述規範可知，以色列對於國家審計長的限制雖然很嚴格，但是審計長獨立行使職權的精神，相對地也受到很大的保障。

第四節　以色列審計長兼監察使之職權

以色列國家審計長同時兼掌國家審計權和監察權，權力範圍和監督對象都相當廣泛。

一、權力範圍

（一）審計權

審計權是審計長最主要的權力，審計長負責就國家公部門機關，進行合法性、道德上的廉正性、管理的健全、效率和經濟等方面的審計監督。

（二）受理人民申訴權

民眾若認為政府機關有違法失職的行為，包括行政行為的錯誤、延遲、不公正、剝奪陳訴者的直接利益，以及違反法律、不具合法權力、違反適當行政原則、態度太固執，造成不公等情事❶，都可以向監察使申訴，由監察使負責受理民眾的申訴案件。

（三）調查權

調查權是行使審計權和監察權的重要工具，以色列國家審計長和監察使擁有廣泛的調查權，可以藉自己認為適當之方式進行調查，自行決定是否對於申訴案進行調查，並設定調查的相關程序。

（四）文件調閱權

《國家審計長法》第三條規定，基於審計之目的，在審計長的要求下，被審計機關有義務向審計長提出相關的資訊、文件、解釋或其他資料，不

---

❶ The Ombudsman Annual Report 30 (2003) (Israel), Office of the State Comptroller and Ombudsman, pp.9–10.

得延遲。

（五）糾正權

　　對於對審計或被申訴的調查機關，審計長兼監察使可以提出糾正，要求被調查的對象限期改善。

（六）建議權

　　審計長兼監察使有建議權，可以建議被申訴機關或審計機關採行一種可行的改進方法，但並不具強制力，僅係建議性質。雖然如此，但是他所作成的結論和建議通常具有舉足輕重的影響力，行政機關一般而言也都樂於接受。假如被申訴機關未照監察使的建議去做，而監察使仍不滿意的話，他可以照會 (notice) 政府相關部會或「國會審計事務委員會」，對被申訴機關形成壓力。

（七）提出意見

　　國家審計長在「國會審計事務委員會」或政府機關要求下，可以提出意見 (opinion) 供國會和政府部門參考，立法和行政部門對於審計長意見通常十分重視。

（八）提出行政準則

　　對於某些個別案件，如果沒有其他法律條文或司法判決規定可供依循，監察使也可以制定相關的準則規範，一經制定，即適用於未來所有類似的案件，除非另有新頒布之法令或司法判例否定該準則的適用性 ⓰ 。

（九）其他特別權力

　　為了鼓勵一般民眾揭發政府官員之貪污行為，以達到肅貪防腐之目的，在 1981 年修法增訂一項條款：賦予審計長兼監察使有權保護基於誠信而揭發被審計單位貪污行為之公務員，以避免其困擾或面臨被解僱的隱憂。審計長兼監察使有權作成命令以保護該公務員之權利，包括撤銷免職令，或者在金錢或權利上給予其特別的補償 （《國家審計長法》 第 45A 、 45B 條） ⓱ 。另外監督政黨財務，以及受理正、副部長的財產申報，也均屬監

⓰　Ben-Porat, Miriam ，前引文，頁 104–105。

⓱　The Comptroller and Ombudsman Israel, <http://www.mevaker.gov.il/serve/site/english/eintro.asp> (2006/1/23).

察使的權力範圍，此與我國當前監察院受理四項「陽光法案」申報的情況相似。

二、監督對象

基本上監察使與審計長監督的對象相同，依據《國家審計長法》第九條之規定，審計長之審計對象，包括以下幾種：

（一）政府各部門。

（二）所有國營企業或國家機構。

（三）任何擁有國家財產的個人或組織，或是代表國家管理或控制國家財產的個人或組織。

（四）地方政府。

（五）由《政府公司法》(the Government Companies Law) 所規範之政府企業，以及政府擁有股權的企業、機構與基金。

（六）依法應審計之個人、企業、機構、基金及其他組織。

綜而言之，審計長的監督對象包括 ⑲：第一、所有的政府部門和國家機構，包括港口、鐵路、廣播機構；以色列銀行；國家保險機構；所有的地方政府、政府企業；石油公司；以色列電力公司；水公司；以色列航空公司；直接或間接接受政府資助之組織團體。第二、近來也擴及其它較大的機構，例如大學、公共運輸公司、健保基金；以及許多接受國家財政資助的單位，例如地區教會和體育、文化、教育和宗教活動性質的多樣化社團。第三、政黨（財務）也屬於審計長監督的對象。

---

⑲ Israel Ministry of Foreign Affairs, <http://www.maf.gov.vi/MFAArchive/2000_2009/2000/9/State%20Comptroller%20and%20Ombudsman> (2006/1/23).

第五節　以色列監察權之實際運作

一、申訴規定

（一）申訴者

依據《國家審計長法》第三十四條之規定，「任何人」均可對監察使提出申訴。實際上，包括「個人」以及由自然人所組成之「團體」。另外囤墾特區的居民也有權申訴。

一般而言，只有權利受到非法侵害之當事人（或其律師）才可以向監察使提出申訴，不過法定代理人也可以代表未成年人或無行為能力人提出申訴。民眾在提出申訴時，應說明申訴對象的某一行為對其直接造成損害，或者直接造成其利益損失。如果申訴人係國會議員，則不受此一規範之限制，因為國會議員是民選產生之公共代表，他可以針對本人雖未親涉其中，但是危害任何人的行政行為，向監察使提出申訴，但是必須得到當事人之同意 [19]。

特別值得一提的是，在以色列政府內部另外設有三種專業監察使——軍事監察使、員警監察使和監獄監察使。不僅受害者之本人，連同其親屬均有權向這些專業監察使提出申訴，其理由是考慮到，員警、軍人或獄中犯人可能有顧慮不願對他的同事或上級長官提出申訴 [20]。

（二）申訴方式

申訴案之陳述以寫信、傳真、電子郵件、口頭陳述等方式進行皆可。原則上申訴應以書面為之；或由申訴人口述後簽字，並且附上姓名住址，一般的作法是，監察使幕僚人員必須將民眾之口頭申訴作成檔案，包括收到的時間、傳真號碼、電子郵件帳號等列在附錄中。民眾可以在監察使設在各地的五個都市辦公室 （Jerusalem, Tel Aviv, Haifa, Be'er Sheva 及

---

[19] Ben-Porat, Miriam，前引文，頁 108、111。

[20] Ben-Porat, Miriam，前引文，頁 112。

Nazareth）提出口頭申訴 ❹ 。

　　獄中犯人的申訴，則應由典獄長或獄方人員提供可密封之信封，並在未開啟的情況下遞交給監察使。

　　申訴者之身分只有被指控者知曉，但是任何遭指控之單位，均應保證不將申訴人之姓名及申訴內容洩漏給無權知悉者，以避免申訴者的困擾。

　　此外，和一般的規定相同，匿名陳訴不被受理，而且申訴是免費的。

（三）申訴事由

　　申訴事由包括違反法律，或於法無據，或違反良好行政行為或怠忽職守，以及雖然合法但行事過於僵化或惡意不公之行為，而延遲、錯誤、無合法權力、不公義之事項，也可構成申訴之理由。可提出的事由非常廣泛，然而申訴人不須明述他所尋求之救濟為何。

（四）申訴案之處理程序

　　1.監察使可以主動調查申訴案，除非申訴案未符合調查申訴案的規定，或監察使認為無適當的調查對象。

　　2.不繼續調查：假如監察使有正當的理由確信陳訴的原因不存在、申訴的內容已被糾正、申訴者撤回申訴，或申訴者未回覆監察使要求的說明。

　　3.監察使可以自行決定調查申訴案的適當方法，不受程序規則和證據法則的拘束。他可以要求任何人給予他任何檔、資訊，以協助其調查申訴案 ❹ 。

　　4.申訴案若不予調查，必須以書面告知申訴人。

　　5.除非有特別理由，否則監察使不受理自侵權行為發生之日起，或自申訴人知悉侵權行為之日起，已逾一年之後始提出之申訴。此係是針對權利人權利懈怠之規定。

　　6.假如監察使認為需要，可以傳喚申訴者或被申訴的個人或單位。

　　7.依據以色列《國家審計長法》第三十八條之規定，下列的申訴案不

---

❹ The Comptroller and Ombudsman Israel, <http://www.mevaker.gov.il/serve/site/english/eombuds-intro.asp> (2006/1/23).

❹ The Ombudsman Annual Report 30 (2003) (Israel), Office of the State Comptroller and Ombudsman, p. 10.

得進行調查❷：

　　⑴申訴之對象是以色列總統。

　　⑵申訴之對象是國會、國會委員會或某一位國會議員，而申訴之目的，是解除該位國會議員之職務。

　　⑶申訴之對象是政府、部長委員會 (committee of ministers)，或作為政府成員之一的部長之作為；除非此一作為係屬部長個人負責的業務範圍。

　　⑷申訴之對象是以色列銀行總裁 (governor of the bank of Israel)；除非此一作為係屬總裁個人負責的銀行業務範圍。

　　⑸申訴之主體係法案或準司法的行政命令。

　　⑹申訴之事項尚待法院判決；或是申訴之內容主體已由法院作出判決。

　　⑺在《國防服務法》(Defense Service Law) 規範下，申訴人本身正在服正規役，或預備役，而申訴之內容是有關兵役之安排，役期或軍中紀律問題。

　　⑻申訴人是軍人 (soldiers)、員警 (police officers) 或獄政官員 (prison officers)，而申訴案內容是以色列軍方、警政或獄政中有關服務期限與紀律之規範。有關軍人、員警或獄吏等在各自服務單位中之「勤務安排、服務或訓練之條件」等之申訴，監察使不得進行調查，因為這些係屬針對上述各單位設立之專業監察使的職掌範圍。但是如果申訴人對專業監察使的裁決不滿意，可向監察使提出申訴。除了「勤務安排、服務或訓練之條件」等事項之外，其他事項，軍人、員警或獄吏均可向監察使提出申訴❷。

　　⑼申訴人是國家公務員，或是受審計長稽核機構聘僱之人員，其申訴事項是有關其受僱之服務問題；但是，如果其指控之對象是違背任何法律或規定，包括《公務員服務條例》(Civil Service Regulations) 中的集體協議，以及由文官委員會 (Civil Service Commissioner) 所指令的集體協議，則

---

❷　另請參見 The Ombudsman Annual Report 30 (2003) (Israel), Office of the State Comptroller and Ombudsman, pp. 10-11.

❷　Ben-Porat, Miriam，前引文，頁 114-115。

應對其進行調查行動。

　　由以上規範可知，以色列監察使之監督對象，比北歐（尤其是瑞典，芬蘭等國）監察使要狹隘，而且申訴案之限制也嚴格得多。

二、案件分析

　　以監察使 2011 年處理的案件為例分析之：

（一）數　量❷❺

　　1. 2011 年以色列監察使處理的案件總數共有 15,960 件，其中包括 2010 年未處理完移留下來的案件 1,420 件。

　　2. 2011 年直接向監察使提出的申訴案有 14,880 件，比前一年度年增加了 6.5%（2010 年為 13,976 件）（圖 13-1）。另外監察使也收到數百件原本應該提交給被審計單位的申訴案之副本，通常監察使不能直接調查這些案件。在某些情形下，監察使會通知申訴者，假如這些單位沒有答覆或申訴者對答覆內容不滿意，他才可以直接向監察使申訴，但是監察使有權決定是否有充分法律依據進行調查此一案件。

　　3.儘管民眾向監察使陳訴有諸多的條件限制，以色列民眾向監察使申訴之案件，從 2008 年開始，每年都達 10,000 件以上，且逐年皆創新高❷❻。以案件人數比來看，以色列約為 1.090 件／千人❷❼，而我國則為約 0.688 件／千人，芬蘭約 0.638 件／千人❷❽。可見以色列民眾向監察使陳訴的案件比例非常高。

❷❺ The Ombudsman Annual Report 37 and 38 (2010–2011) (Israel), Office of the State Comptroller and Ombudsman,pp.62–63.

❷❻ The Ombudsman Annual Report 37 and 38 (2010–2011) (Israel), Office of the State Comptroller and Ombudsman,pp.55–56.

❷❼ 依據 2005.6 月的資料統計，以色列人口有 6,276,883 人。資料來源：CIA-The World Factbook, <http://www.cia.gov/cia/publications/factbook/geos/tw.html> (2006/2/10).

❷❽ 李文郎，前引文，頁 258。

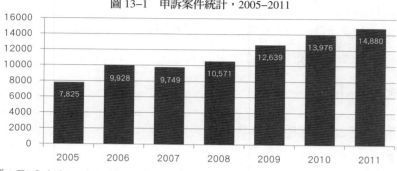

圖 13-1　申訴案件統計，2005-2011

・資料來源：The Ombudsman Annual Report 37–38 (2010–2011) (Israel), Office of the State Comptroller and Ombudsman, p. 55.

（二）類　別

根據 2011 年以色列監察使受理民眾申訴之分類統計，從表 13-1 中我們可以瞭解申訴案的主要基本類型。

1. 申訴案類別

從申訴案類別來看，前六大類別分別是福利服務、公共服務、地方機關、稅捐、受僱者權利和工作，以及電話和郵政服務。在一般「福利國家」(welfare state) 中 ❷ ，民眾對於政府的陳訴，以有關給付行政、社會福利、健保事務為主，這均與人民的生活或生計息息相關，包括年金給付、失業保險、醫療照顧、兒童照顧、老人照顧、住宅津貼、就業、殘障者補助等事項，換言之，監察機關係以社會福利事項為主要的工作重點。以色列申訴案件中排行第一的是福利服務，具體內容包括住屋、社會福利、教育、殘障者、國家保險等事項，這和其他歐美福利國家相類似。另外排行第二和第三的是公共服務和地方府服務事項，顯示一般民眾對於政府服務品質的要求較高。至於排行第四的則是稅捐事項，主要是政府的給付行政和福利措施，需要靠賦稅所得作為重要財源，由於徵稅涉及人民財產權事項，所以民眾對於稅捐機關的申訴案件較多。在其他類別方面，有關警方（383

---

❷ 依據威廉斯基 (Harold L. Wilensky) 之定義：「福利國家」(Welfare State) 的本質就是政府保護每位國民的最低所得、營養、健康、居住和教育水準，並且對每位國民而言，獲享這種水準的生活，乃是一項政治權利，而非源於施捨。」參見 Harold L. Wilensky 著，衛民譯，《福利國家與平等》，（臺北：黎明文化，1982），頁 1。

件）和法院（158 件）的案件亦多，這和兩者處理的事務屬於「干預行政」的範疇，比較容易侵犯人民之權益有關（表 13-1）。

表 13-1　2011 年以色列監察使受理申訴案之類別統計

排序	類別	內容	數量	比率
1	國家制度	社會保險、警政、國防、邊境武力、移民、環境污染、司法體系、其他	3,999	26.9%
2	政府部會	–	3,685	26.0%
3	地方機關	–	3,596	24.2%
4	各種公共機構 (public bodies)	基礎與交通建設公司、教育與科技機構、健康捐等	1,911	12.8%
5	無權限調查者	例如銀行與電話公司	1,509	10.1%

・資料來源：The Ombudsman Annual Report 37–38 (2010–2011) (Israel), Office of the State Comptroller and Ombudsman, pp.56–57.

2. 被申訴的機關

被申訴的機關前十名分別是國家保險機構、員警機關、財政部、司法部、交通部與道路安全主管機關、衛生部、教育部、國防部、以色列國營住宅公司以及建設和住宅部。其中國家保險機構列名第一，處理的業務屬於社會福利事項。其次是員警機關，員警人員為執法先鋒，比較容易在有意或無意間侵害人民權益。至於排行第三的則是職掌與人民私有財產事項息息相關的財政部（表 13-2）。

表 13-2　2011 年以色列監察使受理申訴案前十大被申訴機關統計

排序	被申訴機關	數量
1	國家保險機構	1,388
2	員警機關	785
3	財政部	508
4	司法部	471
5	交通部與道路安全主管機關	467
6	衛生部	402
7	教育部	367
8	國防部	357

| 9 | 以色列國營住宅公司 | 349 |
| 10 | 建設和住宅部 | 320 |

資料來源：The Ombudsman Annual Report 37–38 (2010–2011) (Israel), Office of the State Comptroller and Ombudsman, p. 58.

（三）處理結果

　　2011 年以色列監察使處理完成的申訴案件共有 15,960 件，實質上獲得解決有 6,834 件，佔總數的 42.8%；其中有 1,920 件進入司法調查程序，佔 29%❸⓿，停止調查有 5,134 件，占總數的 32.2% 。其中因申訴狀況已有改善而停止調查者有 2,557 件，佔所有停止調查案件中的 49.7%，顯見監察使的調查確實有助於申訴狀況的改善。此外，遭監察使駁回的申訴案件亦有 3,983 件，佔總數 25%。參見圖 13–2。

圖 13–2　2011 年以色列監察使申訴案件處理情形統計

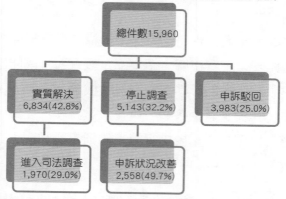

・資料來源 ：筆者整理自 The Ombudsman Annual Report 37–38 (2010–2011) (Israel), Office of the State Comptroller and Ombudsman, p.63.

第六節　以色列審計長兼監察使制度之特色

　　從上述的探討和分析中，對於以色列審計長兼監察使的制度和運作，可以歸納出幾點特色：

---

❸⓿ The Ombudsman Annual Report 37–38 (2010–2011) , Office of the State Comptroller and Ombudsman, p.69.

一、審監制度合一

　　以色列審計長兼監察使公署職掌國家審計權和監察權，而且公署首長為同一人，這是當今世界上非常罕見的一種審監合一制度。將審計權和監察權結合於一的優點是：有些申訴案可能反映一個行政組織或機構運作的缺點，甚至違反法律；由民眾提出申訴求助於審計長，若涉及審計業務的範疇，此時，經驗豐富的審計幕僚對於民眾個人對抗官僚的行政違失，可以提供適當的協助和解決 ❸ 。另外，兩者合作無間，協調一致，可以避免做出彼此不配合，甚至相互抵觸之決定。

二、兼具專業性、獨立性和公正性

　　專業性、獨立性和公正性，是世界各國對審計與監察人員的基本要求，以色列審計長兼監察使也符合這項特點。

　　在專業性部分，審計長兼監察使的資格雖然寬鬆，不過實際擔任者大多具備傑出的法律背景，而且審計長公署中之幕僚人員大多具有會計、法律和其他專業知識，顯見其具備專業性。

　　審計權和監察權特別強調其獨立性，以色列《國家審計長基本法》第六條規定：「國家審計長在實踐其職能時，只對國會負責，不應依賴政府。」強調其獨立於政府行政部門之外。為了維持其獨立性，審計長兼監察使公署的運作不受外界干涉，對於公署的幕僚人員有完全的指揮權和聘僱權。再者，為了保障其獨立性，審計長兼監察使受到任期的保障，其解任程序相當嚴謹，除非是法定的三項特殊理由，否則不得提前解任。最後，審計長公署的預算由國會決定編列，可避免行政機關的箝制，亦可維持其獨立性。

　　在公正性方面，《國家審計長法》第七條特別規定審計長兼監察使不得從事有關政治性的活動，也不得兼任利益衝突之職務，或從事相關之行為，以維持審計長兼監察使的公正性。

---

❸ The Comptroller and Ombudsman Israel, <http://www.mevaker.gov. il/serve/site/english/eintro.asp> (2006/1/23).

三、監察使和專業監察使相輔相成

專業監察使的設置是監察權發展的一種世界性趨勢。和北歐國家，如瑞典芬蘭相類似，以色列除了在行政機關外部設有一般監察使（或稱「全功能型監察使」）行使全面性的監察職能之外，另外在政府內部則分別設置軍事監察使、員警監察使和監獄監察使等三種專業（特殊）監察使，均屬行政機關的內控機制，和監察使分工互補，既可減輕監察使的案件負擔，並可增進監督成效。

四、監督陽光法案

1973 年，根據以色列《政黨財務法》的規定，國會授權審計長稽核各政黨的往來帳戶，政黨的財務管理正式列為被審計的對象。1977 年又增加一項規定，基於利益衝突的考量，內閣部長和副部長每年必須向審計長登錄其所得、財產等個人相關資料。

和我國監察院的職掌相類似，以色列將陽光法案列為審計長的監督範疇，係屬審監機關的特殊職權。

五、符合「第四權」的概念

第四權 (the Fourth Branch of Power) 的概念，係指傳統三權分立雖然是憲政主義下的基本分權方式，但傳統三權分立已經無法滿足法治國家的實際需求，對於行政權的監督，立法權和司法權已經負擔過於沉重，因此必須有獨立於三權之外的其它獨立部門，來負責承擔立法權和司法權無法負荷或含括的工作，而形成所謂的「第四權」概念。第四權的範圍包括獨立的監察權、審計權等 ❸ 。

以色列國家審計長兼監察使公署是政府（行政部門）之外的獨立機關，行使傳統三權之外的「第四權」。又因為審計長兼監察使向國會負責，所以亦可視為以色列國會權力之延伸。

---

❸ 有關「第四權」(the Fourth Branch of Power) 的概念，請參見李文郎，前引文，頁 45–49。

六、扮演行政監督者和人民保護者的雙重角色

新興民主國家和穩定民主國家的監察機關之工作重點不同，前者以監督政府肅貪防腐、保障人權和確保文官穩定為主，後者以監督不良行政、提升行政效率、處理給付行政和社會福利等事項為主。

審計權和監察權的主要功能之一都是在「監督行政」。以色列是一個先進民主國家，審計長兼監察使扮演監督不良行政和提升行政效率的重要角色，同時也受理民眾對於政府或官員的不法或不當行為而權益受損之申訴，它所扮演的是人民保護者的角色。

第七節　結　論

以色列審計權與監察權，由同一獨立機關行使。審計權與監察權的執行卻是分開的，但是這兩項職務的機關首長賦予同一人擔任：身為「審計長」主要的工作是致力於提升行政績效；作為「監察使」，其主要的工作是解決民眾之困苦。兩者在工作上密切配合、資訊互通，可提升監督成效。這是世界上罕見而獨特的審監制度。

我國審計部雖然也隸屬於監察院，不過性質和運作方式有所不同。以色列審監制度合一，是因應實際需要所做的制度改革，從 1971 年施行至今，四十多年來，對於監督行政、提升行政效率，以及保障人權、為民眾謀福，發揮很大的功能，顯示此一制度的優異性。以色列的審監制度正可以提供吾人啟示與借鏡。

表 13-3　以色列審計長兼監察使制度的基本功能與職掌

項目	內容
制度類型	審計權與監察權合一
制度淵源	以色列特殊制度
制度創始時間與改革時間	1949 年：設立國家審計長 1971 年：國家審計長兼監察使

制度之層級	僅有中央層級
官署名稱	國家審計長兼監察使公署
角色	行政監督者、人民保護者
監督的性質	行政部門的外部監督
任期	七年，不得連任
人數	一人
資格	無特別資格限制，任何以色列公民或居民皆可； 但實際上近年來，審計長大多由具有傑出法律背景者擔任
選任方式	由國會選任
解任程序	至少有二十位國會議員書面連署，提交給「國會憲法、法律暨司法委員會」審議。如該委員會作成解任建議，經國會議員投票人數超過三分之二同意後解任
監督機構	國會
與國會關係	非常密切，包括選任和解任、宣誓、提出報告、資訊提供、財政預算等
幕僚組織規模	審計長公署約共 500 多人，其中監察使部門約有 60 人
幕僚任免	國家審計長有權任免幕僚人員，並決定其薪資
年度預算	由國家審計長提出，經過「國會財政委員會」核可，與國家預算書並列出版公布
利益迴避規定	不得從事有關政治性的活動， 並且不得兼任有利益衝突之職務及相關行為
提出報告	向國會提出年度報告或特別報告
監督對象	1. 政府各部門。2. 國營企業或國家機構。3. 任何擁有國家財產的個人或組織， 或是代表國家管理或控制國家財產的個人或組織。4. 地方政府。5. 由《政府公司法》所規範之政府企業，以及政府擁有股權的企業、 機構與基金。6. 依法應審計之個人、企業、機構、基金及其他組織
職權種類	審計權、受理人民陳訴權、調查權、文件調閱權、糾正權、建議權、提出意見、提出行政準則權、其他特別權力
人民陳訴方式	書信、傳真、口頭陳述、電子郵件等
陳訴案處理的限制	已超過一年的案件不受理、匿名信不受理
陳訴是否收費	免費
案件主要來源	以民眾直接向監察使申訴為主
新陳訴案數量	每年約 7,000–8,000 件
案件類別	社會福利事項、公共服務條款事項、地方機關服務事項
申訴案之處理	實質上進行並解決、停止調查、立即駁回

法制規定	1958 年《國家審計長法》 1988 年《國家審計長基本法》
其他專業監察使	軍事監察使、員警監察使、監獄監察使

【第十四章】
美國政府督責總署

在民主國家之政治過程中，出現代理關係 (agency relationship)。代理關係出現二方，一為本人 (principal)，一為代理人 (agent)，本人把自己的財產交付代理人，由其經營、管理，代理人則對本人負責。在民主國家之政治過程中，人民係本人，政府機關係代理人。政府機關（代理人）擁有的資訊，遠較人民（本人）為多，出現資訊不對稱，衍生道德風險。為降低代理成本，政府監察及審計（以下簡稱審計 ❸ ）制度出現，提供制衡之功能，期提高代理人之經營績效，降低營運不良、貪污及其他風險。

「治理」一詞，係指高階層級管理人員在決策及執行過程中的指導與監督。各國政府採行之治理架構不一，並無通用模式，然其均重視課責、透明、誠實、公正，不離政府審計的基本原則，至於審計工作則均在評估行政部門或其管理階層（官員）執行職務之績效，亦即，評估編列預算、執行預算、施政時，是否遵守法令、透明、公正、誠實，以及瞭解其執行績效。審計功能之強弱，對一國行政體系如何規劃與制定政策、配置資源、評估行政效率及效能，關係密切。

第一節　美國聯邦政府之控制架構：內部及外部監督

美國聯邦政府目前之控制架構，按政府機關能否自己著力，區分為內部控制（internal control，內控）及外部控制（external oversight，外控）二類。內控由行政部門及其所屬單位為之，外控則在立法部門。在美國，行政部門係由總統領導，內控有二個體系，分別是白宮之預算及管理局 (OMB, Office of Management and Budget)，以及各部會之督察長 (Inspector

---

❸ Audit 之本意為聽，仔細地聽代理人就其行為所為之報告，其目的，在監督代理人，有譯監督、監察或審計。

General)。OMB 設在總統行政辦公室之下，提供政策指導，統合各部會，協力推動政策，透過各部會之財務長 (Chief Financial Officer) 實施內控 **❸**；各督察長辦公室設在部會之內，為部會之內部控制單位，促各該部會管理者履行責任，達成部會目標。外控由政府課責總署 (GAO, Government Accountability Office **❸**) 負責，GAO 係設在中央立法機關，在行政機關之外，GAO 所支援、輔助之機關為國會，GAO 監督行政部門之施政績效，其間的關係，如表 14–1：

表 14–1　美國聯邦政府之控制架構

方向	機制	部門	機關	方式
內	內控 (Internal Control)	行政	預算及管理局 OMB	透過財務長 (Chief Financial Officer)、督察長 (Inspector General) 督察、檢核各部會自己之施政績效 ・有 2 個體系
外	外控 (External Oversight)	立法	政府課責總署 GAO	監督、調查及評估行政部門之施政績效；依據： 1. 國會參眾兩院之指示 2. 聯邦法律之規定

第二節　GAO 之誕生：由演進到設置

一、演　進

　　美國政府的控制機制，可追溯至立國之初。美國從建國到 1910 年代末期，行政權大，審計人員係設於財政部之下，財政部屬行政權，到 1920 年代初，情況才改變。

　　1770 年代初期，美國還是英國的殖民地，尚未獨立，採行英國之作法：凡是與金錢收支相關之法案 (money bills)，都由立法機關（下議院）

---

❸ 許哲源，〈美國檢核長制度簡介〉，《審計季刊》，第 23 卷第 1 期，2002 年 10 月，頁 30。
❸ 政府課責總署於 2004 年改名之前，名審計總署 (General Accounting Office)，二者縮寫均為 GAO。

啟動，如無立法機關代表參與，即不得徵稅。在此情況下，掌管荷包之權 (the power of the purse) 的機關，是立法機關。

　　1775 年，獨立戰爭發生，1776 年 7 月 4 日，北美洲 13 個英屬殖民地簽署《獨立宣言》，宣告脫離英國而獨立。獨立戰爭持續 8 年，至 1783 年結束，4 年後（1787 年 9 月 17 日），憲法草擬完成，次年中（1788 年 6 月 21 日）通過，再半年（1789 年 1 月 1 日）生效。惟憲法雖生效，但立憲體制確立的時間，待 1865 年南北戰爭結束之後。

　　1789 年，美國立國，憲法將聯邦政府財政事務之權責交付立法部門：國會有權徵集稅收、發行國債，以及鑄造貨幣等財政事務之權。不過，立國之初，國家財政狀態欠佳，國會不得不把財務管理之權再交給行政部門，於是，在立國的第 1 年（1789 年）即通過《財政部法》(Treasury Act of 1789)，設立財政部，審計員 (auditor) 和主計官 (comptroller) 均設在財政部之下。

　　國會雖把財務管理之權交給行政部門，但同時亦尋求確保行政機關會依循其意圖使用其給予撥款的機制。因此，於 1814 年設立一個負責公共支出的常設委員會，作為國會的審計機構，後來又增設六個委員會。但是，行政機關的帳目和報告數量龐大，專業程度又高，國會缺乏專業人員的幫助，即使審核，亦無法深入，致這一時期公共財政的審計實際上屬行政職務的一部分，由財政部執行。財政部設立後的 150 年，平時的國會常只有極少助理在場，幾不見議員身影，帶給人們許多焦慮。

　　美國立國後約百年（1894 年），國會通過 Dockery 法 (the Dockery Act of 1894)，試圖改善聯邦政府的財政制度：於財政部設主計長辦公室 (Office of Comptroller of the Treasury)；每個聯邦政府部門在把帳目交給審計員之前，須自我檢查；另增加審計員的員額至六人，審計員的工作，包括須檢查各部門的帳目餘額是否準確；受查的會計人員若對審計員的決定有異議，可上訴至主計官。審計員與主計官都是行政官員，對財政部長和總統負責。

　　因主計官和審計員的性質隸屬行政機構，對行政部門支出的合法性和適

當性，國會仍有憂慮。這種狀況持續到 1910 年代末期才發生根本上的變化。

二、設　置

1914 年，第一次世界大戰爆發（1914 年 7 月 28 日至 1918 年 11 月 11日），美國於戰爭結束前一年參戰，惟雖僅參戰一年，但大量舉債。國債之金額，在戰前（1917 年 7 月 1 日）為 5.72 億美金，戰爭期間增加兩倍，1918 年 7 月 1 日為 $ 14.59 億美金，戰後再增一倍，1919 年 7 月 1 日攀升至 $ 27.39 億美金。

1920 年，哈定總統就職，次年，參、眾兩院為改善聯邦政府戰後之財政管理，通過預算與會計法 (Budget and Accounting Act of 1921)，分別成立OMB (Office of Management and Budget) 及 GAO (General Accounting Offices)；OMB 為行政機關，設在財政部 (Treasury) 之下，負責預算；GAO則為監督機關，設在國會之下，讓國會掌握更多與政府支出有用之資訊，加強控制的力度。該法也增加總統及行政體系對立法機關之責任：總統每年須編製 (prepare) 聯邦政府之預算、除把 GAO 設在行政部門之外，再賦予 GAO 廣泛職權，要求 GAO 調查政府如何支用經費，還將原屬財政部的會計及審計業務均移轉給 GAO，由 GAO 代表國會，監督聯邦政府及其官員的財務活動。

1921 年 7 月 1 日，國會之下新設 GAO，審計權由行政機關轉歸立法機關。 GAO 為美國最高審計機關， 被視為國會的調查單位 (investigative arm of Congress) 或國會的看門狗 (congressional watchdog)。

其後，預算與會計法經過多次修正，GAO 的權責不斷擴展，該法一直是 GAO 運作之主要法源。2004 年，為配合美國政府當時之功能與角色的調整， GAO 將使用 83 年的名稱改為政府課責總署 (Government Accountability Office)，仍簡稱 GAO。

GAO 舊稱 General Accounting Office，其中的「Accounting」一詞，一般譯為會計，並非審計。有人尊重美國立法的傳統，將 GAO 譯為會計總署，惟本文將其譯為審計總署，因 GAO 所負責的工作，究以審計為主，

且成立 GAO 之法律名為 Budget and Accounting Act，將政府之財務管理相關事務，大分為 Budget 及 Accounting 二部分：與預算相關之事務，包括預算之籌編與執行，歸行政部門，而將其他事務歸 GAO 掌理。其他事物包括原屬財政部的「會計」及「審計」事務，均屬該法之「Accounting」，但究以審計為重，故譯為審計總署。此外，OMB 所負責者，除預算之籌編、執行外，尚有其記錄，記錄即 Accounting，而 GAO 為監督機關，亦負責「Accounting」，實際上主為 Auditing，也因此將 GAO 譯為審計總署。

三、再演進

1950 年，杜魯門總統簽署預算與會計程序法 (Budget and Accounting Procedures Act of 1950)，該法參照 1921 年的預算與會計法的作法，區分行政機關與監督機關之職責：履行之責任，歸行政部門，對履行責任之控制，則歸審計長，並在立法上承認由 GAO 擔負「審計綜合責任」，還要求 GAO 制定聯邦行政機構應用的會計準則。隨後，GAO 制定該等準則，如《政策和程序手冊》的第二章 (Policies and Procedures Manual, title 2)。一般而言，聯邦機構採行該準則，不過，OMB 並未要求聯邦機構遵守該準則，甚至還有 OMB 人員因該法竟授權立法機構定義行政機構使用的會計準則，故宣稱該法違憲。不過，無論如何，《預算與會計程序法》是在 1921 年的《預算與會計法》提供 GAO 後續變革的基礎之一。

第三節　GAO 之目標與職權

一、價值與目標

GAO 要求的核心價值，包括問責 (accountability)、正直 (integrity) 與可靠 (reliability)，與「善治」(good governance) 的衡量標準類似。第一個核心價值，問責，是 GAO 存在的目的；後二個核心價值，則是 GAO 的自我要求，是達成第一個核心價值的前提。所謂正直，原意係完整無缺，指

GAO 在執行任務時，須堅持高標準，基於專業、客觀、公正、以事實為基礎、超出黨派、無意識型態、立場衡平；可靠，則指 GAO 係確實，且精確、清晰、公正；至於問責，則著眼於聯邦政府的計劃與運作是否符合民眾的要求。GAO 協助國會進行此評估工作 ❸ 。

　　GAO 之策略目標，包括「致力成為一個聯邦部會之典範及世界級專業服務機構，以使 GAO 之價值極大化」；中程策略目標，在 2007 年至 2012 年，有：

　　1.強化顧客滿意度，及強化該署與利害關係人之關係。

　　2.以策略性領導達成目標。

　　3.善用 GAO 之知識及經驗。

　　4.強化業務及管理程序。

　　5.成為人們謀職時優先考慮之專業機關。

二、職權：特性、工作內容與運作方式

　　GAO 任務之性質，雖含審計與會計，但以審計為主。GAO 協助之對象是國會，故其職權，在對國會提供資訊，應國會各委員會及其成員之要求，就聯邦政府計畫與施政等法案提供意見、審視某特定事項，協助研究及調查，審計長（或其代表）就某事項到委員會作證，另外，在起草法案或涉有其他法律及立法事宜時，國會各委員會及成員得請 GAO 表示意見或提供協助，對其他機關之研究或評估報告提出建議，惟上述事項之進行，均須依法律之規範，至於問題之內容，則與解決人民之主張有關，得為收取債務之問題。

　　審計包括遵循審計、績效審計，既有審核政府財務收支及決算，又有考核財務效能及核定財務責任，查核與評估政府之施政與計畫，對各機關財務上之違失或不當，及效能過低之情事，應依法為適當之處理；審計之結果，向國會報告，以提升及促進政府公共責任之履行。

　　1993 年，美國施行政府績效成果法 (Government Performance and

---

❸ 周陽山，〈善治與五權憲法制度運作（監察權）〉。

Results Act of 1993) 後，GAO 研究各聯邦機關執行中長期策略計劃與該年度計畫之成效，並提出報告。2011 的《政府績效成果改革法》要求 GAO 評估各機關之計畫執行成效，並提出建議，並規定審計長須就聯邦政府的優先目標和績效計畫的執行情形，提出評估報告，送交國會，供國會參考；至其內容，須有足以改善績效的具體建議、機關落實情形之分析，以及評估各機關及計畫之績效管理是否確實提升效能。至於 GAO 提出報告的時間，在試行時，是 2013 年 6 月 26 日 ❸，其後，先為二年一次，在 2015 年和 2017 年的 9 月，其後，則每 4 年一次，在各次當年的 9 月之前。

　　更名後的 GAO 提出藍皮報告書，焦點不再只放在被監督機關的各項開支是否符合法令，還納入聯邦政府的計畫及政策是否達成原先設定的目標，以及是否符合社會大眾的需要。前者屬財務審計、合規性審計，後者則屬績效審計。績效審計係針對被監督機關之 3E，經濟、節省 (economy)、效率 (efficiency) 及效果 (effectiveness)。GAO 於政府審計準則 (GAGAS) 說明，對於公共資源的課責，在國家的治理過程，至關重要；審計機構因強調「三 E 原則」，故公共資源的管理者須對立法機構及社會公眾說明：

　　1.政府資源是否得到適當管理與使用，是否遵循各項法規。

　　2.施政計畫是否實現其目標和預期的成果。

　　3.施政計畫是否講究經濟性、效率性、效能性。

　　事實上，該署目前財務審計之工作，僅佔工作量的 15%，較大部分的工作，係涉政府的運作如何有效率、有效果，評估計畫、分析政策，對政府廣泛的計畫與活動決策提供意見，在追求「責任、整合和信任」的核心價值。2012 年 1 月，該署出版《研究與方法之應用：評估之設計》(*Applied Research and Methods-Designing Evaluations*, 2012 Revision)，表示要更積極進行績效審計，創新評估方法，讓國會掌握行政資訊，以落實監督之作為。

　　GAO 的工作，還包括制定政府審計準則，茲分述如下：

（一）被審計之對象

---

❸ GAO–13–518 報告。

　　被 GAO 審計之對象，包括聯邦政府、所有部會及機構，涵蓋國營事業，但不以聯邦政府的施政計畫為限，亦及於州與地方政府、準政府團體 (quasi-governmental bodies)，或收受聯邦政府補助、捐助與貸款之民間組織，惟不包括某些情報之活動。

　　被審計之標的，包括被審計對象之下列行為：

　　(1)公款之收取、支付及使用；

　　(2)所進行施政計畫與活動。

　　GAO 調查行政部門公款之收支，施政計畫與活動之成果，協助國會判斷公款之支用是否經濟、有效率及效果，並對受查機關提出建議。

（二）如何審計

　　GAO 係依其所頒之政府審計準則執行審計業務。GAO 有權取得並檢視部會（及機構）的任何簿冊、檔案、資料、文件。依法律規定，部會（及機構）有義務依審計長之要求提出其行使職權、進行業務活動、財務交易之檔。為調查某些案件，GAO 得發出傳票，提出詢問，或要求對方提出書面回覆、具結、擔任證人，赴現場勘查，檢視與複印特定簿冊與紀錄文件，並擁有強制執行力，包括透過民事訴訟取得賠償等。

（三）GAO 協助國會的方式

　　國會預算及保留控制法 (The Congressional Budget and Impoundment Control Act, 1974) 明訂 GAO 協助國會的方式有：

　　(1)提供資訊、服務、人員（經雙方同意）予國會預算局。

　　(2)研擬立法目的與立法方向之說明。上述立法方向，指涉及計畫執行評估報告者。

　　(3)分析、研究、評估聯邦政府之施政計畫。

　　(4)研究評估政府施政計畫的有效方法，提出建議。

　　(5)對財政、預算及政府施政計畫資訊等，推動持續的協助計畫。

　　委員會及其成員對財政、預算及政府施政計畫資訊之需求。

　　(6)協助國會各委員會研議資訊需求。

　　(7)追蹤國會持續密集報告之需求。

(8)發展有關財政、預算及施政計畫之最新資源及資訊系統。

(9)取得必要資訊，並評估、分析。

(10)建立資料及資訊中央檔案。

(11)評估總統所提出預算機關之延遲及撤銷，並對國會報告。

(12)必要時，對預算機關提出訴訟，以確保預算機關履行其義務。

上述(2)、(3)、(5)、(6)、(9)等任務協助之對象，係國會之相關委員會，(5)、(9)則亦可協助委員會成員，(8)、(9)則經與國會預算局、財政部及白宮國家預算局充分合作，均在滿足其對財政、預算及政府施政計畫資訊之需求。

（四）資料之公開

GAO 所提出的每一份報告，及對國會所提供之證詞 (testimony)，都會在提出之時，於網站公開。此外，每月須依法律規定，將上個月公布的報告，列出目錄，免費提供給國會、其下各委員會及其職員、議員，以及中央、地方政府（州）之官員，乃至外國政府、媒體、大學（圖書館、教職員與學生）、非政府組織等 ❸ 。

（五）GAO 審計之效力

GAO 雖可提出審計結論和建議，但該結論和建議並無法律上拘束力，換言之，GAO 無判決權或制裁權，不能對行政機關採行強制性之懲罰，僅有權就所發現的問題，提出如何解決的建議，與司法型的法國、義大利、西班牙等不同。不過，受查單位在收到 GAO 之建議後，有義務採取行動，否則，GAO 可將報告提交國會。國會可採取的行動，有舉行聽證會，公開審計報告，以媒體與輿論形成壓力而接受 GAO 的建議。當受查單位仍不接受建議時，則國會可停止撥款，其效果不可小覷。例如，美國總統歐巴馬在 2011 年簽署施行的政府績效成果法改革法 (GPRA Modernization Act of 2010)。該立法構想的發端，即係 GAO 提出的報告。

民眾得依法以請求權人或債權人之身分，對政府提出請求，該等請求

---

❸ 參閱 Frederick C. Mosher, The GAO: *The Quest for Accountability in American Government*, pp. 57–65. 及 GAO 網站資料：http://www.gao.gov.

可能涉及個人、企業或外國、州及市政府，GAO 得處理，協助解決人民之主張及債權之收取。除 GAO 外，民眾為解決爭端，亦得訴諸國會或法院。GAO 處理民眾請求的結果，對行政部門有拘束力；對行政機關之債權，GAO 則有監督之責。

（六）提供法律意見及判斷

對中央部會與機構之法律服務，本屬法規會 (General Council) 之責，惟對其支用公款之行為是否合法，審計長有最終審定權；此外，負責審計之職員於審查政府之活動時，如發現法律相關問題，法規會的職員得經常與其他單位的職員合作。

法規會負責之法律服務，包含：

⑴就法規的效果、待立法案的未來影響、法案之起草等，提供建言給國會、各委員會、議員。

⑵就與工作有關之法院案件，提供建言予司法部，其形式主要為訴訟報告。

⑶就涉及政府委辦契約之案件，提供建言予法院。

GAO 財務報表審計或績效審計之職責，佔其工作量之絕大部分，另有對國會進行專案報告、出席國會聽證會等，以及對法律作出解釋，例如 GAO 在 1995 會計年度（1994 年 10 月 –1995 年 9 月），執行國會交辦的審計任務，計 1,322 件，其中 910 件為對國會專案報告，166 件為簡報，246 件為在聽證會上作證；此外，並發布 3,328 件法律解釋（第 6 項職責）；2012 年，則出席國會聽證會 159 次。在國會開議期間，GAO 幾乎每天都要派員到國會進行報告或作證，提出改善政府施政之意見，計 1,807 件。當年 80% 的建議，為聯邦政府所採納，共節省美金 558 億元，因此每一美元的 GAO 預算，可產生之績效，高達 105 美元。

第四節　GAO 之組織架構

上述目標之達成，需靠有組織的人。GAO 人員編制，規模約 3,000 人

（2012 年）；至其年度經費，2012 年計 5.33 億元，2013 年 5.47 億元，2014 年 5.63 億元 ❸ 。GAO 之總部設在華府，另在 11 個州的 11 城市設有據點，下設 14 個單位，其組織架構及職掌，見圖 14–1。

　　GAO 重視人力資源管理，其具體作法，包括：辦理核心領導訓練計畫、鼓勵實習人員轉任為正式人員、由科學領域之專家擔任主管、建立現代化之電腦教室，此外，在進行查核時，如有必要，與國家科學院合作。

圖 14–1　GAO 組織架構及職掌

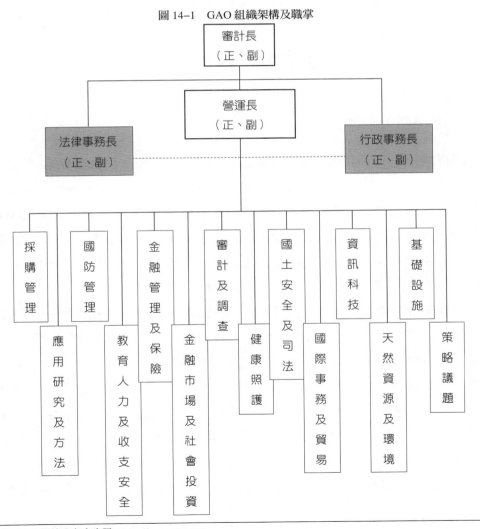

・註：執行委員會 (Executive Committee)

　　二單位間之關係，為支援 (support) 或諮詢 (advisory)，無直接隸屬關係。

　　本表列示的每個職位的職稱，除審計長外，皆為負責組長 (managing directors)，如營運長 (Chief Operating Officer)、正副行政事務長 (Chief Administrative Officer)、督察長 (the Inspector General)、法務長 (General Counsel)、資訊長 (Chief Information Officer)、人資長 (Chief Human Capital Officer) 等。

　　a. 設掌理公共關係 (Public Affairs)、策略規劃 (Strategic Planning) 和外部連結 (External Liaison)、國會關係 (Congressional Relations)、機會及涵蓋範圍 (Opportunity and Inclusiveness)、督察長

　　b. 設 5 位副法律事務長，其職位均為副負責人 (managing associate G.C.) 3 位負責目標 1(goal 1) 至目標 3(goal 3)，另二位負責政府採購法及法律服務 (Legal Services)

　　c. 設審計政策及品質改善 (Audit Policy and Quality Assurance)、程序持續改善 (Continuous Process Improvement)

　　d. 設外勤作業 (Field Operation)、人力資源 (Human Capital)、基礎設施營運 (Infrastructure Operations)、財務管理及業務運作 (Financial Management and Business Operations)、資訊系統及科技服務 (Information Systems and Technology Services)、專案發展計畫 (Professional Development Program)

第五節　督察長制

一、制度的演變

　　根據 1950 年制定的《預算與會計程序法》第一章 (title I) 第二部分 (part II)，亦稱《會計及審計法》(The Accounting and Auditing Act)，聯邦政府重要部會首長負有內控及檢核之責，部會得設置督察長 (Inspector General, IG)。然而，督察長之功能與已存在之稽核制度重疊，許多部會督察長機制之運作不獨立，稽核結果及建議未受重視，該法運作之成效，在 1975 年前並不顯著❹，輿論亦反對，其理由是功能疊床架屋。

　　1960 年，農業部發生倉穀弊案，首度設置督察長辦公室 (office of IG, OIG)，任命督察長，掌管審計及檢核業務，以預防及偵查弊端，向部長負責。1976 年，衛生、教育、福利三部設督察長辦公室，但國防部未設。不過，二年後（1978 年），國防部發生重大弊案。GAO 為防止貪瀆弊案擴大，向國會建議：在聯邦政府之重要部會，應設置督察長，國會採納該建議，同年，《督察長法》(Inspector General Act of 1978) 立法通過，聯邦部會設置督察長辦公室。督察長係政府內部之監察、反貪機構，目的在促進廉政、效能，其職權係在調查部會於運作時有無浪費、濫權、貪污、瀆職

❹ 何志欽、李顯峰，美國政府內控及督察制度之研究，2003。

及管理失當；一旦發現重大違失案件，須即向機關首長報告，並於七個日曆天內將報告送到國會，另外，每半年，應編送半年報給國會。

　　國會並授予督察長辦公室獨立性：不受部會其他人員及預算的影響。聯邦各部會的督察長須超黨派、獨立行使職權。督察長之產生方式，在重要部會，係由總統提名參院同意後任命，在其他特定部會，則由機關首長任命。督察長為專職，期能全力發揮功能。1988 年，國會又通過《督察長增補職權法》(IG Act Amendment)，在 27 個設原有由總統任命督察長的重要部會之外，另指定 34 個聯邦政府機構 (Designated Federal Entities) 設立由機關首長任命的督察長，擴大督察長制度的實施範圍。

　　美國政府機制之設計，與我國不同。在美國，各部會之督察長辦公室之職權，跨主計、研考、政風及調查四領域，統籌肅貪、防貪與財務、績效審計等工作；在我國，則分屬不同機構。另一方面，美國另設有聯邦調查局，其職責亦與偵測 (detection) 及嚇阻 (deterrence) 舞弊、貪污及濫用職權等情事有關，二者之差異在被調查之對象：被督察長辦公室調查的行為人，著重聯邦政府機構，而聯邦調查局調查的對象則為社會大眾及涉外事務。

　　《督察長法》立法後四年（1982 年），《國會制定聯邦管理者財務廉正法》(Federal Manager's Financial Integrity Act of 1982, FMFIA)，加重部會首長之責任，要求重要部會首長應每年向總統及國會提出內控報告，以進一步防止貪瀆。該法授權 GAO 及白宮 OMB 訂定政府內部控制準則及指引，要求聯邦行政機關首長每年都要評估自己的內部控制，如屬重要部會，每年還應向總統及國會提出內控報告。督察長就內控機制、防弊肅奸與整飭風紀的政策，負政策指導並提供諮詢之責任。

　　督察長設在中央政府的部會層級，由設在中央政府的總統辦公室層級的 OMB 指導。OMB 指定一位行政副局長擔負此責，該副局長是負責「管理」的副局長。他在內控、督察機制、防弊肅奸與整飭風紀的政策訂定方面，提供諮詢。該行政副局長可以提供諮詢予部會督察長，因他（她）還是「總統廉能會報」(President's Council on Integrity and Efficiency, PCIE)，

以及 「行政廉能評議會報」 (Executive Council on Integrity and Efficiency, ECIE) 二個會報 (Council) 的主席。

　　1981 年 3 月，美國總統頒行行政命令：聯邦政府由總統提名之重要部會督察長應組成總統廉能評議會報，隸屬總統，1992 年 5 月，美國總統頒第 12805 號行政命令：由機關首長自行任命之督察長應組成行政廉能評議會報。該會報係跨部會，其任務與總統廉能評議會報相同，二會報之任務均為協調聯邦政府各部會間之合作，以增進政府之廉潔與效率，並偵查、預防舞弊、浪費及濫用。

　　1990 年，國會通過《聯邦財務長法》(The Chief Financial Officers Act)，OMB 置行政副局長 1 人，主管「管理」，係政務官，對局長負責，由總統提名，國會參院同意後任命。他（她）掌管財務管理、採購政策，以及資訊與管制業務，其下設三個辦公室： 聯邦財務管理辦公室 （Office of Federal Financial Management，置 Controller）、聯邦採購政策辦公室 (Office of Federal Procurement Policy) 、 與資訊與法規辦公室 (Office of Information and Regulatory Affairs)，分掌相關事務，該行政副局長兼任聯邦政府之總財務長、聯邦財務長聯席會議 (Chief Financial Officers Council) 之主席，並以該主席的身分，就聯邦部門之財務管理及內控機制，提供政策指導。

　　1990 年的聯邦財務長法還擴增督察長在內控的監督職權。聯邦政府各部會之財務長每年須提出該部會之財務報表，各部會督察長則須審核自己所屬部會之財務報表。 1993 年通過政府施政績效及成果法 (The Government Performance and Results Act)。

　　該法係一系列改變政府績效管理的法律之一，要求行政機關需訂定目標、衡量成果，並報告其進變，GPRA 係基於下列三要素：

　　1.機構須制定五年期的策略計畫 (strategic plans)，其中須包含該機構之使命 (mission statement) ，以及各主要職能的長期、以結果為導向 (results-oriented) 的目標。

　　2.機構須編製其年度績效計劃，含績效目標、簡要說明如何達成該等目標，以及如何驗證。

3.機構須備製其年度績效報告，以檢視其功敗。

預算管理辦公室 (OMB) 擔負根據依 GPRA 編製年度報告之責。

1996 年的《聯邦財務管理改進法》(The Federal Financial Management Improvement Act of 1996, FFMIA)，旨在提升聯邦之財務績效，其手段有促聯邦財務管理制度使用一般公認之專業準則、提供可靠的資料，及在各聯邦機關、各年度間一致。1996 年法律的要求比 1993 年多，1993 年只要求提出經查核之財務報告，1996 年的要求則進一步到交易層級的標準總分類帳 (Standard General Ledger, SGL) 資料可比較，可供監控使用，機構負責人要決定其財務管理制度是否符合 FEMIA，且審計人員要對受查機構是否遵守該法律之基本要素提出報告。

此外，1995 年的文書工作削減法 (The Paperwork Reduction Act)，明示督察長的內控職責須延伸至資訊層面：就該聯邦部門的資訊安全及技術現代化的控制活動，須與資訊長協調。各部會督察長須監控各自部會遵循該等法律的相關措施，並向國會相關委員會報告。

2007 年，美國若干家大型金融機構接連破產，引發美國金融危機，形成金融風暴，蔓延至全世界，影響深廣。面對該金融危機，美國政府為穩定經濟、建立公眾的信心，採取一系列措施，對金融機構之監督及政府機關的內部控制機制隨之改變。2009 年 3 月 25 日，GAO 發布《獨立金融監督機關之督察長》報告，在討論如何改進對市場（金融和商品）之監督與金融機構之受託責任時，建議提高金融監理機關督察長的獨立性，其方式是改變其產生方式，亦即，任命關鍵金融監理機關督察長的人，不再是機關首長，而應改為總統提名、參議院通過。

二、職 責

督察長辦公室之主要任務，係針對聯邦政府機構之舞弊、貪污及濫用職權等情事，期能在該等情事發生前嚇阻，發生後偵出，其須執行的工作，有查核 (audit)、調查 (investigation)、檢視 (inspection) 及評估相關財務報表，進行績效審計，增進經濟、效率與效能；針對舞弊、浪費及濫用，進

行預防及偵測；覆核法律、規定之草案與方案；與機關首長及國會保持聯繫 ❹。該辦公室由督察長領導，設有稽核 (audit)、調查 (investigation)、督察長顧問、檢視及計畫評核及行政支援等部門，共有成員約 1.1 萬名。稽核部門設副督察長 (Assistant IG for Auditing)，由督察長任命，其下人員係針對財務事宜進行內部稽核，無司法員警之身分，執行勤務時不配手槍、手銬，不可搜索、扣押等；另一方面，調查部門設副調查長 (Assistant IG for Investigation)，亦由督察長任命，其下調查員之工作，係針對違法情事，有司法員警之身分，執行勤務時配手槍、手銬，可搜索、扣押等 ❹。督察長顧問主要提供督察長在法律方面之諮詢及協助；檢視及計畫評核部門在分析評估有關計畫營運上之經濟與效益問題。當督察長發現重大違失案件時，須立即向機關首長報告，於 7 個日曆天內向國會報告，即使督察長未發現重大違失案件，還是要每半年編製半年報送交國會。

　　目前，美國聯邦政府設 62 個督察長辦公室，其中 28 位督察長係由總統提名，參議院同意後任命，其餘 34 位則由機關首長任命。惟其產生方式、職別及待遇，不盡相同，但在獨立行使職權及主導該部門之內部稽核、調查評估的權責，則一致。

　　督察長辦公室設有熱線，供人檢舉不法、不當情事。在對各部會進行審核時，督察長須遵守 GAO 所發布的政府審計準則。若部會審計業務委由外界專業人士（如會計師）進行時，督察長亦須確保外界人士遵守該等準則。

第六節　GAO 的獨立性

一、GAO 獨立性的重要

　　GAO 之功能能否發揮，繫於其人員之能力與操守 (integrity)：夠專業、

---

❹ 許哲源，〈美國督察長制度簡介〉，《審計季刊》，第 23 卷第 1 期，2002 年 10 月。
❹ 許哲源，〈美國督察長制度簡介〉，《審計季刊》，第 23 卷第 1 期，2002 年 10 月。

有能力，才能發現不當情事；有操守、夠獨立與客觀，才敢清楚描述發現的事實。如缺乏專業能力，則查不出問題；如缺乏操守，則失之主觀，一方面不能從事實為基礎的角度出發，而且還不敢如實揭露已查出之問題。換言之，人員如缺能力或操守，則 GAO 之功能無法發揮。

查核人員之操守，以獨立性為代表。國際最高審計機關組織 (International Organization of Supreme Audit Institutions, INTOSAI) 1997 年的《利馬宣言》(The Lima Declaration)，及 30 年後（2007 年）的《墨西哥宣言》，均對獨立作出規定，提醒各最高審計機關 (Supreme Audit Institutions, SAIs) 注意其獨立性。

二、國際最高審計機關準則之要求

1977 年，第 9 屆國際最高審計機關組織會議 (INTOSAI Congress) 在祕魯利馬召開，通過《利馬宣言》；2007 年，第 19 屆會議在墨西哥召開，通過《墨西哥宣言》。《利瑪宣言》成為國際最高審計機關準則 (International Standards of Supreme Audit Institutions, ISSAI) 第 1 號，《墨西哥宣言》成為第 10 號 ISSAI (The Mexico Declaration on SAI Independence)。

INTOSAI 將公部門的審計準則 (Principles of Public Sector Auditing) 劃分為不同層級 (level)，層級 1 是基礎原則 (founding principles)，ISSAI 第 1 號即屬此類，ISSAI 10 則屬層級 2。基礎原則關切下列 7 類內容： 1.審計之目的和類別、 2.最高審計機關及其自然人成員的獨立性、 3.其與議會、政府和行政機關之關係、 4.最高審計機關的權力 (Powers)、 5.審計方法、查核人員及國際間經驗之交換、切磋、 6.報告，以及 7.最高審計機關的查核權力 (Audit powers)，其中第二類即為獨立性。

與獨立性相關之規範，在 ISSAI 第 1 號，出現在第 5 至第 7 節 (Section)。該準則把獨立性分為三個層面：最高審計機關之獨立性（第 5 節）、其成員 (members) 和官員 (officials) 之獨立性（第 6 節），以及審計機關之財務獨立（Financial independence，見第 7 節）。

1.最高審計機關之獨立性，與下列項目有關：

　　⑴只有當最高審計機關是獨立於受查單位之外，且受到不致被外界影響之保護時，才可能客觀、有效地完成其任務。

　　⑵國家審計機關身為國家機構的一部分，固不可能完全獨立，但最高應擁有 (shall have) 履行其職責所需之功能性和組織上的獨立性 (functional and organizational independence)。

　　⑶規範最高審計機關之設立及其必要獨立程度的法源，層級應高至憲法，至於其細節，得由法律加以規範。尤其是，最高法院須提供適當法律保護予審計機關，保證其獨立性與審計任務 (audit mandate) 不會被干擾。

2.至於其成員之獨立性，與下列項目有關：

　　⑴最高審計機關成員之獨立性，與機關的獨立性無法分割 (inseparably linked)。該機構之成員，係指須為最高審計機關作出決定的人，以及就第三者之詢問作出答覆的人（亦即，決策體 (decision-making collegiate body) 的成員）。或者，當最高審計機關係以首長制 (monocratically) 的方式組成時，能作成最後決策的人僅有該機構之負責人。

　　⑵成員之獨立性，應由憲法保障，特別是成員被免職的程序，亦應由憲法加以規範。成員任免的方法，繫於各國憲法的架構，惟均不得損害其獨立性。

　　⑶最高審計機關人員在職業生涯中，須不被受查機構所影響，且須不依賴 (dependent on) 受查機構。

3.最高審計機關之財務獨立性 (financial independence)，則與下列項目有關：

　　⑴提供最高審計機關的財務資源 (financial means)，應足以符合其履行任務之所需。

　　⑵如有必要，最高審計機關應有權直接向決定國家預算之公權力機關申請所需的財務資源。

　　⑶分配給最高審計機關的資金，應列在單獨預算項目 (budget heading)

之下，而且由他們全權決定如何支用 (as they see fit)。

ISSAI 第 10 號係基於 ISSAI 第 1 號，提出成為一個獨立最高審計機關須具備的條件。 INTOSAI 針對最高審計機關的獨立性之次委員會（INTOSAI Subcommittee on SAI Independence，由加拿大擔任主席）提出了 8 項核心原則：

1. 建立適當和有效的憲法 (constitutional)／法定 (statutory)／法律 (legal) 架構 (framework)，並在事實上運作。
2. 最高審計機關之負責人及其合議型組織 (collegial institutions) 之成員具備獨立性，包括對其任期之保障，以及當其正常履行職責時，獲得法律上的免責權 (legal immunity in the normal discharge of their duties)。
3. 最高審計機關履行其職責時，應獲得充分授權與完整的裁量權。 (A sufficiently broad mandate and full discretion, in the discharge of SAI functions)。
4. 資訊之取得 (access to information) 應不受限制 (unrestricted)。
5. 擁有對其工作提出報告 (to report on their work) 之權利和義務。
6. 能自由決定審計報告之內容，以及何時發布與傳播之 (The freedom to decide the content and timing of audit reports and to publish and disseminate them)。
7. 存有後續追蹤自己所作之建議之有效機制。
8. 在財務和管理／行政方面，擁有自主權，可取得適當人力、物力和貨幣等資源。

三、美國 GAO 制度之設計與制衡

在美國，GAO 制度之設計雖未於憲法層級出現，但於法律層級出現。其獨立性，還表現在制度如何設計，包括：GAO 之負責人之資歷、組織之架構、審計長之產生方式、一任或多任、任期之長短等。

在美國，審計長的領導地位及 GAO 的獨立性能穩定維持。在一般美國政府機關甚為罕見。審計長為 GAO 之負責人，須超出黨派，不受意識

型態的影響。其產生，係由總統提名，經國會（參議院）同意後任命，任期 15 年，只有一任，不得連任。因此，總統在任命審計長後，即沒有免除其職的權力，要在審計長任期內使之去職，只有國會彈劾，或國會有特別理由且做成決議。

美國之獨立性，不是僅獨立於受查者行政機關之外，而是對行政機關、國會均保持獨立。其原因甚多，有審計長超越黨派、其產生之方式、任免受特殊保障、任期特別長、只能擔任一任、執行職務須依聯邦政府法律之規定、GAO 的組織法、其職責包括制定政府審計準則、歷任審計長的風範，以及美國之政治現實等。在美國，民主、共和兩黨勢力相當，輪流執政，致行政機關得相對中立。

美國自 1921 年設置 GAO 及審計長迄今，共 94 年 （1921 年 –2015 年），計有 8 位審計長，7 位正式，1 位代理，現任審計長 Gene L. Dodaro，為第 8 任，於 2010 年上任（請參見表 14–2）。94 年中，無審計長被迫提前去職，惟雖無人被迫提前去職，但審計長主動求去者，不乏其人，2 位審計長未做滿 15 年。Joseph Campbell（於 1954 年至 1965 年任審計長，僅 12 年），David M. Walker （於 1998 年至 2008 年任審計長，僅 10 年） 此外。94 個年頭中，曾有由副審計長代理，亦有空窗，連代理審計長都沒有。由副審計長代理的情形有 1 次，因總統提名的審計長，國會不同意。空窗情形則有過 2 次，第 1 次是在 1937 年到 1938 年，第 2 次是在 70 年之後，從 2008 年到 2010 年。1998 年 10 月 5 日，柯林頓總統提名 David M. Walker 為第 7 任審計長，10 年後去職，其後，審計長一職空懸二年。

1.組織架構與職責之設計

在組織架構上，GAO 係隸屬國會，其首要職責，係協助國會，為國會服務，進行財務報表審計或績效審計，主動或被動提出調查報告，調查報告內含改善建議，建議一經提出，GAO 即須追蹤其建議是否被落實，此外，GAO 還制定政府審計準則，以對行政部門施政績效進行監督 (oversight)、調查 (investigation) 及審議評估 (evaluation)。另外，還應國會參眾兩院及相關委員會之委託，進行專題研究。

在此情況下，GAO 還能對國會保持獨立，係因其提供給國會和其他政策制定者的資訊，須準確分析與建議，不偏頗且客觀，以達最佳利用公共資源的目標，而且，GAO 制定政府審計準則的職責，雖占 GAO 工作量之比例不重，但對維持 GAO 的獨立性卻有很大的幫助，因每個審計工作都須依該準則執行，可抗拒外界不當壓力。

2.審計長之產生方式、任期之設計

審計長為 GAO 之負責人，其本人之條件，除須具備專業能力外，還須超出黨派。其產生，係由總統提名，經國會（參議院）同意後任命，任命後，除非國會彈劾，或有特別理由，並做成決議，否則，連總統都不得免除其職。該產生方式，納入不同權力間之制衡，再加上 GAO 的組織法所規定之職權、制定的審計準則等，也對維持審計長之獨立性甚有幫助。審計長不得連任，因任期只有一任，無第二任之可能，故不必因第二任之同意權握在國會手中，而屈服國會之意志，亦對維持審計長之獨立性甚有幫助。此外，審計長一任之任期長達 15 年，使其處理問題時的眼光能放長，解決複雜、爭議議題的時間，也較寬裕。

3.美國之政治現實

美國的主要政黨共有二個，民主、共和兩黨隨總統大選結果輪流執政。GAO 隸屬於國會，其職權之行使主要係受國會中各委員會主席之囑託。由於兩黨勢力相當，國會中少數黨隨時有在下次大選後變多數黨的可能，故 GAO 須同時為委員會主席（例由多數黨領袖擔任）及少數黨領袖提供專業調查服務。在這種平衡狀態下，兩黨議員干預 GAO 職權行使的情事較難發生。

4.審計長對抗外力的籌碼

GAO 於進行績效審計或財務審計發現缺失時，通常會製作一份報告交受查單位首長，促其改善，而單位首長須在收到報告後 61 天內，做成改善報告，回覆 GAO，GAO 再將結果向國會報告，由國會做最後處置。每年評估聯邦收支，並提出報告的人，在 1985 年之前，都是預算管理局和國會預算局，但在平衡預算與緊急赤字控制法 (Balanced Budget and Emergency

Deficit Control Act of 1985) 立法後，審計長可根據預算管理局和國會預算局的報告，再進行獨立分析，並可針對需要削減赤字數額，分別與總統及國會溝通，而後總統再配合審計長的報告縮減支出。如此一來，GAO 成為判斷赤字是否超過法規所定的限度的機構，如超過此限度，則 GAO 即有權削減分配的支出，使審計長增加不少對抗行政部門的籌碼。

5. 審計長的角色與風範

　　GAO 自 1921 年設置迄今，共 94 年，有 8 位審計長，請參見表 14–2。8 位審計長中 7 位正式，1 位代理，無人被迫提前去職，但 2 位提前辭職，均展現風骨。

表 14–2　美國 GAO 歷任審計長：任期與貢獻

屆次	審計長	任期	年數	重要貢獻
1	John Raymond McCarl	1921–1936	15	確立審計權對行政權在財務方面的制衡，是一個緊黏不放的 (tenacious) 看門狗 (Watchdog)
2	Lindsay Carter Warren	1940–1954	14	面對挑戰，進行改變 (Challenges and Change)，進行綜合審計 (comprehensive auditing)
3	Joseph Campbell	1954–1965	12	重新定位，進行經濟 (economy) 及效率 (efficiency) 審計
4	Elmer B. Staats	1966–1981	15	職權擴大，使審計制度以評估為導向
5	Charles A. Bowsher	1981–1996	15	擴大職權，確立評估行政機制，改善聯邦 (Federal) 政府的財務管理 (Financial Management)
6	James F. Hinchman	1996–1998	3	副審計長代理審計長
7	David M. Walker	1998–2008	11	邁向 21 世紀 3E （economy、efficiency、effectiveness）之評估，支援國會 (Supporting Congress)，以及形塑 GAO 成為政府的模範組織 (Model Organization)
8	Gene L. Dodaro	2010– 迄今		現任審計長

· 本文整理自 GAO: Working for Good Government Since 1921.

　　第一任審計長 John Raymond McCarl，雖曾是國會議員，但在擔任審

計長時，將 GAO 獨立於行政部門之外，同時，也樹立 GAO 不受黨派牽制、獨立超然的立場。第四任審計長 Staat 在任內，大力改革 GAO，一方面擴張 GAO 的職責，一方面擴展與改善 GAO 對國會的輔佐，在國會委員會中作證次數的逐年增加，在他的任期中，GAO 對國會的回應，從占總工作的 10% 增加到 40%。不過，他所增加者，為 GAO 對國會的輔佐，而非聽命於國會進行查核，他希望將 GAO 獨立於行政與立法部門之外。

　　1980 年代的美國國會面對非常多的問題，有的相當棘手。第五任審計長 Bowsher 和前任審計長一樣，拓展 GAO 對國會的輔助，成為國會不可或缺的左右手。GAO 在國會召喚之下，參與解決問題的行列，國會也對 GAO 之支持，其支持表現在《契約競爭法》(the Competition in Contracting Act, CICA)、《單一審計法》等法律之立法上。1984 年，國會通過《單一審計法》(Single Audit Act of 1984)，強烈支持 GAO 在行政機關的職權。根據此一法案，州或地方政府來自聯邦政府的歲入若超過 10 萬美元，即須接受每年或兩年一次的審計。這項法律根據不同政府機關的審計準則從事審計工作，GAO 可因地制宜、因事制宜。

　　第五任審計長 Bowsher 上任以後，十分重視聯邦預算及赤字逐年上升的問題。他上任後不久，在 1981 年的一次演說中指出，此一狀況出現的原因，是聯邦政府負責預算、審計、計畫分析等機關，缺乏協調，他認為 GAO 的首要工作，在於打破這些部門間的隔閡，並積極參與控制聯邦機構的工作。他要求對預算的程序及觀念進行研究，並建議國會審查聯邦政府之預算，兩年一次。

　　GAO 是否可於行政機關進行採購交易的初期，如競標或訂約時，即介入查核，一直是立法機關與行政機關權限分際爭議之所在。GAO 自 1921 年成立以來，一直採取事前介入原則。《赤字刪減法》(Deficit Reduction Act 1984) 的第 7 款，亦稱《契約競爭法》(the Competition in Contracting Act, CICA)，規定了新的競標程序，GAO 依據該程序而獲得授權。但司法部門表示，該新條款涉及行政權和司法權之間權力的分際，而 GAO 行使此一權力，係違憲之舉。雷根總統也曾以違憲為由而一度拒絕簽署認可。

不過，總統最後還是簽署了該法律。

惟預算局在該法執行前，仍指示各行政機關不予理會。但兩個月之後，Bowsher 指責總統：指示行政機關不理會立法者的命令，係屬違憲之舉。眾議院「政府運作委員會」(House Government Operations Committee) 得知此事後，便建議眾議院停止撥付聯邦機構的預算，直到總統撤銷其命令為止。司法部由於擔心預算會遭到刪除，只得順從，讓 GAO 從 CICA 條款中得到了實際的權力。

1985 年 3 月，聯邦地方法院亦藉 Ameron, Inc. 對 U.S. Army Corps of Engineers 一案的判決而支持審計長的看法。法官說：「因審計長係經總統任命，故他是美國的官員，不是立法部門的官員。」1986 年初，聯邦上訴法庭法官再就該案作出裁決：「事實上，審計長不受行政機關的控制，也不意味著他就受立法機關的控制。」、「審計長是所有聯邦官員中最獨立的一項職務。他不屬任何一個部門，可以說是聯邦政府的第四權。」

1985 年，GAO 促國會通過平衡預算與緊急赤字控制法 (Balanced Budget and Emergency Deficit Control Act of 1985)。1990 年時，Bowsher 將總體品管的概念投入 GAO 的工作，領導聯邦財政的管理，並參與重要國家議題的討論。GAO 在擬訂國內重要議題上，表現搶眼，使得國會愈來愈支援 GAO。此外，1990 年財務長法之適用對象，未將 GAO 納入，換言之，GAO 的財務收支可免受審核，但 GAO 自動適用該法，委託外部會計師進行查核，並得到無保留意見。

不過，即使 Bowsher 的表現搶眼，改善 GAO 對國會的輔佐功能，但並非各個國會議員均滿意。國會非議較多的，是 GAO 對他們的服務，是憑其本身的感受，而不是因應國會的要求，故他們責怪 GAO 行政人員的士氣不佳，對工作的品質與時間的掌握有微詞。

1985 年 3 月 21 日，Bowsher 收到來自眾議院政府運作委員會主席 Jack Brooks 的批評，Bowsher 回應每一項批評，作出正面解釋，未採強硬態度，表示 GAO 要改善國會要求的服務。1985 年，Bowsher 組織研究委員會，探討如何改善對國會要求之回應，並通令全體工作人員遵行。基本

的回應方式是，當收到國會的要求服務項目時，應立刻徹底研究要求，明白其性質。如需溝通，則立刻與提出要求的國會議員溝通。然後 GAO 要以最快速的方式回報結果呈送議員。為了時效性的掌握，改革的項目包括派工作人員到國會委員會溝通。

第七節　合規性審計與績效審計

財務報表審計及績效審計，均屬事後審計，但決算查核屬例行性，而績效審計則針對特定專案。美國 GAO 逐漸重視績效審計，現在把大部分精神放在績效審計上，是 GAO 的一大特色。這種發展有其歷史背景與條件，說明如下。

美國建國，1789 年即通過《財政部法》，成立財政部，掌握公款收支的執行，與審計之權。當時把公款收支的執行（財政）與審計二項職權，均歸財政部，審計不獨立。當時的財政部，設有主計官 (comptroller)、審計員 (auditor)。當時的主計官是現在審計長的前身，財政部長簽核支出命令，審計員負責確認記錄，其執行的審計程序是確認收支之金額，雖已初步呈現審計雛形，惟與現行審計的運作有相當距離❸。

GAO 成立之初，主要功能在「調查政府所在地或其他地區一切有關公共基金的徵收、支付與運用事項」，亦即查核憑證，確認政府經費收支是否合法與合規，並不評估績效，惟 1950 年廢止憑證送審之制度，只保留在必要時，仍可抽查原始憑證、如 GAO 無法獲得想要的紀錄，審計長可發出傳票，責成機關或承包商作成紀錄，GAO 享有紀錄使用權。GAO 之審計工作，係針對會計報告、年度決算、績效報告、內部稽核報告等財務資料，進行分析比較。但隨著世界日益複雜，國會要適應日益複雜的世界，GAO 也須改變，才能幫助國會。

1970 年《立法重組法》(Legislative Reorganization Act of 1970) 與 1974 年的 《國會預算與保留管制法》 (Congressional Budget and Impoundment

---

❸ Trask, GAO History 1921–1991, p. 4 及 http://www.gao.gov.

Control Act of 1974)，擴大 GAO 的權責，使 GAO 有權檢核及評估政府研擬的計畫及施行的結果，協助國會各委員會訂定立法目標（宗旨）、客觀的評估方法，據以測定相關活動的執行情形，使 GAO 的工作性質改變，GAO 的角色改為政策分析與評估，與以前不同。GAO 檢視的議題，都在國家層次，包括健保成本、國家安全、能源、金融制度的安全與完善、環保、教育、太空計畫、運輸、稅務行政、所得安全和其他事項。

　　GAO 從 1970 年代到 1990 年代間的發展，根據 GAO 於 2000 年提出之《二十一世紀的趨勢與挑戰》報告，可分為三個階段：1970 年代，訂定政府審計準則，進行財務監督；1980 年代，著重政府之財務管理控制預算，減少赤字；1990 年代，完善政府管理之法規，減少文書數量，改革管理制度等，進行計畫評估、促進政府整體效能。

　　國會在 GAO 建議下，分別在 1978 年及 1990 年制定督察長及財務長法，在聯邦各部會設督察長及財務長。督察長及財務長均對白宮幕僚系統中的 OMB 負責，財務長負責各自部會之財務收支、歲計會計等事項，並編製年度決算報告，送督察長或並送 GAO 審核（視部會性質而定）。由於適逢聯邦赤字嚴重，經費不足，財務長之設置乃逐年進行。根據進度，到 1996 年，有 24 個聯邦部會須編制年度決算報告，自 1997 年起，GAO 審核聯邦年度綜合決算報告 (government consolidated financial report)，並將審核結果送國會。因為合規性審計已多由部會層級的督察長進行，故 GAO 才大力推行績效審計，不過，GAO 亦非全無合規性審計，GAO 對聯邦年度綜合決算報告之審核即屬合規性審計。

　　在行政機關，內部控制的監督者至少有二個：財務長、督察長，這二個監督者會執行最基本的合規性審計，行有餘力，才會執行績效審計。在 GAO，則不相同，它一方面設法影響國會制定法律，先設置財務長、督察長，再要求財務長、督察長執行合規性審計，在合規性審計既已被行政機關層級的機關執行之情況下，GAO 就大力推展績效審計。然其績效審計不離合規性審計，例如對 F–22 戰機現代化計畫之績效審計報告，即提到是否與國防授權法的規定一致，符合其規定，屬合規性審計。

第八節　政府會計準則

一、美國政府會計準則之層級

政府至少分為中央政府（聯邦）與地方政府（州及州以下）二級。在美國，規範中央政府及地方政府會計處理之機關，並不相同。聯邦政府之會計處理準則，由 GAO 負責制定，至於州及州以下政府之會計處理準則，則由 GASB (Governmental Accounting Standards Board) 制定。

1950 年，杜魯門總統簽署《預算與會計程序法》(Budget and Accounting Procedures Act of 1950)，在立法上承認「審計綜合責任」，並參照 1921 年的《預算與會計法》的作法，區分行政機關與監督機關之職責：履行之責任，歸行政部門；對履行責任之控制，則歸審計長。至於聯邦行政機構的會計準則，則要求 GAO 制定。GAO 隨後制定該等準則，如政策和程序手冊 (Policies and Procedures Manual) 的第二章 (title 2)。一般而言，聯邦機構採行該準則，但 OMB 未要求聯邦機構須遵守，還有 OMB 人員宣稱該法違憲，因該法竟授權立法機構定義行政機構使用的會計準則。不過，無論如何，該法提供 GAO 後續變革的基礎。

GASB 成立於 1984 年，目前與 FASB 同隸財團法人財務會計基金會 (Financial Accounting Foundation)，性質屬民間機構，制定州及地方政府之會計準則公報、解釋和觀念公報。

GAO 的職責，包括：制定聯邦政府之會計準則及相關規定、聯邦機構之會計制度、認可機構之會計原則、標準及相關規定、檢視機構會計制度之運作、改善聯邦政府之會計及財政報告、制定資訊與資料處理系統，以及處理財政、預算、計畫資訊與資料的專業術語、定義、編碼。惟上述任務並非全由 GAO 獨立完成，例如在聯邦機構會計制度之訂定，GAO 須會同該聯邦機構；又如在聯邦政府之會計及財政報告之改善計畫，GAO 則與白宮預算局、財政部、人力管理局一起進行。在資訊處理系統，術語、定

義、編碼均須予標準化，俾供所有聯邦機構使用。制定資訊與資料處理系統，專業術語之定義、編碼工作，則由審計長與財政部長、白宮預算局長一起做。

二、聯邦會計準則諮詢委員會 (FASAB)

1977 年，美國國會通過《反外國行賄法》(Foreign Corrupt Practice Act, FCPA)，要求民間企業設立內部控制制度，5 年後，美國國會通過《聯邦管理者財務廉正法》(Federal Manager Financial Integrity Act of 1982, FMFIA)，要求聯邦部會首長每年都要評估自己的內部控制，如屬重要部會，還須向總統及國會提出內控報告書，另授權 GAO 及白宮 OMB 訂定政府內部控制準則及指引。

欲知政府運作之績效、財務管理之效果如何，須進行報導，其中包括財務報導。當財務報導之內容可靠時，才能正確得知營運績效、財務管理的結果，否則，透明無法達成。因此，對財務報導準則之需求產生。

FMFIA 立法後 8 年（1990 年 10 月 10 日），美國財政部、OMB 及 GAO 三個政府機構達成共識，同意共同贊助成立聯邦會計準則諮詢委員會 (Federal Accounting Standards Advisory Board, FASAB)，由其制定《聯邦政府會計適用之準則》(Federal Government Accounting Standards)，並分別由財政部部長 Nicholas Brady、OMB 主任 Richard Darman 及審計長 Charles Bowsher 簽署使命備忘錄 (Mission MOU)。就制定聯邦政府應遵循的會計準則一事，立法部門和行政部門終於首次同意共同努力。一個月後（11 月 15 日），布希總統簽署《財務長法》(Chief Financial Officers Act, CFO)，指定專責人員負責進一步改革美國政府之財務管理。

次年 (1991) 1 月中旬，FASAB 的贊助機關提出該委員會主任委員及委員之人選，又草擬運作程序之規則 (Rules of Procedure)，於同月 23 日簽署 FASAB 的行政備忘錄 (Administrative MOU)。FASAB 之首任主委由前任審計長 Elmer Staats 擔任。簽署行政備忘錄後二天（1 月 25 日），FASAB 舉行首次會議，討論之主題有：1.已簽署之使命及行政 2 個備忘錄、2.職業

道德規範、3.程序之規則（草案）、4.議程如何決定之過程，會中並就財務長法之第 2 章 (Title 2：Establishment Of Chief Financial Officers) 中，與財務報表之編制和查核如何實施進行簡報，討論 OMB 與 GAO 各自之角色。

　　1993 年，FASAB 開始發布準則，也對外公開其他文件，舉辦會議。FASAB 發布之準則，有：聯邦政府財務會計觀念公報 (Statement of Federal Financial Accounting Concepts, SFFAC)、財務會計準則公報 (Statement of Federal Financial Accounting Standards, SFFAS)、財務會計及審計技術發表檔 (Federal Financial Accounting and Auditing Technical Release)，以及技術公告 (Technical Bulletin)。觀念公報及準則公報由 FASAB 委員會發布，分別有 7 號及 47 號；技術發表檔由會計和審計政策委員會 (Accounting and Auditing Policy Committee, AAPC) 發布，計 14 號；技術公告則由 FASAB 職員 (staff) 發布，為第 8 號。AAPC 係在《財務長法》、《督察長法》頒布後，於 1997 年 5 月由 OMB、GAO、財政部、財務長理事會 (Chief Financial Officers' Council, CFOC) 和督察長理事會──操守和效率 (Council of the Inspectors General on Integrity and Efficiency, CIGIE) ⓭ 等單位共同成立。AAPC 為常設委員會，其使命為及時辨識、討論會計和審計問題，尋求解決方案，旨在改善財務報告方面協助聯邦政府。該等準則，彙總如表 14–3。至於 FASAB 對外公開之其他文件，有：使命（策略方向）、MD&A、年報、三年計畫，詳見表 14–4。此外，FASAB 還開立 Twitter 之帳號。FASAB 舉辦之會議，有：公聽會、圓桌會議，以及與政府會計準則委員會 (Governmental Accounting Standards Board, GASB) 共同舉辦之聯合會議，請參見表 14–4 至表 14–6。

　　1996 年，FASAB 完成核心之政府會計準則（SFFAC 1、2 及 SFFAS 1 至 SFFAS 8），自此以後，社會保險及國防部之固定資產成為 FASAB 會議最常出現的議題：社會保險約出現 40 次，固定資產約 35 次。同年 12 月 31 日，FASAB 基於當時（至當年 9 月底止）已發布之準則，發布聯邦政府會計觀念和準則之彙觀 (Overview of Federal Accounting Concepts and

---

⓭ CIGIE 之前身為總統理事會──操守和效率 (President's Council on Integrity and Efficiency, PCIE).

Standards)。次年 5 月，AAPC 成立。再兩年（1999 年 10 月 19 日），美國會計師協會 (AICPA) 理事會指定 FASAB 為其規則 203 (Rule 203) 下的會計準則制定機構。

AICPA 的規則 203，係指其職業道德規範 (Code of Professional Conduct) 第 203 條。該條以會計原則 (Accounting principles) 為名，規定：任何企業個體之財務報表（或其他財務資訊）若背離會計原則，且情況重大時，則會員不得出具正面意見表示：(1)他（她）知該等報表（或資訊）係依一般公認會計原則表達，或(2)不知該等報表（或資訊）須在修正後，方能符合一般公認會計原則……（以下略）。至於該條規定前段所提及之會計原則，係由 AICPA 理事會指定之準則訂定機構所頒布 ❹ 。FASAB 即在 1999 年首次被 AICPA 理事會指定為準則制定機構，此後，又分別於 2004 年 5 月 23 日、2010 年 5 月 23 日兩次被指定。

2002 年，三個贊助機關為提升 FASAB 之獨立性，在未改變總席次的情況下，改變其結構：將聯邦政府委員之席次自 6 席降至 3 席，非聯邦政府委員之席次自 3 席增至 6 席，總席次仍維持 9 席。改變後的 3 席聯邦政府委員，分別為 GAO、OMB，以及財政部之代表。2003 年，FASAB 委員會新增 1 席，使總席次增至 10 席，新增的 1 席為國會預算辦公室 (CBO)，代表立法部門的意見，使聯邦政府委員增至 4 席。

2007 年，FASAB 成立財政持續性專責小組 (Fiscal Sustainability Task Force)，並批准成立聯邦企業個體專責小組 (Federal Entity Task Force)。2009 年，CBO 因資源不足而退出 FASAB 之運作。2010 年 4 月，FASAB 成立財務報導模式專責小組 (Financial Reporting Model Task Force)，檢討聯邦政府當前之財務報告模式，並設法提出可付諸執行的 (actionable) 建議，以提升資訊使用者對聯邦政府財務資訊之理解、取得 (access) 和使用，且

---

❹ A member shall not (1) express an opinion or state affirmatively that the financial statements or other financial data of any entity are presented in conformity with generally accepted accounting principles or (2) state that he or she is not aware of any material modifications that should be made to such statements or data in order for them to be in conformity with generally accepted accounting principles, if such statements or data contain any departure from that has a material effect on the statements or data taken as a whole.

避免徒增成本而價值未增之情事。同年底（12 月 22 日），財務報導模式專責小組發布向 FASAB 之報告 (Report to the FASAB)。2011 年 2 月 16 日，FASAB 主席 Tom Allen 依據財務報導模式專責小組方發布之報告，向眾議院委員會 (House Committee) 的監督和政府改革子委員會 (Oversight and Government Reform Subcommittee)，就政府之組織、效率和財務管理作證。

表 14-3　FASAB 發布之準則

發布人	準則	號數	備註
FASAB 委員會	聯邦政府財務會計觀念公報 (Statement of Federal Financial Accounting Concepts, SFFAC)	7	表一 -1
	聯邦政府財務會計準則公報 (Statement of Federal Financial Accounting Standards, SFFAS)	47	表一 -2
AAPC 委員會	聯邦政府財務會計及審計技術發表 (Federal Financial Accounting and Auditing Technical Release)	14	表一 -3
FASAB 職員	技術公告 (Technical Bulletin)	8	表一 -4

表 14-4　聯邦政府財務會計觀念公報

號次	名稱	發布日期
1	聯邦政府財務報導之目標 (Objectives of Federal Financial Reporting)	1993.9.2
2	個體 (Entity) 及表達 (Display)	1995.4.20
3	管理階層之討論與分析 (Management's Discussion and Analysis，MD&A)	1999.4
4	美國政府合併財務報告之目標讀者 (Intended Audience) 和品質特性 (Qualitative Characteristics)	2003.3
5	權責發生制下財務報表要素 (Elements) 的定義和基本認列標準 (Recognition Criteria)	2007.12.26
6	基本資訊 (Basic Information)、必要補充資訊 (Required Supplementary Information) 和其他伴隨資訊 (Other Accompanying Information) 之區別	2009.2.4
7	權責發生制下財務報表要素之後續衡量 (Measurement of the Elements of Accrual-Basis Financial Statements in Periods After Initial Recording)	2011.8.16

表 14-5   聯邦政府財務會計準則公報

號次	名稱	發布日期
1	某些資產和負債項目 (Selected Assets and Liabilities) 的會計處理	1993.3.30
2	直接貸款 (Direct Loans) 和貸款擔保 (Loan Guarantees) 的會計處理	1993.8.23
3	存貨和相關財產的會計處理	1993.10.27
4	管理成本會計 (Managerial Cost Accounting) 準則 (Standards) 和觀念 (Concepts)	1995.7.31
5	聯邦政府負債的會計處理	1995.12.20
6	財產、廠房和設備 (Property, Plant, and Equipment) 的會計處理	1995.11.30
7	收入和其他財務來源的會計處理 (Accounting for Revenue and Other Financing Sources) 和預算會計和財務會計間調節 (Reconciling Budgetary and Financial Accounting) 之觀念	1996.5.10
8	管理者補充報告 (Supplementary Stewardship Reporting)	1996.6.11
9	SFFAS 4 生效日之延遲 ・SFFAS 4：管理成本會計準則和觀念	1996.3.3
10	內部使用軟體 (Internal Use Software) 的會計處理	1998.6
11	修正 SFFAS 6 及 SFFAS 8：定義改變	1998.11.15
12	因訴訟而產生或有負債 (Contingent Liabilities) 之認列：修正 SFFAS 5（聯邦政府負債的會計處理）	1998.11
13	關係人交易（重大收入）之揭露：65.2 段之生效日延遲	1999.1.
14	修正 SFFAS 6（遞延維護之報告）和 SFFAS 8	1999.4.
15	管理階層之討論與分析 (Management's Discussion and Analysis，MD&A)	1999.4
16	財產、廠房和設備會計處理之修正──多用途 (Multi-Use) 遺產資產 (Heritage Assets) 之衡量和報告，修正 SFFAS 6、SFFAS 8 和補充管理報告 (Supplementary Stewardship Reporting)	1999.7
17	社會保險之會計處理 (Accounting for Social Insurance) ・2006.10.23 FASAB 又發佈初步意見 (Preliminary Views)，準備再度修正	1999.8
18	SFFAS 2 中，直接貸款 (Direct Loans) 和貸款擔保 (Loan Guarantees) 會計準則之修訂	2000.5
19	SFFAS 2 中直接貸款和貸款擔保的技術性修訂 (Technical Amendments)	2001.3.
20	內地稅務局、海關和其他機關稅收交易 (Tax Revenue Transactions) 之某些事項不須再行披露 (Elimination of Certain Disclosures)，修正 SFFAS 7 收入和其他財務來源 (Other Financing Sources) 之會	2001.9

	計處理	
21	錯誤更正 (Correction of Errors) 和會計原則改變 (Changes in Accounting Principles) 之報告，修正 SFFAS 7 收入和其他財務來源之會計處理	2001.10
22	錯誤更正 (Correction of Errors) 和會計原則改變 (Changes in Accounting Principles) 之報告，修正 SFFAS 7 收入和其他財務來源之會計處理	2001.10
23	國防 (National Defense) 類財產、工廠和設備之消除 (Eliminating the Category)	2003.5.8
24	美國政府綜合財務報告 (Consolidated Financial Report) 之某些準則 (Selected Standards)	2003.1
25	管理責任 (Stewardship Responsibilities) 之重分類和當前服務評估 (Current Services Assessment) 之消除	2003.7
26	社會保險表 (the Statement of Social Insurance) 重大假設 (Significant Assumptions) 之表達：修正 SFFAS 25	2004.10.29
27	指定用途資金 (Earmarked Funds) 之辨認 (Identifying) 及報告	2004.12.28
28	社會保險表 (the Statement of Social Insurance) 重分類生效日之延遲：修正 SFFAS 25 及 SFFAS 26	2005.1.6
29	遺產資產 (Heritage Assets) 和管理土地 (Stewardship Land)	2005.7.7
30	個體間成本執行 (Inter-Entity Cost Implementation) 修正 SFFAS 4（管理成本會計準則和概念）	2005.8.15
31	保管人活動 (Fiduciary Activities) 之會計處理	2006.10.24
32	美國政府綜合財務報告之要求 (Consolidated Financial Report of the United States Government Requirements)	2006.9.28
33	退休金 (Pensions)、其他退休、離職後福利 (Other Retirement Benefits, and Other Post-employment benefits) 之精算損益報告：因假設、所選擇之折現率、評價日改變而產生	2008.10.14
34	聯邦個體 (Federal Entities) 之一般公認會計原則體系 (The Hierarchy of Generally Accepted Accounting Principles)：包括財務會計準則委員會 (FASB) 所發布準則之採用	2009.7.28
35	一般財產、廠房和設備 (General Property, Plant, and Equipment) 歷史成本之估計－修正 SFFAS 6 及 SFFAS 23	2009.10.14
36	美國政府全面長期財政預測 (Comprehensive Long-Term Fiscal Projections) 之報告	2009.9.28
37	社會保險：MD&A 及基本財務報表之額外要求	2010.4.5
38	聯邦石油 (Oil) 和天然氣資源 (Gas Resources) 之會計處理	2010.4.13
39	期後事項 (Subsequent Events) 美國會計師協會審計準則中之會計	2010.8.4

	和財務報告準則彙編 (Codification of Accounting and Financial Reporting Standards)	
40	與遞延保養和維修 (Deferred Maintenance and Repairs) 有關的定義改變 (Definitional Changes)：修正 SFFAC 6（財產、廠房和設備之會計處理）	2011.5.11
41	SFFAS 38（聯邦石油和天然氣資源之會計處理）生效日之延遲	2011.7.6
42	遞延保養和維修 (Deferred Maintenance and Repairs)，修正 SFFAC 6、14、29 和 32	2012.4.25
43	來自指定用途之募集款項 (Funds from Dedicated Collection)，修正 SFFAS 27（專款資金（Earmarked Funds）之辨認和報告）	2012.6.1
44	繼續使用中 (Remaining in Use) 一般財產、廠房和設備之減損的會計處理	2013.1.3
45	長期預測的基本資訊，轉換日延後 (Deferral of the Transition to Basic Information for Long-Term Projections)	2013.7.8
46	長期預測的基本資訊，轉換日延後 (Deferral of the Transition to Basic Information for Long-Term Projections)	2014.10.17
47	報告個體 (Reporting Entity)	2014.12.23

表 14–6　FASAB 技術發表 (Technical Release)

日期	編號		名稱
1998	3.1	1	法律代表函 (Legal Representation Letter) 之審計：指引 (Guidance)
	3.15	2	聯邦政府可能 (Probable) 與可合理估計 (Reasonably Estimable) 環境負債 (Environmental Liabilities) 之決定
1999	7.31	3[a]	在聯邦授信改革法 (the Federal Credit Reform Act) 下直接貸款和貸款擔保補貼 (Subsidies) 之編製和查核
		4	未經估價 (Non-Valued) 扣押和沒收財產 (Seized and Forfeited Property) 之報告
2001	5.14	5	SFFAC 10（內部使用軟體之會計處理）：實施指南 (Implementation Guide)
2004	1 月	3[b]	在聯邦授信改革法下直接貸款和貸款擔保補貼之如何查核 – 技術發表文件 3（在聯邦授信改革法下直接貸款和貸款擔保補貼之編製和查核）之修正
		6	在聯邦授信改革法下直接貸款和貸款擔保補貼之估計 – 修正技術發表文件 3（在聯邦授信改革法下直接貸款和貸款擔保補貼之編製和查核）

2007	6.1	7	與國家航空和航天局 (National Aeronautics and Space Administration) 空間勘探設備 (Space Exploration Equipment) 相關準則之釐清 (Clarification)
2008	2.26	8	澄清的準則實體間與成本有關的
		9	SFFAS 29（遺產資產和管理土地）：實施指南
2010	6.2	10	與設施和安裝設備 (Facilities and Installed Equipment) 有關之石棉清理費用 (Asbestos Cleanup Costs)：實施指南
		11	設備 (Equipment) 清理費用 (Cleanup Costs)：實施指南
	8.4	12	應計基礎補助計畫 (Grant Programs) 下之估計 (Accrual Estimates)
2011	6.1	13	一般財產、廠房與設備 (General Property, Plant & Equipment) 歷史成本之估計：實施指南
	10.6	14	處分 (Disposal) 一般財產、廠房與設備的會計處理：實施指南

註：a. 已廢止
　　b. 修正

表 14-7　FASAB 技術公告 (Technical Bulletins)

日期		編號	名稱
2000	6 月	2000–1	FASAB 技術公告 (Technical Bulletins) 之目的和範圍及其發布程序
2002	7.24	2002–1	將因對聯邦政府之求償權 (Legal Claims Against the Federal Government) 而產生之成本和負債分配 (Assigning) 予組成個體 (Component Entities)
	9.19	2002–2	SFFAS 7（收入和其他財務來源之會計處理）第 79(g)，以及預算會計及財務會計間之調節 (Reconciling Budgetary and Financial Accounting)SFFAC（觀念公報）所要求之揭露
2003	6.13	2003–1	與 2002 年祖國安全法 (Homeland Security Act of 2002) 有關之一些問題和答案
2006	9.28	2006–1	石棉相關清理成本 (Asbestos-Related Cleanup Costs) 之認列和衡量
2009	9.22	2009–1	技術公告 2006–1（石棉相關清理成本之認列和衡量）生效日之延遲
2011	7.6	2011–1	除石油和天然氣以外的聯邦自然資源 (Federal Natural Resources) 之會計處理 SFFAS 41（SFFAS 38，聯邦石油和天然氣資源之會計處理）生效日之延遲
	9.22	2011–2	技術公告 2006–1（石棉相關清理成本之認列和衡量）生效日之再次延遲 (Extended Deferral)

表 14-8 FASAB 對外公開之文件

時間		使命 ᵃ	MD&A ᶜ	年報 ᵈ	三年計畫 ᵉ
1999	4.15		第 1 次		
2006	11.2	策略方向 ᵇ			
2011	3.14			第一次	
	3.31				
	5.19		第 2 次		
	12.15			第二次	
2012	1.11				向利害關係人之報告
	7.19	更新			
	12.15			年報及三年計畫	同左
2013	12.16			年報及三年計畫	同左
2014	11.17			年報及三年計畫	同左

註：a. 使命：Mission Statement

b. 策略方向：FASAB's Strategic Directions-Clarifying FASAB's Near-Term Role in Achieving the Objectives of Federal Financial Reporting

c. MD&A：Management's Discussion and Analysis Best Practices Report.

d. 年報：annual report

e. 三年計畫：Three-Year Plan，前後有兩種，2012.1.11 先發出向利害關係人之報告 (Report to Stakeholders: FASAB Three-Year Plan)，2012.12. 起，則改與年報合併提出，成為年報及三年計畫 (Annual Report and Three-Year Plan)

表 14-9 FASAB 舉辦之公聽會 (public hearing)

日期	議題
1992.2.28	聯邦政府財務報導之目標
1993.4.21	(1)聯邦政府財務報導之目標 (2)存貨
1994.11.29	企業個體 (entity) 顯示 (display)
1994.11.30	成本會計
1995.1.9–10	管理成本會計 (managerial cost accounting) 負債
1995.5.24	徵求意見：財產、廠房和設備之會計處理 (Accounting for Property, Plant, and Equipment)

1995.9.20	徵求意見：收入和其他財務來源 (Revenue and Other Financing Sources) 之會計處理 ・1995.7 發出徵求意見稿
2006.9.27	徵求意見：應計基礎 (Accrual-Basis) 下財務報表要素 (Elements) 之定義及認列

表 14–10　FASAB 舉辦之圓桌會議 (roundtable)

日期		議題
1992.6.30		財務報告讀者之需求與財務報導之目標 ・會議參與者：各州領袖 (state leaders)
2005	12.6	制度 (Systems) 和控制 (Control)
2009	9.9	聯邦企業個體所為之報導，該等個體主要係適用財務會計準則委員會 (FASB) 所發布之準則

表 14–11　FASAB 與 GASB 聯合舉辦之會議 (joint meeting)

日期		屆次	主辦人 (host)
2008	8.21	1	FASAB
2009	8.27	2	FASAB
2010	6.24	3	GASB

資料來源：GASB：政府會計準則委員會，Governmental Accounting Standards Board

第九節　政府審計準則

　　一般公認政府審計準則 (GAGAS, Generally Accepted Government Auditing Standards)，常稱「黃皮書」(Yellow Book)，係由美國 GAO 制定。這些準則的內容，與獨立性、透明度、問責 (accountability) 和品質等有關，供政府審計人員於進行審計程序時遵循，藉其以身作則引導他人採用。

　　GAO 於 1972 年首次頒布政府審計準則 (Government Auditing Standards)，其後於 1988 年 7 月、1994 年 6 月、2003 年 6 月、2007 年 7 月、2011 年 11 月五度修正，檔編號分別為：OCG-94-4、GAO-03-673G、

GAO-07-731G、GAO-12-331G，又於 2002 年 1 月發布與獨立性有關之準
則問題的答案 (Answers to Independence Standard Questions)，於 2005 年 4
月發布指引，要求持續專業教育 (Guidance on GAGAS Requirements for
Continuing Professional Education)，於 2011 年頒布執行政府審計之工具
(Implementation Tool)。目前政府審計準則之版本，為 2011 年版，內有 7 章
(Chapter) 及 3 個附錄，該 7 章之內容，有基礎及道德準則、政府審計準則
之使用及應用、一般準則、財務審計準則、認證審計準則、績效審計外勤
工作準則，以及績效審計之報告準則等，如表 14–12，附錄如表 14–13。
由表 14–12 之第二欄可知，政府審計工作分為：查核 (audit)、認證
(attestation) 及執行協議程序 (agreed-upon procedure) 等類，與民間會計師所
提供之審計服務相同。

表 14–12　GAGAS 之內容（2011 年版）

章次		內容
1	政府審計：基礎和道職原則 (Ethical Principles)	1.介紹 2. GAGAS 之目的與適用範圍 (Applicability) 3.道德原則
2	使用 (Use) 及應用 (Application)GAGAS 之準則	1.介紹 2. GAGAS 查核 (Audits) 和認證服務 (Attestation Engagements) 之類型 3.定義 GAGAS 之規定：術語之使用 4. GAGAS 和其他專業準則間的關係 5.在查核報告 (Auditors' Report) 中指明「遵守 GAGAS」(Compliance with GAGAS)
3	一般準則 (General Standards)	1.介紹 2.獨立 3.專業判斷 4.能力 (Competence) 5.品質控制和確信 (Assurance)
4	財務審計 (Financial Audits) 準則	1.介紹 2.執行財務審計之額外 GAGAS 要求 3.財務審計報告之額外 GAGAS 要求 4.財務審計之額外 GAGAS 考量

5	確信服務契約 (Attestation Engagements) 準則	1.介紹 2.審查契約 (Examination Engagements) 3.審查契約之額外實地考察要求 4.審查契約的額外 GAGAS 報告要求 5.審查契約的額外 GAGAS 考量 6.核閱契約 (Review Engagements) 7.核閱契約的附加 GAGAS 實地考察要求 8.核閱契約的附加 GAGS 報告要求 9.核閱契約的附加 GAGAS 考量 10.協議程序契約 　(Agree–Upon Procedures Engagements) 11.協議程序契約的附加 GAGAS 實地考察要求 12.協議程序契約的附加 GAGAS 報告要求 13.協議程序契約的附加 GAGAS 考量
6	績效審計 (Performance Audits) 之外勤工作準則	1.介紹 2.合理的擔保 (Reasonable Assurance) 3.績效審計之顯著性 (Significance) 4.審計風險 (Audit Risk) 5.規劃 (Planning) 6.監督 (Supervision) 7.獲取充分 (Sufficient)、適切 (Appropriate) 之證據 8.審計之書面記錄 (Audit Documentation)
7	績效審計之報告準則 (Reporting Standards)	1.介紹 2.報告 (Reporting) 3.報告之內容 (Report Contents) 4.報表之分發 (Distributing Reports)

表 14–13　GAGAS 之附錄

I	補充指引 (Supplemental Guidance)	1.介紹 2.全面補充指引 (Overall Supplemental Guidance) 3-7. 附隨與第 1 至第 7 章之資訊 (Information to Accompany Chapter 1-7)
II	GAGAS 觀念架構 (Conceptual Framework)- 獨立性	
III	就政府審計準則之審計長諮詢委員會	1.同左 2.諮詢委員會之成員 (Advisory Council Members) 3. GAO 專案團隊 (GAO Project Team)

目前，在若干英語系國家與非英語系國家，政府審計準則之制定，多參考此套準則；我國審計部也不例外，學者專家亦依此制定我國之審計準則。

第十節　結　論

本章所稱的政府審計，為廣義，含審計及監察。世界各國的監察制度，按監察機關的歸屬區分，大約可分成五類：國會監察使制度 (Parliamentary Ombudsman)、行政監察制度、獨立監察機構制度、審計長兼監察使制度、混合型監察使制度。在國會監察使制度中，監察機關隸屬於國會，以北歐各國為典型，如瑞典；在行政監察制度中，監察機關隸屬於行政部門，如中國大陸；在獨立監察機構制度中，係在行政、立法和司法部門之外，設置監察機構，如我國的監察院；至於審計長兼監察使制度，如以色列；在混合型監察使制度中，監察機關與人權組織相結合，如監察人權組織 [46]。

世界各國政府審計制度類型，按審計機關的隸屬區分，亦可分五類：立法型、行政型、司法型、獨立型，以及特殊型，採用前四者的國家較多，少數國家採特殊型。在立法型，審計機關對議會負責，但又依法獨立行使審計權，如瑞典、美國、英國、加拿大、奧地利等國；在行政型，審計機關隸屬行政部門，根據政府所賦予職責權限實施審計，如韓國、泰國、中國大陸；在司法型，審計機關的型式為審計法院，擁有司法權，如法國、義大利、西班牙、葡萄牙及南美，以及一些非洲國家；在獨立型，審計機關係獨立於立法、司法、行政部門之外，依據法律獨立行使職權，如波蘭、我國均採。

審計機關的類型，按其職能區分，有：單一審計型、審計主計型、審計監察型三種。在單一審計型，審計機關的職能只有審計，專門從事審計、控制之工作，如日本的會計檢查院、德國的聯邦審計院以及我國審計部；

---

[46] 李文郎，《修憲後我國監察制度與芬蘭國會監察使制度之比較分析》，國立政治大學中山人文社會科學研究所博士論文，2005，頁 56-66。

在審計主計型，審計機關的職能則兼具審計和主計二種權限，如美國、英國、印度；在審計監察型，審計機關的職能亦兼具除審計以外的職能，該職能為行政、監察，如韓國、以色列。

　　本章介紹美國之政府審計機構，說明美國聯邦政府之控制架構分成內部及外部兩個體系。GAO 屬外控的體系。介紹設置 GAO 的背景與依據的法律、其組織架構，GAO 如何保持獨立性。除說明外控體系外，也說明各部會內控體系的督察長制，以及由督察長制執行合規性審計後，GAO 能把大部分心力放在績效審計的情況，以及 GAO 執行審計時所依據的政府審計準則，與政府審計準則有關的政府會計準則。

【第十五章】
匈牙利基本權利監察使

　　匈牙利的「民主轉型國際研究中心」曾向我國的臺灣民主基金會提出申請計畫，希望能得到臺灣的支持，協助蒙古共和國建立「監察使辦公室」和相關監察制度。此看似平凡且與我國不相干的舉措，其實有其令人深思之處，為什麼一個「新興民主」的匈牙利會那麼積極去接觸影響另一個「新興民主」的蒙古？為什麼要把建立監察制度視為鞏固新興民主的重要政治條件和法制機制？匈牙利又有什麼優勢可以向外輸出監察機制呢？

　　一般人對於匈牙利的印象多係一知半解，有人認為匈牙利人是匈奴人的後代，其實不然。匈牙利人的祖先馬札爾人原先是居住在烏拉山一帶的遊牧民族，後來西越喀爾巴阡山 (The Carpathians) 定居立國 ❹ 。雖然他們在中歐居住的時間超過了一千一百年，但是在種族上說，他們有別於周邊的其他民族。匈牙利人既非斯拉夫人、拉丁人，也不是條頓人，他們的語言近似芬蘭與和愛沙尼亞語，屬於芬－烏語系。一直到二十世紀的最後十年裡，他們才掙脫了共產主義的桎梏，贏得 1956 年「十月革命」以後遲來的勝利 ❹ 。回溯整個匈牙利的歷史，其民族的奮鬥事蹟在西方世界經常被歌頌。然而令人遺憾的是，在她扮演「基督教國家的堡壘」和「自由的先鋒」的角色時，卻很少獲得援助。

　　匈牙利人口不及一千萬人，其中只有三分之二居住在國內。令人印象深刻的是，匈牙利人對於人類的歷史及文化的貢獻很大，不只其音樂方面有傑出表現 ， 如李斯特 (Liszt Ferenc, 1811-1886)、 雷哈爾 (Lehar Ferenc,

---

❹ 馬札爾人建立匈牙利王國，與匈奴人並無直接關係。匈牙利人的民族融合主要是靠血源關係，七個部族都系出同源。分辨匈牙利與歐洲其他民族，一個重點就是一般歐洲民族使用的語言不是日爾曼語就是斯拉夫語，都是屬於印歐語系。而匈牙利人說的是一種源自芬－烏語系，並受土耳其語及伊朗語的影響。

❹ 美國總統甘迺迪曾經如此讚揚匈牙利：「1956 年 10 月 23 日這一天將永遠存在於自由人類和自由國度的歷史中，這是一個勇氣、道義和勝利的日子。自有歷史以來，人類對自由的渴求，從未有過像這天一樣，不論成功的機會有多少，不論犧牲的代價有多高。」

1870-1948)，以及巴爾托克 (Bartok Bela, 1881-1945) 等膾炙人口的作品，甚至在科技方面也有值得其驕傲的成就。在二十世紀，匈牙利的科學家已有十一次獲得諾貝爾獎的紀錄。運動方面，在國際奧林匹克運動會上創造佳績，得獎者中有八分之一是匈牙利人。在藝術上，1929 至 1996 年間，匈牙利裔獲奧斯卡獎的人數達 136 人，平均每年有兩人獲獎，金像獎得主 30 人 ❹ 。

在高舒特時代，匈牙利人為爭取獨力奮鬥，使匈牙利成為世界上自由受尊重的象徵。但西方世界並不在乎匈牙利人民的命運，匈牙利好像獨處於歐洲大陸孤立無援 。 匈牙利著名詩人裴多菲‧桑多爾 (Petofi Sandor) 在〈生或死〉(Life or Death) 的詩中就稱呼其同胞是「世界上最孤獨的民族」。匈牙利人到底是一個甚麼樣的民族，為什麼如此傑出？是值得深思探究的。

匈牙利，於西元前 12 年至 430 年，即羅馬帝國時期，今匈牙利南部為潘諾尼亞行省，羅馬帝國滅亡後，各民族陸續地遷移至此。首先到來的是匈牙利人，在阿提拉的領導下，建立強大的匈人帝國。匈牙利此名稱可能來源於此，惟很多學者都認為應該來自突厥歐諾古爾 (Onogur) 人。匈人帝國解體後，日爾曼部落統治了此處近 100 年，接踵而來的是阿瓦爾人，在他們近 200 年的統治下，斯拉夫人開始滲入。摩拉維亞、保加爾人、波蘭人和克羅埃西亞人都曾經企圖推翻阿瓦爾人，直至查理曼才將其擊敗。查理曼死後，東法蘭克王國逐步衰落，形勢對斯拉夫人的崛起有利，大摩拉維亞領袖斯瓦托普魯克雄心勃勃地企圖建立大摩拉維亞公國。

匈牙利國家的形成起源於 9 世紀時，東方遊牧民族馬札爾人從烏拉山西麓和伏爾加河、今巴什基爾一帶，向西遷徙，於 896 年在多瑙河盆地定居。馬札爾人的到來結束了此一地區的紛爭。傳統上，馬札爾人國家被認為由阿爾帕德大公建立，他於 9 世紀末期帶領馬札爾人來到潘諾尼亞平原。西元 1000 年，匈牙利大公伊什特萬一世在匈牙利推行天主教，並且獲得教宗加冕成為首任匈牙利國王，建立匈牙利王國。其早期歷史同波蘭和波希

---

❹ 化油器、直昇機、立體音響、電視、變壓器、發電機、雷射光攝影、原子筆、電話交換機、氖氣燈泡、維他命 C、中子彈、魔術方塊、噴射推進力、魚雷、隱形眼鏡等都是由匈牙利人發明的。

米亞密切相關，同時受到教宗和神聖羅馬帝國皇帝的影響。1241 年至 1242
年，在拔都西征的攻擊下，匈牙利曾經遭到嚴重破壞。後來，匈牙利逐漸
成長為中歐中一個強大的獨立王國，既有鮮明的文化特色，又同西歐其它
文明密切聯繫。匈雅提‧馬加什 (Hunyadi Mátyás) 於 1458 年至 1490 年統
治匈牙利。他進一步地加強了匈牙利國力和政府的權威。在他的統治下，
匈牙利（特別是北部，今斯洛伐克一部分地區）成為文藝復興時期，歐洲
的藝術文化中心。

　　今天的匈牙利是一個小型國家，在被諾曼人征服之前，從 1000 年起就
已經是天主教國家。歷史上它曾遭逢三次浩劫：1241 年蒙古人的屠殺、
1526 年莫哈蚩 (Mohacs) 之役，土耳其的攻佔；和 1920 年《特理農條約》
造成奧匈帝國的瓦解。歷經劫難後，匈牙利人學會在列強之中以智取勝。
曾有學者給匈牙利人一個形容句：「匈牙利人是那種比你晚進入旋轉門，卻
比你早鑽出那道門的人。」在歷史上遭受多次外族的入侵，使得匈牙利人
練就出一種特殊的生存技巧。

　　在過去半個世紀匈牙利人帶給世界三件值得紀念的事件：一是 1956 年
10 月 23 日爆發的匈牙利大革命，整個國家人民起來反對共產黨的壓迫統
制，那是東歐共產陣營首度發生的大事；其次是 1989 年 11 月 9 日，匈牙
利政府決定拆除邊境的藩籬和地雷，開放匈奧邊境，讓成千上萬的東德人
跨越，導致鐵幕被推翻，蘇聯政權的瓦解，匈牙利在其中的角色居功厥偉。
第三是，在外西凡尼亞地區的匈牙利人點燃了結束羅馬尼亞專制的革命之
火，匈牙利模式成為其他共黨國家建立民主制度的靈感與典範❺⓿。

　　近來發生在歐洲的難民潮，匈牙利因其地理位置的因素亦捲入其中，
這是歐洲在二次大戰後前所未見的難民危機。

第一節　匈牙利政府制度

　　匈牙利位在歐洲的中央，與幾個鄰國相臨，西邊有奧地利、斯洛伐克，

---

❺⓿ 周力行，《匈牙利史——一個來自於亞洲的民族》，臺北：三民書局，頁 1-5。

東邊有烏克蘭、羅馬尼亞，南邊則與南斯拉夫、克羅埃西亞、斯洛凡尼亞相鄰。位於東歐的匈牙利共和國**⑤**於 1918 年 10 月 31 日獨立**㊒**，人口接近一千萬人，面積 93,030 平方公里，約為臺灣的 2.6 倍大。政府體制為內閣制，現任國家元首為共和國總統阿戴爾・亞諾什 (Áder János)，政府首長是內閣總理奧班・維克多 (Orbán Viktor) **㊓**。

一、匈牙利政治概況

經過共產鐵幕 (Iron Curtain) 統治後的匈牙利於 1989 年與 1990 年間重整國家制度**㊔**。並於 1989 年 10 月 23 日通過以德國基本法為藍本的憲法修正案。政府對國會負責；內閣總理 (Prime Minister) 就其施政負政治責任。為確保政局盡可能的穩定，因此設立了建設性的不信任表決機關 (Institution of constructive no-confidence vote)。2011 年 4 月 18 日，匈牙利國會通過名為《基本法》的新憲法，於 2012 年 1 月 1 日起生效，國號由匈牙利共和國改為匈牙利。2014 年 4 月 6 日國會選舉，在新的選舉制度下，右翼的青民盟蟬聯執政，奧班第三次出任總理。匈牙利之國會為單一國會，每 4 年選出一屆。國會選舉共和總統 (President of the Republic)、憲法法院法官、保護少數民族監察使 (Ombudsman of Minorities)、最高法院院長以及檢察總長。所採取的混合式的選舉制度 (mixed electoral system) 類似於德

㊑ 總統：János Áder (2012~)；總理：Viktor Orbán (2010~)；國慶日：8 月 20 日；1955 年 12 月 22 日加入聯合國；語言：馬箚爾語 (Magyar)，或稱匈牙利語。首都：布達佩斯；面積：93,028 平方公里，約為臺灣的 2.6 倍大；地理位置：匈牙利為歐洲中部內陸國家，北接斯洛伐克，東臨烏克蘭及羅馬尼亞，南接斯洛維尼亞、克羅埃西亞、塞爾維亞，西鄰奧地利。人口：989.5 萬 (2015)（世界第 79 名）；GDP (PPP)：1,860 億美元（2009 年）人均 GDP (PPP)：18,800 美元（2009 年）；行政區：首都及 19 個縣；宗教：天主教 (37.2%)、不特定宗教 (27.2%)、喀爾文教派 (11.6%)、無宗教信仰 (18.2%)；幣制：富林（Forint，簡稱 Ft 或 HUF）；匯率：US$1=270Forint (2015.2.3)；主要媒體：每日商情報（Napi Gazdasag，右派）、人民自由報（Népszabadság，傾左）、匈牙利國家報（Magyar Nemzet，保守）、世界經濟報（Vilaggazdasag，右派）。

㊒ 史蒂芬國王於西元 1000 年建國 Foundation of the State (King St Stephen, 1000)。

㊓ 范聖孟，〈淺談匈牙利武裝抗暴五十年後之憲政體制〉，第十六屆國防管理學術暨實務研討會與國防軍備管理年會，2008 年 6 月。

㊔ 1919 年成立匈牙利蘇維埃共和國；1946 年成立匈牙利第二共和國，建立國會民主制。

國的議會選舉方式。

二、匈牙利憲政秩序

（一）匈牙利新舊憲法

現行匈牙利憲法係以 1949 年 8 月的版本為基礎，國名為匈牙利人民共和國，強調保障各項基本人權、依法治國、市場經濟；並進行政府組織改造，以三權分立、權力制衡為原則，設置憲法法院、地方政府、監察使、審計部等新興政府部門，1949 年憲法其後經 25 次修憲，以溫和漸進式修憲方式進行憲政調整。另於 2012 年再次修憲，更名為匈牙利，確立國教地位及基本原理（包括原則、象徵、家庭、立法等），重視自由與責任等基本人權，規範政府機關、經濟基本規範、特殊法律命令之發布等事項，並以後項方式規定基本法之施行細則以為細節性、程序程序性規範。迄 2013 年 9 月，進行第 5 次修憲塑造出以西方自由民主的憲法基礎，於同年 10 月 1 日施行。

（二）基本法過渡條款

匈牙利並通過《基本法過渡條款》(Transitional Provisions to the Basic Law)，於 2011 年 12 月 31 日基本法實施日同步生效。其內容包括相關過渡條款，亦包含永久性規範，例如教會立案、司法行政等，以及政策聲明（共產主義之惡）。值得吾人注意的是，此一過渡條款與基本法之間產生矛盾，也因此實質削弱了監察權，另憲法法院也喪失部分職權 ❺。

（三）匈牙利憲政發展重要階段

匈牙利憲政發展過程中有三個重要階段，即 1949 年第 20 號法案、1989 年第 31 號修憲案、2011 年《基本法》公布實施。在 1949 年第 20 號法案中，首度制定憲法，改稱匈牙利人民共和國，為一共產政權，相關人權並無保障，採行計畫性經濟，匈牙利到 20 世紀才真正制定憲法，屬於新興民主國家，制憲後憲法則為人權保障與政府施政的準則，同時匈牙利仍遵循傳統聖冠主義（王冠為主權所在，Holy Crown Doctrine ❺）。第二階段

---

❺ 基本法過渡條款 45/2012. (XII. 27.) 憲法法院。

1989 年第 31 號修憲案，係由共產黨國會於自由大選前通過，較欠缺法統，外界多認為形式上不算新憲法，且實際上仍維持原本的法條編號，但實質內容是新的。本修憲案特別重視，各項基本人權之保障，強調三權分立、權力制衡、依法治國、重視市場經濟，宣布成立共和國，進行政府組織改造，成立憲法法院、地方政府、監察使、審計部等新興政府部門。

　　匈牙利於 1989 年至 2011 年間，歷經約 25 次修憲，並於 2011 年基本法公布實施，2010 年辦理國會選舉，在野黨獲得三分之二多數，旋即再推動修憲，於 2011 年 4 月 18 日通過《基本法》，並於 25 日公布實施。

三、匈牙利政府架構

（一）憲　法

　　匈牙利自 1949 年制定憲法以來，歷經 1989 年之修憲後，始宣告成為一個獨立民主的國家。2011 年《基本法》公布實施，《基本法》以憲法為基準，主要原則皆相同（如依法治國、民主、三權分立、議會民主制），保留多數原施政及人權保障相關規範❺❼。基本法過渡條款於 2011 年 12 月 31 日基本法實施日同步生效，除過渡條款之外，亦包含永久性規範（教會立案、司法行政等），以及政策聲明（共產主義之惡），過渡條款與《基本法》之間有矛盾情形，削弱了監察權；另憲法法院喪失部分職權❺❽。最近於 2013 年 9 月通過第 5 次修憲案，於 10 月 1 日施行❺❾。憲法包括：國家信條、基本條款（第 A 條至第 U 條）、自由與責任（第 I 條至第ⅩⅩⅩⅠ條）、國家（第 1 條至第 54 條）❻⓿以及附則（共計 26 項）等❻❶。

---

❺❻　西元 1000 年匈牙利正式晉升為王國，史蒂芬成為匈牙利王國首任君主史蒂芬一世，羅馬教宗派出特使賜頒史蒂芬一頂鑲金嵌銀的王冠，開創了匈牙利史上第一個王朝「阿爾帕德王朝」，其王冠亦成為匈牙利王國全國的象徵，而匈牙利王國領域被冠上「聖史蒂芬王冠的領地」之名。直到今日聖史蒂芬王冠對於馬札爾民族而言，依然被視為代表匈牙利國家的整體象徵。

❺❼　匈牙利基本法內容包含：國教地位（國家歷史、價值觀、目的）、基本原理（原則、象徵、家庭、立法等）、自由與責任（人權）、國家（政府機關、經濟基本規範、特殊法律命令）、後項（基本法施行細則）等。

❺❽　45/2012. (XII. 27.) 憲法法院 Constitutional Court partially annulled [45/2012. (XII. 27.) CC]。

❺❾　張景舜譯，〈匈牙利憲法〉，《國會月刊》，第 42 卷第 8 期，頁 77-120。

（二）匈牙利基本法之修正 (Amendments to the Basic Law)

· 第一次修（2012 年 6 月 18 日），旨在提高過渡條款的合法性，增加其合憲性。

· 第二次修（2012 年 11 月 9 日），完備選民登記制；並廢止不合時宜之制度。

· 第三次修（2012 年 12 月 21 日），明確規範土地、林地所有權制度。

· 第四次修（2013 年 3 月 25 日），建制「過渡憲法化」，俾資遵循。

· 第五次修（2014 年 10 月 1 日），重新檢視具爭議之條文，如承認教會資格、競選規範等；並將中央銀行與金管機關合併。

（三）政府體制

匈牙利的政府體制一般歸類於議會內閣制 [62]。

（四）國家元首

總統為國家元首，具有簽署及發布法令、解散或停止國會會期並重新選舉；具有一次否決國會法案及主導法案之權利；組織內閣，提名總理，任命部長、次長、祕書長、法官等。總統的角色相當重要，特別是當國家處於緊急狀態。總統經被國會推舉，任期五年。總統的權力有簽署與公布法律的權力，有否定權，並有權延期或解散國會會議、任命法官與授予赦免。在軍隊中擔任最高指揮官，在國外代表匈牙利，以及接待國賓。

---

[60] 國家部分包括國民議會、全國性公民投票、共和國總統、政府、獨立機關、憲法法庭、法院、檢察部門、基本權利監察使、地方政府、公共財政、匈牙利國防軍、員警與國家安全部隊、參與軍事行動之決策以及特別法律秩序等。

[61] 於 2013 年之修憲案末並附註：「我們，2010 年 4 月 25 日選出之國民議會議員，因體認面對上帝和人民之應負責任，並為行使我們的憲法權力，特此通過首部整合之匈牙利基本法。『祈願和平、自由與和諧長存！』」。

[62] 匈牙利實行多黨議會民主制。總統由議會選舉產生，每 5 年選舉一次，基本是禮儀性職位（虛位元首），但亦有權指定總理。總理由國會最大黨的黨魁出任，負責任命內閣部長並有權解僱部長。部長候選人必須經過一個或者多個議會委員會的聽證，並由總統正式任命。匈牙利的主要政黨為中間偏左的匈牙利社會黨、右翼的青年民主主義者聯盟（簡稱青民盟），極右派的更好的匈牙利運動，另有其他大小政黨數百個。

（五）立法機關

　　國會為一院制，議員每一任期 4 年❸。2011 年制憲通過定於 2014 年施行之《國會議員選舉法》，議席由 386 名減至 199 名，其中「區功能變數名稱單」106 席及「全國名單」93 席，全國名單包含政黨名單及少數民族名單二種。並進行重新劃分選區、改二輪選舉制為一輪及提高參選資格等規定及增加海外投票等改革❸。

（六）行政體系

　　行政權係由政府及總理執行。總理人選係由國會多數黨擔任，並經國會同意，政府的相關施政計畫亦應送請國會審議。政府係由宣誓就任的閣員所組成，政府各部會經國會同意後設立，閣員為部會之首長，亦為政府之一員。

（七）地方政府

　　除首都外匈牙利有 19 個省，一般民眾可經由參與地方選舉或公投之方式成為地方議會之代表，進而參與地方政府事務，1998 年歐盟同意匈牙利新的區域劃分計畫，未來全國將劃分為 7 個行政區域。

　　經由直接選舉出的正、副市長帶領著地方議會，對義務教育、醫療照護、基本的社會福利、人民與少數民族的權利等負責。地方議會可於各該地方自行制定相關法規於各該地方執行。除接受中央政府補助外，地方政府亦可自行徵收賦稅。

---

❸ 議員 386 席──1. 單一選區兩輪投票制：176 席 2. 政黨比例代表；區功能變數名稱單：152 席（亦採兩輪投票）＊全國名單：58 席（補償名單）2014 年實施新選舉制度，修改為 199 席──1. 單一選區：106 席 2. 全國名單：93 席（含政黨名單及少數民族名單二種）。

❸ 匈牙利國會選舉制度不論是舊或新制，可謂複雜且多樣化，論者認為就像匈牙利人發明的魔術方塊般艱澀難懂。匈牙利的國會選舉制度，在新《國會議員選舉法》中精簡了原本複雜的選舉制度，但仍保留單一選區多數當選制和比例代表制混合選舉制度之精神。在多數決及代表制的混合制架構下，另「剩餘票數」之設計，是一種具有補償議席性質的全國名單，使得一選區落選的選票成為剩餘的選票，可累積於全國名單中分配席次，使得選票代表的民意不致遭過度扭曲，能增強政黨代表性。

第二節　匈牙利監察制度——
匈牙利基本權利監察使公署

一、扮演行政監督者和人民保護者的雙重角色

新興民主國家和穩定民主國家的監察機關之工作重點不同，前者以監督政府肅貪防腐、保障人權和確保文官穩定為主，後者以監督不良行政、提升行政效率、處理給付行政和社會福利等事項為主。監察權的主要功能之一是在「監督行政」。匈牙利為一新興民主國家，基本權利監察使扮演監督不良行政和提升行政效率的重要角色。同時也受理民眾對於政府或官員的不法或不當行為而權益受損之申訴，它所扮演的同時也是人民保護者的角色 ⑥⑤。

二、機關設置及歷史沿革

基本權利監察使公署前身為 1995 年成立之匈牙利國會監察使公署。2011 年實施《基本權利監察使法》後，改制並更名為基本權利監察使公署。基本權利監察使 (Commissioner for Fundamental Rights) 屬「國家人權機關論壇網」B 級國家人權機關，改制後於 2013/2014 年再以基本權利監察使公署重新申請評鑑，目前評鑑程序程序展延中 ⑥⑥。

---

⑥⑤ 參閱《世界監察制度手冊》（第二版），臺北：監察院編著，2012。為國際監察組織 (IOI) 歐洲地區會員。匈牙利基本權利監察使網站："http://www.ajbh.hu/en/web/ajbh-en/main_page，匈牙利除基本權利監察使外，並設有「國家審計署 (State Audit Office)」，功能相當於我國審計部，主要負責審計公部門財務及促進其健全發展。

⑥⑥ 監察員辦公室同時也作為人權機制：2011 年 5 月，獲得了聯合國國家人權機構，國際協調委員會國家人權機構 (ICC) B 級的分類。2012 年 1 月，匈牙利已經加入了《聯合國禁止酷刑公約》（任擇議定書），這需要在國家和國際層面執行，匈牙利基本人權監察使為確實執行每年會有 2 至 3 次訪問拘留機構。2014 年 12 月經認定為 ICC 分類 A 級人權機構。

三、監察使 (Commissioner/Ombudsman)

現任基本權利監察使 (Commissioner For Fundamental Rights)Dr. LászlóSzékely，另有負責少數族群權利副監察使 (Deputy-commissioner Responsible For The Rights Of National Minorities) Dr. Elisabeth Sándor-Szalay，以及負責未來世代權利副監察使 (Ombudsman For Future Generations)：Dr. Marcel Szabó。任期一任 6 年，得連任 1 次。由總統提名，國會通過後任命。

表 15-1　歷任匈牙利基本權利監察使

年度	機關／監察使
1995	成立基本權利監察使公署
1995-2001	Dr. Katalin Gönczöl
2001-2007	Dr. Barnabas Lenkovics
2007-2012	Dr. MátéSzabó
2012-	Dr. LászlóSzékely

資料來源：本文作者整理

四、匈牙利監察制度之籌創

（一）1990 至 1995 時期

參考波蘭、瑞典模式，以單一機關設 4 位監察使，包括一位正監察使、副監察使、資訊監察使、少數族群監察使等，採三權分立屬於國會監察使，與國會、行政機關及司法體系關係密切。監察使擁有聲請違憲審查權限，但鮮少案例發生；對於共黨統治時期案件、司法機關、國家檢察機關或私人機構，監察使均無調查權，亦不調查未窮盡所有救濟程序程序或發生超過一年以上之案件。監察使有權對匈牙利公共機構及公共服務事業（如移民、觀光、外籍人士）暨人民對主管機構之陳情進行調查；特別關注包括少數族群、永續環境、資訊公開及個資保護等議題事項。

（二）2007 年及 2012 年監察制度之改革

　　基本權利監察使於 2007 年改組，並於 2012 年將原有 4 位監察使職掌加以整合，改制為單一機關內設置 1 位監察使及 2 位副監察使。2012 年更名為「基本權利監察使公署」，並賦予監察使對憲法法庭方面的新職掌。監察使公署兩位副監察使則分別負責少數族群權利及環境權（新世代權利）。有關政府資訊公開及個人資料保護改由另一個非監察使之獨立機關負責，該機關具有更強大的懲處及行政權。

五、機關編制及預算

　　監察使下設 2 位副監察使及 1 位祕書長。祕書長下轄法制副祕書長、行政副祕書長及人力資源管理部門。組織配置如圖 15-1：

圖 15-1　匈牙利基本權利監察使公署組織架構簡圖

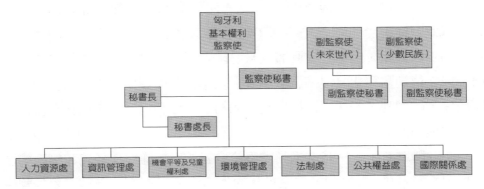

　　2014 年匈牙利基本權利監察使辦公室的年度預算為匈牙利幣 1,215,400,000 元（約為美金 4,300,170 元，1.3 億新臺幣），組織員工人數約為 166 人。監察使辦公室未設分處，但也有所謂的每年走訪各地方省 2 或 3 次。在這樣的巡察走訪，基本人權監察使和幕僚會拜訪各政府機關、醫院、學校等，並親自接受人民的陳情❻。

---

❻　承繼前任監察使的作法，基本權利監察使 Dr. LászlóSzékely 於 2014 年 5 月 19 至 20 日巡察拜訪 Békés County，除了在 Békéscsaba and Gyula 親自接受陳情外，還公開發表他個人經驗及發現。此次巡察除監察使外，尚有負責少數民族權益之副監察使 Dr. Elisabeth Sándor-Szalay 以及負責未來世代權益副監察使 Dr. Marcel Szabó 一起同行。

第三節　匈牙利基本權利監察使之角色與功能

人權團體的主要類型 (profiles of human rights stakeholders)，可概分為，一、觀察型 (monitoring body)：觀察人權保障現況（進行通案調查或提特殊報告，如斯洛伐克國家人權中心）；二、監督型 (watchdog)：就個別或通案事件展開調查 （如國際特赦組織或安大略監察使）；三、違憲審查型 (constitutional review)： 保障基本權利 （如匈牙利基本權利監察使即屬之）❻❽ 。

一、主要職掌及功能

基本權利監察使依據 2011 年《基本法》第 11 節有關監察使的規定，獨立行使職權不受任何干擾或指示 ❻❾。保障人性尊嚴以及兒童、未來世代、匈牙利少數民族、弱勢社會團體及身心障礙者等之權利。監察使可依民眾陳情或 2 位副監察使之提案開啟調查。基本權利監察使特別注重保護包含關於兒童的權利、匈牙利民族權利、弱勢群體權利以及未來世代利益價值觀等的權利保護。

主要職掌有：一、基本權利監察使會對於影響監察使任務和權限的法規提出修正意見；為了保障未來世代的生活質量，監察使甚至可對於國際條約提出修訂或制定意見。二、監察使行使調查權，並在提交國會的年度報告中說明行使職權情形及相關統計資料，並列舉建議修改法規的情況。國會應審查監察使提交的年度報告。三、監理相關保護基本權利組織。四、自 2012 年起，監察使可提出案件交憲法法院審查。五、監測評估國際條約相關實施情形。

---

❻❽ Prof. Dr. MátéSzabó，An Emerging New Human Rights Network in Europe: Strength and Weaknesses. 2013 年於監察院演講題目為歐洲新興人權網絡：強項與弱項。

❻❾ Section 11 of the Act CXI of 2011 on the Commissioner for Fundamental Rights:„In conducting his or her proceedings, the Commissioner for Fundamental Rights shall be independent, subordinated only to Acts, and may not be given instructions regarding his or her activities.

　　基本權利監察使及其辦公室的任務是依據憲法第 30 條規定，於 2011 年通過的匈牙利《基本法》，並根據 2011 年《基本法》第 CXII 條規定基本人權監察使，這兩者規定賦予，監察使其權力源自於國會，確保全面的保護基本權利，為實現匈牙利的基本規律的執行者。

二、基本權利監察使資格及解職條件

1. 資格：必須是匈牙利公民、擁有法律學位且具有傑出的法學理論知識，或者十年以上的專業經驗、年滿三十五歲，並在基本權利相關的處理程序程序有相當豐富經驗者。可連選連任一次。
2. 職務限制：基本權利監察使不受任何其他國家、地方政府、機構的授權，且除科學，教育，藝術活動外不得從事任何有報酬的兼職。
3. 言論免責權：基本權利監察使享有等同於國會議員的豁免權。
4. 解職情況有：任期屆至、死亡、辭職、當選的條件不復存在、有利益衝突者、遭解僱或遭免職。

三、基本權利監察使行使職權事項及對象

　　任何人都可以向監察使請求提出陳情，如果經過監察使的判斷，執行公務的政府機關構的作為或不作為，人民向監察使提交陳情請願書或說明面臨迫在眉睫的危險，或當人民已用盡現有的行政法律救濟，仍無法得到救濟、處理者。基本權利監察使職權行使的對象包括：行政管理機關、地方政府、民族自治機關、公共機構（屬強制入會者）、國防機關、執法機關、其他經授權處理公共管理事務的機關（構）、調查機關或檢察機關、公證人、地方法院的執行單位、法警以及執行公共服務的機關等 ⑩ 。

---

⑩ 執行公共服務的機構只有在與公共服務活動連接，監察使才能行使職權。其形式為：
- 執行或參與國家或當地政府的任務
- 公共事業機構
- 通用供應商
- 組織參與國家和歐盟補貼的發放或仲介
- 組織執行法律及相關活動

四、基本權利監察使具有之其他權力

　　匈牙利基本權利監察使可以依據《基本法》之規定，啟動憲法法院對案件相關法律規則的審查。兩位副監察使分別負責，未來世代利益的保護以及匈牙利民族權利的保護。因此，應監測未來世代生活在匈牙利國籍的權利，以及相關執法情形。

五、基本權利監察使職權的限制（職權不及於下列對象或事項）

　　(1)國會、(2)總統、(3)憲法法院、(4)國家審計署、(5)法院、(6)檢察機關（檢察機關的偵查機關外）。

第四節　基本權利監察使處理人民陳情

　　可用口頭或書面（含電子郵件）等方式陳情，監察使公署則一律以郵件回覆。民眾若希望親自陳情，可於陳情書中註明或先以電話安排陳情時間。

一、監察使處理人民陳情的方式：如陳情的內容，可以推測如不即時處理將嚴重侵犯更大的群體的基本權利外，監察使未必會加以處理的情況如下：(1)業經回復最後的決定，一年後再陳情者。(2)為 1989 年 10 月前之舊案。(3)相關法律程序程序業已確定或法院終審判決讞。(4)匿名提交陳情書，無法進行調查。

二、基本權利監察使於下列情形應駁回申請：(1)不符合相關程序程序要求。(2)明顯毫無根據的。(3)反覆提交請願書又無新的事實、證據或數據。

三、基本權利監察使於下列情形可能會拒絕申請：(1)曾經提交。即曾經經過監察使處理之案件再次提交者。(2)匿名案件。(3)經判斷，陳情書所

- 執行法律規定和強制性的公共服務機 90 透過電子郵件提交陳情，應註明永久地址和陳情書的郵寄地址，以利處理。即便是陳情人提出請求，監察使仍可能不透露自己的身分。如果是個人陳情投訴，可提前預約，撥打的電話號碼 06-1-475-71-00 或以電子郵件方式預約。

指的不當行為是無關重要的。

人民提交陳情、請願，程序程序是完全免費的，可以口頭或書面方式（也可通過電子郵件方式）提交，並附上與調查案件有關檔資料，儘量提供影本資料。如要透過電子郵件方式陳情，匈牙利基本權利監察使辦公室並有設專用信箱 (panasz@ajbh.hu) 方便陳情人使用 ❼ 。原則上處理人民陳情案件期間為 30 天，但如為監察使所處理的案件，則不在此限。監察使在進行案件之處理，為獨立運作不受任何幹擾，依據調查事實及證據處理，如進行調查結果發現有不當或違失，監察使可加以糾正，或建議調查相關機關或其監督機關。任何人不得將遭受之不利益，轉嫁給基本權利監察使。

四、匈牙利基本權利監察使處理陳情統計資料

表 15-2　2013 年匈牙利基本權利監察使人民陳情案件處理情形統計表

處理情形	案件數	比例
終止程序	972	11.9%
轉權責單位處理	283	3.5%
未具訴求而拒絕	5,257	64.6%
受理而加以處理	1,625	20%

受理之 1625 案件，其處理情形：

處理結果	案件數	比例
經處理後予以駁回	1,232	75.8%
沒有建議提出	69	4.2%
提出調查結論與建議	324	19.9%

而調查之提出建議案件中，有 261 案相關建議意見為權責單位所接受，占 58.8%，有 61 案權責機關不接受，占 13.7%，另外有 102 案件權責機關進行研議中，占 27.5% ❼ 。

---

❼ 透過電子郵件提交陳情，應註明永久地址和陳情書的郵寄地址，以利處理。即便是陳情人提出請求，監察使仍可能不透露自己的身分。如果是個人陳情投訴，可提前預約，撥打的電話號碼 06-1-475-71-00 或以電子郵件方式預約。

❼ 2010 年受理 8,051 件陳情案，其中 36.2% 陳情案以電子郵件寄送。2012 年處理 7,049 件陳情案，其中有 5,859 件（占 83.1%）由個別陳情人提出，126 件（占 1.8%）由公民團體提出。自 2007 年 9 月起，監察使每年選定數個重要的社會議題進行研究，研究主題包括兒童權益、病人權益、災難管理、身心障礙者

表 15–3　匈牙利各地區受理案件分布情形

受理案件區域	案件數
Budapest	2042
Baranya	145
Bács-Kiskun	249
Békés	132
Borsod-Abaúj-Zemplén	347
Csongrád	204
Fejér	264
Gyõr-Moson-Sopron	155
Hajdú-Bihar	281
Heves	105
Jász-Nagykun-Szolnok	148
Komárom-Esztergom	168
Nógrád	121
Pest	916
Somogy	130
Szabolcs-Szatmár-Bereg	283
Tolna	101
Vas	98
Veszprém	153
Zala	134
Külföld	48
Ismeretlen	653
合計	6,877

　　從上開統計表可看出人民對監察使提出之案件也相當集中在某些都市地區，因此為周延保護人民陳情權益，監察使每年 2 至 3 次到各地方之巡察益顯其重要性。

　　另匈牙利基本權利監察使相當重視人權議題，觀察監察使於 2013 年處理有關基本權利案件分類情形，亦可瞭解民眾多對於哪幾類人權較易受到侵害，而向監察使請求保護。相關案件人權分類如下表：

權利、少數族群權益及健康醫療環境等。2011 年研究主題為兒童權益、病人權益及災難管理。

表 15-4　匈牙利基本權利案件分類一覽表

項次	基本權利	違反案件數
1	法之明確性	201
2	自由競爭及消費者權益保護	16
3	基本權利保護	37
4	人性尊嚴的保護	139
5	個人自由安全保障	6
6	資訊權益	9
7	宗教自由	1
8	集會及參加政黨自由	2
9	新聞表達的自由	6
10	教育和文化自由	10
11	職業自由	5
12	財產權保障	28
13	驅逐及收容的限制	1
14	平等權－法律前公平對待	333
15	兒童保護	47
16	童工禁令	2
17	社會安全保護	20
18	身心健康	119
19	健康環境	122
20	居住與公共服務	6
21	選舉權	1
22	公平審判	122
23	遷徙及居住自由	4
24	公平公正法律訴訟程序	12
25	少數民族權益	18
合計		1,267

　　觀察類別分布情形可看出案件多分布於司法類 （法之明確性 、 平等權——法律前公平對待、公平審判及公平公正法律訴訟程序程序）、環境及身心健康、人性尊嚴三大類別，此與我國情況相類似，中華民國監察院每年受理人民陳情案件亦以司法類為最多，約占 34%。

建國方略　建國大綱（九版）

《建國方略》是孫文於 1917 年至 1920 年期間完成的 3 本著作的合訂本。它們分別是：一、心理建設《孫文學說》於 1919 年完稿；二、物質建設《實業計畫》原以英文發表，於 1920 年完稿，1921 年出中文本並加序，英文本名為《The International Development of China》；三、社會建設《民權初步》於 1917 年完稿，原名《會議通則》。

作者 / 孫　文

民權初步（七版）

《民權初步》是孫中山先生思想中建國方略之社會建設，本書於民國六年二月發表於上海，在自敘中說道，這本書是教吾國人民行使民權的第一部方法，所以名為《民權初步》。他認為，我國舊社會凌亂散漫、毫無組織，常被恥笑為一盤散沙；復興民族，必自改造社會做起，使我們的社會成為有秩序、有紀律，合乎現代化的新社會。孫中山先生鑒於中國人一向缺乏組織習慣和團體生活訓練，常連最基本的議事規則也不懂，乃著最此書，希望全民按照《民權初步》的訓練，使之成為我們生活習慣的一部分，然後可以塑造出一個有組織的國家和民族。

作者 / 孫　文

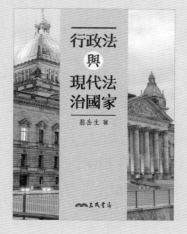

行政法與現代法治國家

我國行政法學，深受國家動亂之影響，發展遲緩；作者欲借他山之石，注入我國行政法學的新觀念，期能有助於法治之加強，促進國家之現代化。隨著社會發展與人權意識提高，至今現代法治國家應有之主要行政法已經齊備，司法院大法官並作成許多重要的解釋。行政法教科書也不斷推陳出新，行政法學的發展盛況空前。本書係作者於 1966 年負笈返國十年內重要著作的論文集，第一版於 1976 年付梓，列為臺大法學叢書（二），距今將近 40 年。三民書局保留著原來的內容而重行打字編排出版，作為我國行政法現代化過程的見證。

作者 / 翁岳生

中國社會政治史（一）
（七版）

本書共分四冊，自先秦乃至有明，歷數朝代興亡之根源。其資料之蒐集除正史外，實錄、文集、筆記、奏議等也多擇其要者而引用之。相較於其他史學著作，正如書名所示，本書更著重於社會、經濟、思想、政治制度間的相互關係。作者相信，欲研究歷史，必須知曉社會科學，方可兼顧部分與整體，而不致徒知其所以而忘忽其所由。

作者／薩孟武

國家圖書館出版品預行編目資料

比較監察制度／周陽山等著.——初版一刷.——臺北
市：三民，2020
　　面；　　公分

　　ISBN 978–957–14–6818–1　（平裝）
　　1.監察制度 2.比較研究

572.8　　　　　　　　　　　　　　　109005975

比較監察制度

作　　　者	周陽山　王增華　馬秀如　李文郎
責任編輯	邱奕凱
美術編輯	陳子蓁

發 行 人	劉振強
出 版 者	三民書局股份有限公司
地　　址	臺北市復興北路 386 號 (復北門市)
	臺北市重慶南路一段 61 號 (重南門市)
電　　話	(02)25006600
網　　址	三民網路書店 https://www.sanmin.com.tw

出版日期	初版一刷 2020 年 7 月
書籍編號	S571460
I S B N	978-957-14-6818-1

三民書局